國學溯源

夏海 著

中華書局

自　序

　　德國思想家雅斯貝斯提出著名的「軸心時代」概念，認為在公元前 800 年至公元前 200 年之間，人類文明取得了重大突破，在精神領域出現了前所未有的張力，發生了「終極關懷的覺醒」，開始以理智方式和道德規範來面對人類社會。軸心時代的各個文明，都出現了偉大的精神導師，他們提出的思想原則造就了不同的文化傳統，一直影響着人類的生存和生活。在中國，春秋戰國時期正好與軸心時代重合，奏響了中華文明的輝煌樂章。

　　春秋戰國時期，中華文明的天空羣星璀璨，其中最明亮的一顆星是孔子，孔子是道德大師；最耀眼的一顆星是老子，老子是智慧大師；還有儒家的孟子、荀子，道家的莊子，法家的韓非，墨家的墨子。他們的思想滋養哺育了中華民族，塑造了中國人的集體人格。對於這些偉大的精神導師，我們只能頂禮膜拜。

　　仰望先秦的天空，儘管不同的星宿有着不同的光芒，甚至互相沖淡，墨子要「非儒」，道家要絕仁棄義，孟子要「閑先聖之道，距楊墨，放淫辭，邪說者不得作」（《孟子・滕文公下》）。然而，先秦諸子的思想文化淵源卻是同一的。他們都仰慕同樣的先聖，這就是堯、舜、禹、湯、文、武。孔子讚譽唐堯不吝溢美之詞，代表了先秦社會的共識，「大哉堯之為君也！巍巍乎！唯天為大，唯堯則之。蕩蕩乎！民無能名焉。巍巍乎其有成功也，煥乎其有文章！」（《論語・泰伯》）他們都引用同樣的典籍，這就是「六

經」。一般認為「六經」為儒家經典，實則不然，「六藝，非孔氏之書，乃周官之舊典也。《易》掌太卜，《書》藏外史，《禮》在宗伯，《樂》隸司樂，《詩》領於太師，《春秋》存乎國史」（章學誠《校讎通議》）。他們都使用同樣的概念，這就是道、德、仁、義、聖人和君子。先秦諸子都喜歡道的範疇，老子把道看作是天下萬事萬物的本原，「道生一，一生二，二生三，三生萬物」（《老子·第四十二章》）。孔子認為道是至理，「朝聞道，夕死可矣」（《論語·里仁》）。墨子常論「聖王之道」，孟子喜談「聖人之道」，韓非著有〈主道〉。荀子則認為：「道者，進則近盡，退則節求，天下莫之若也。」（《荀子·正名》）中華文明在春秋戰國時期已經相當成熟，先秦諸子生活在同樣的文化氛圍中，自然而然地繼承同樣的文化傳統，汲取同樣的文化養分。

　　秦漢之後，中華文明的天空失去了往日的熱鬧，再也沒有重現先秦時期的燦爛輝煌；中華文明的天空清靜了許多，不同的星宿遭遇了不同的命運。漢武帝「罷黜百家，表章六經」，統一了傳統社會的思想意識形態，儒家之星更加明亮光大，歷史地佔據了文化的主導地位。道家之星懸而不墜，依然閃爍不已，與儒家形成了陰陽互補的文化結構。老子陰柔，稱頌水德，「上善若水，水善利萬物而不爭，處眾人之所惡，故幾於道」（《老子·第八章》）。孔子陽剛，要求君子「可以託六尺之孤，可以寄百里之命，臨大節而不可奪也」（《論語·泰伯》）；寄情自然界是「歲寒，然後知松柏之後凋也」（《論語·子罕》）。法家之星隱而不顯，似無實有，與儒家形成了外儒內法的政治結構。漢宣帝指出：「漢家自有制度，本以霸王道雜之。」（《漢書·元帝紀》）真實地道出了儒家與法家的本質關係，綿延傳統社會兩千多年，「自漢以來，學者雖鄙申、韓不取，然世主心悅其言而陰用之；小人之欲得君者，必私習其說，或誦言稱舉之，故其學至於今猶行也」（蘇軾《東坡書傳》）。儒道法或陰

或陽，或內或外，互補協同，和諧相生，共同鑄就了中華民族的靈魂，「萬物負陰而抱陽，沖氣以為和」（《老子‧第四十二章》）。只有墨家之星突然消失在歷史的天空中，消失得神祕而離奇。

法國思想家帕斯卡爾認為：「人的全部尊嚴就在於思想。」[1] 儒道法墨之所以能相繼閃耀在先秦的天空，就在於他們提出的偉大思想。儒家是仁，「樊遲問仁。子曰：『愛人。』」（《論語‧顏淵》）深刻地揭示了人類生存的真理。道家是道，「反者，道之動；弱者，道之用。天下萬物生於有，有生於無」（《老子‧第四十章》），理性地叩問了自然界運行的規律。法家是法，「明主之國，無書簡之文，以法為教；無先王之語，以吏為師」（《韓非子‧五蠹》），冷峻地提供了政治治理的有效模式。墨家是兼，「今天下之君子，忠實欲天下之富而惡其貧，欲天下之治而惡其亂，當兼相愛、交相利。此聖王之法，天下之治道也，不可不務為也」（《墨子‧兼愛中》），深情地反映了社會大眾的平等訴求。儒道法墨既是中華民族的精神家園，也是中華文明的思想資源，取之不盡，用之不竭，永遠值得人們去探尋和挖掘，從而為現代社會和現實人生貢獻智慧與力量。

這本《國學溯源》就是在探尋和挖掘先秦思想文化資源。全書十章，分為五個部分。第一部分即第一章，概述先秦諸子百家，認為百家爭鳴實為儒、道、法、墨四家，而真正對傳統社會產生巨大影響的只有儒家和道家。儒、道兩家的思想精華集聚在《老子》《論語》《孟子》《大學》《中庸》五本經典，內斂於道、仁、義、禮、智、信、忠、孝、廉、恥十個概念。第二部分包括第二、三、四、五章，闡述儒家思想，歸納為孔子之仁、孟子之義和荀子之禮，指出儒家以仁為核心，仁、義、禮相輔相成，從而構築起宏偉的思想

1　〔法〕帕斯卡爾著：《思想錄》（上），吉林大學出版社 2005 年版，第 173 頁。

大廈。第三部分包括第六、七、八章，闡述道家思想，昇華為老子之道和莊子之遊，認為道家以道為邏輯預設，建構起本體哲學、政治哲學和人生哲學。第四部分即第九章，闡述法家思想，概括為韓非之法，指出法家以法為前提，法、術、勢三位一體，致力於築牢中央集權和君主專制的思想基礎。第五部分即第十章，闡述墨家思想，概括為墨子之兼，認為墨家以兼愛為主旨，兼與別相對立，愛與利相結合，搭建起反映平民百姓訴求的思想體系。墨家思想放在最後闡述，主要是因為墨家在秦漢之際已經中絕，於傳統社會的影響微乎其微。如果按照先秦時期的顯學，墨家思想是應該放在儒家之後闡述的，相信讀者能夠給予理解。

　　《國學溯源》是筆者長期堅持和從事傳統文化研究的又一成果。在解讀儒道法墨思想的過程中，筆者秉持一以貫之的原則，即注重思想的系統性，努力把散見在諸子經典中的各種觀點和資料梳理清楚，歸納提煉，集中成章，使諸子的思想形成體系。在建構諸子思想體系時，堅持以經注經，絕不自由發揮，也不隨意附會。注重解讀的現實性，努力觀照社會問題，但不一定是當下社會的問題。所觀照的都是社會長期存在的重要問題，只不過在過去、現在和未來有着不同的表現形式而已，進而追求學術研究更長久的生命力。注重語言的通俗性，努力做到雅俗共賞，用人們看得懂的文字和熟悉的思維方式解讀經典和諸子思想，在學術與普及之間儘量保持平衡，避免進入象牙之塔，讓人望而卻步。

　　雅斯貝斯高度評價軸心時代，認為「人類一直靠軸心期所產生、思考和創造的一切而生存，每一次新的飛躍都回顧這一時期，並被它重燃火焰」[1]。對於個體也是如此，「個體自然的每一次偉大的

---

1 〔德〕卡爾·雅斯貝斯著，魏楚雄、俞新天譯：《歷史的起源與目標》，華夏出版社 1989 年版，第 14 頁。

提高，都源於古典世界的重新接觸」[1]。是啊！歐洲的文藝復興，就是在回顧古希臘和古羅馬文化之後，沖決中世紀神學的羅網，使歐洲重新煥發勃勃生機。中國歷史上的改革，大多追蹤先秦時期，呈以「託古改制」的面目。託古改制不僅是為改革提供依據，更是為改革尋找思想指導和智慧啟示。當今世界正處於大變局之中，人類社會是否需要再一次回到軸心時代，向先賢聖哲們請益，請先賢聖哲們賜教。《國學溯源》不是為了回顧而溯源，而是為了重燃而溯源。但願重讀儒道法墨經典，能夠探求解決人類面臨問題的良方，尋覓促進國家現代化的動力；能夠提升個體生存質量，照亮人生的前行之路。

作者謹記於己亥年冬月

1〔德〕卡爾·雅斯貝斯著，王德峰譯：《時代的精神狀況》，上海譯文出版社
1997 年版，第 114 頁。

目　錄

第一章　源頭活水

國學和傳統文化的源頭在哪裏？當然在春秋戰國時期！

春秋戰國是中國的軸心時代；春秋戰國是一個偉大的時代，既有社會大動亂、大變革，又有百家爭鳴、思想激盪。「在中國，孔子和老子非常活躍，中國所有的哲學流派，包括墨子、莊子、列子和諸子百家，都出現了」[1]，進而匯集為中華文明和思想學術的源頭活水，浩浩蕩蕩，奔向遠方。迄今為止，中國人仍在飲用着春秋戰國的思想學術之泉，春秋戰國的文化文明之水仍然滋養哺育着中華民族。讓我們抱有崇敬的心情向春秋戰國時期的先賢聖哲們致禮，懷着謙恭的心理去學習研究春秋戰國時期先賢聖哲們的思想學術。

一、春秋戰國

春秋戰國開啟於公元前 770 年周平王東遷，落幕於公元前 221 年秦始皇統一中國。周平王東遷是中國上古史的一件大事。對於周王朝而言，東遷區分了西周與東周，表明西周的滅亡以及東周的啟程。西周時期，周天子是天下宗主，能夠約束諸侯的行為，保持天下太平，「溥天之下，莫非王土；率土之濱，莫非王臣」（《詩經·

---

1 〔德〕卡爾·雅斯貝斯著，魏楚雄、俞新天譯：《歷史的起源與目標》，華夏出版社 1989 年版，第 8 頁。

小雅・北山》）。東周時期，周天子逐步喪失了宗主地位，王室衰弱，無力控制諸侯的力量；天下無道，社會進入動亂紛爭的年代。孔子為此感慨：「天下有道，則禮樂征伐自天子出；天下無道，則禮樂征伐自諸侯出。」（《論語・季氏》）對於中國歷史而言，「東遷」意味着奴隸社會開始向封建社會過渡。經濟上是貴族制向地主制過渡：西周時期，實行宗子世襲不得買賣的宗族土地所有制；東周時期，逐步演變為個人私有可以買賣的家族土地所有制。政治上是分封制向郡縣制過渡：西周時期，天子是「封建親戚，以藩屏周」，鞏固周王朝的統治，「武王克商，光有天下。其兄弟之國者十有五人，姬姓之國者四十人，皆舉親也」（《左傳》昭公二十八年）；東周時期，分封制逐漸瓦解，廢除了「世卿世祿」，演變為中央集權的郡縣制，地方官僚選賢任能，不必再由貴族擔任。

春秋戰國分為春秋和戰國兩個時期。關於區分的界線，一般認為是公元前 476 年，即周敬王四十四年，「冬，叔青如京師，敬王崩故也」（《左傳》哀公十九年）。有人認為是「三家分晉」，即公元前 403 年，還有人認為是韓、趙、魏三家滅掉智氏，即公元前 453 年。無論哪一條分界線，都認為此前為春秋時期，此後為戰國時期。春秋之名源於魯國史官的記錄，後來孔子整理修訂為《春秋》。《春秋》記錄了魯隱公元年（前 722）至魯哀公十四年（前 481）之間的大事，大體與春秋的年代相當，學界就把史書之名「春秋」作為一個時代的名稱。春秋時期，是「禮崩樂壞、瓦釜雷鳴」的年代。周王室雖然衰弱，但尚能在形式上維持宗主地位，諸侯已經坐大，紛紛割據稱霸，不再朝見周王，實際上是與周王室共主天下。春秋是以霸主的形式治理天下，先後形成了齊桓公、晉文公、宋襄公、秦穆公和楚莊王五位霸主。會盟是諸侯稱霸的主要方式，也是與周王室共主天下的基本做法。所謂會盟，是指諸侯間會面和結盟的儀式。比較著名的會盟有公元前 656 年，齊桓公帶領 8 個諸侯國

軍隊，以優勢兵力迫使楚國稱臣，訂立了召陵之盟，進而建立霸主會盟制度，使齊桓公成為春秋五霸之首。另一次是弭兵會盟，公元前 579 年和前 546 年先後兩次由宋大夫倡導，以承認晉、楚兩大國的利益為前提，在宋國訂立休兵和平盟約。弭兵會盟有着重要意義，給春秋社會帶來了相對長時間的和平，為諸侯國發展生產、安定百姓生活以及諸侯之間、族羣之間的往來融合創造了條件。

戰國名稱原指當時連年參加戰爭的強國，「冠帶戰國七，而三國邊於匈奴」（《史記・匈奴列傳》）。作為一個時代的名稱，則源於劉向編輯的《戰國策》，「萬乘之國七，千乘之國五，敵侔爭權，蓋為戰國」。戰國時期，是周王室滅亡、諸侯爭雄的年代。公元前 403 年，韓、趙、魏三家分晉而位列諸侯，形成了秦、魏、趙、韓、齊、楚、燕戰國七雄的局面，周王室共主地位已經喪失。顧炎武指出：「春秋時，猶尊禮重信，而七國則絕不言禮與信矣。春秋時，猶宗周王，而七國則絕不言王矣。春秋時，猶嚴祭祀，重聘享，而七國則無其事矣。春秋時，猶論宗姓氏族，而七國則無一言及之矣。春秋時，猶宴會賦詩，而七國則不聞矣。春秋時，猶有赴告策書，而七國則無有矣。邦無定交，士無定主，此皆變於一百三十三年之間。」（《日知錄・周末風俗》）公元前 221 年，秦始皇橫掃六國，一統天下，建立了中國歷史上第一個封建制王朝。

春秋戰國是一個社會大動盪時期，「社稷無常奉，君臣無常位」（《左傳》昭公三十二年）。具體表現在戰爭頻仍，據史書記載，春秋時期有大小戰爭 480 多次，其中 36 位君王被臣下或敵國殺死，52 個諸侯國被消滅；戰國時期有大小戰爭 230 多次，而且規模不斷擴大，雙方動輒出動幾萬甚至幾十萬人，長平之戰秦軍斬首坑殺趙軍達 45 萬人。戰爭是社會政治經濟的集中展示，實質上反映了社會政治結構的劇烈變動。在社會結構方面，西周建立的血緣宗法制度，主要是分封制和立嫡之制。根據宗法制度，周天子依據血緣區分大

宗、小宗和遠近親疏，對各級貴族分封統治地區，授予世襲官職，從而建立各級政權和血緣大家族。「故天子建國，諸侯立家，卿置側室，大夫有貳宗，士有隸子弟，庶人、工、商，各有分親，皆有等衰。」（《左傳》桓公二年）春秋戰國時期，血緣宗法制逐步解體，地緣社會結構應運而生。地緣社會緣於編戶齊民制度，形成一家一戶的小家庭，既削弱了血緣社會的根基，又奠定了地緣社會的基礎。「管子於是制國，五家為軌，軌為之長；十軌為里，里有司；四里為連，連為之長；十連為鄉，鄉有良人焉。」（《國語·齊語》）商鞅變法時，「令民為什伍，而相牧司連坐」（《史記·商君列傳》）。

伴隨地緣社會的形成，政治結構也發生了深刻的變化，最高權力由原來的君王、貴族等級分封制轉變為中央集權和君主專制，「事在四方，要在中央；聖人執要，四方來效」（《韓非子·揚權》）。官吏選拔由原來的世卿世祿制轉變為以薦舉、軍功為特色的選賢任能制，產生了依靠食祿而不是依靠分封土地的官僚階層，「子張學干祿。子曰：『多聞闕疑，慎言其餘，則寡尤；多見闕殆，慎行其餘，則寡悔。言寡尤，行寡悔，祿在其中矣。』」（《論語·為政》）地方政制則由貴族分封制轉變為郡縣制。最早推行郡縣制的是秦國，秦武公「十年，伐邽、冀戎，初縣之。十一年，初縣杜、鄭」（《史記·秦本紀》）。春秋戰國時期，社會大動盪，諸侯連年征戰，固然給老百姓帶來了沉重的負擔和痛苦，卻也給思想文化的繁榮創造了條件。統治者忙於軍事，放鬆了對思想文化的管控，而諸侯爭霸，戰國並立，也給讀書人和思想者帶來了機遇。

春秋戰國是一個經濟大發展的時期，「千丈之城、萬家之邑相望也」（《戰國策·趙策三》）。首先表現在科技和生產力的發展，鐵器的廣泛使用。如果說青銅器是商周王朝科技發展的標誌，那麼，鐵器則是春秋戰國時期科技發展的標誌。《詩經·秦風·駟驖》中有「駟驖孔阜」之語，「駟驖」亦作「駟鐵」，形容馬色如鐵，說

明在春秋初期已經有了鐵器。《國語·齊語》記載了青銅與鐵在社會生活中的不同功用，青銅用於製造兵器，鐵用於製造農業和手工業的工具，「美金以鑄劍戟，試諸狗馬；惡金以鑄鉏、夷、斤、斸，試諸壤土」。意思是，青銅用來鑄造劍戟，然後用狗馬來試驗，看它是否鋒利；鐵用來鑄造農具，然後用土壤來試驗，看它是否合用。鐵器最重要的意義在於與農業生產相結合，產生了鐵犁牛耕的生產方式，這是農業生產領域的一場重大革命。由於鐵器的使用，加大了開墾荒地的力度，擴大了耕地面積。鐵器還推動了農業生產從粗放經營向精耕細作方式的轉變，提高了農作物單位面積的產量，能夠養活更多的人，「上農夫食九人，上次食八人，中食七人，中次食六人，下食五人」（《孟子·萬章下》）。

同時還表現為經濟制度的變革，原先的井田制被破壞，公田變為私田，土地由貴族所有制轉變為地主私有制。西周時期，土地為國家所有，不得轉讓和買賣，「天子在上，諸侯不得以地相與也」（《穀梁傳》桓公元年）。春秋戰國時期，諸侯、貴族與周天子爭奪公田，進而把公田轉為私田。公元前 645 年，「晉於是乎作爰田」（《左傳》僖公十五年）。唐孔穎達注疏：「爰，易也，賞眾以田，易其疆畔。」楊伯峻認為：「晉惠既以大量田土分賞眾人，自必變更舊日田土所有制。」[1] 土地所有制的變化，必然帶來稅收制度和國家管理方式的改變。管仲相齊時，實行「相地而衰徵」（《國語·齊語》），就是土地不分公田、私田，一律按田地數量或畝產多少分等納稅。魯國則實行「初稅畝」，無論公田、私田一律按田畝收稅，「初者何？始也。稅畝者何？履畝而稅也」（《公羊傳》宣公十五年）。在當時的歷史條件下，土地私有制是經濟基礎與生產關

1　楊伯峻著：《春秋左傳注》，中華書局 1990 年版，第 362 頁。

係領域的巨大進步，改變了農民與統治者之間的關係，調動了農民和地主階級的積極性。土地私有制，與鐵器一起共同促進了經濟和生產力的發展，為人類社會的分工，尤其是體力勞動與腦力勞動的分工，奠定了堅實的物質基礎。

春秋戰國是一個文化大繁榮時期，百家爭鳴，星光燦爛。文化繁榮集中表現在士人的出現，為文化學術的發展夯實了基礎。沒有士人階層的形成和成熟，就不可能出現諸子百家，也不可能形成中國的軸心時代。西周時期，士屬於貴族的一部分，處於貴族的最底層，受到較多約束，不得有僭越之舉。春秋戰國時期，士的地位下降，被稱為士人，已經成為老百姓的一部分，「士農工商四民者，國之石民也」（《管子·小匡》）。士由貴族變成百姓，意味着社會結構中產生了一個特殊的知識分子階層，不僅使學術研究、思想創造和文化發展由潛在的可能變成了生動的實踐，而且成為統治者手中的一張王牌，誰重視人才，誰就能治平天下。諸侯王普遍重視士人的作用，養士成為風氣。齊桓公爭霸，養游士 80 人，給予車馬衣裘財幣，號召天下賢士來齊國。戰國「四公子」禮賢下士，廣招賓客，演繹了毛遂自薦、雞鳴狗盜、竊符救趙等歷史典故。最為典型的是齊國的稷下學宮，始建於齊威王時，容納了當時所有的思想學派，興盛時匯集天下賢士多達千人，「宣王喜文學游說之士，自如騶衍、淳于髡、田駢、接予、慎到、環淵之徒七十六人，皆賜列第，為上大夫，不治而議論。是以齊稷下學士復盛，且數百千人」（《史記·田敬仲完世家》）。

「天子失官，學在四夷。」（《左傳》昭公十七年）士人階層的出現，為創辦私學提供了條件。孔子是中國創辦私學第一人，堅持有教無類，「子曰：『自行束修以上，吾未嘗無誨焉。』」（《論語·述而》）私學的出現，既普及了教育，為平民子弟爭取了受教育的權利，又促進了文化繁榮，「孔子以詩書禮樂教，弟子蓋三千

爲，身通六藝者七十有二人」（《史記‧孔子世家》）。稷下學宮實質上也是學校，取得了豐碩的思想學術成果，包括政治、經濟、軍事、哲學、歷史、教育、道德倫理、文學藝術以及天文、地理、曆、數、醫、農等學科知識。郭沫若認爲，稷下學宮「發展到能夠以學術思想爲自由研究的對象，這是社會的進步，不用說也就促進了學術思想的進步」[1]。如果說春秋戰國時期士人階層的產生，爲百家爭鳴提供了人才支撐，那麼，私學的出現，則爲百家爭鳴提供了社會基礎。如果說春秋戰國社會政治經濟的變革，爲百家爭鳴提供了必要條件，那麼，文化的繁榮發展，則爲百家爭鳴提供了充分條件。風雲際會，中國的軸心時代呼之欲出，赫然呈現在世界的東方。

二、百家爭鳴

清趙翼詩云：「國家不幸詩家幸，賦到滄桑句便工。」這一詩句正確揭示了社會政治環境與詩人創作的關係，實際上也適用於學者、思想家及其他文學藝術創作者。動亂的社會環境，一方面給了士人階層相對寬鬆的氛圍，使他們能夠自由地思想和創作；另一方面提出了尖銳複雜的社會問題和政治危機，迫使他們去思考探索，尋求解決問題的理論與方法。正是因爲春秋戰國的紛爭混亂，催生了中國的軸心時代。擁有不同背景的知識分子，代表不同的階級、階層或利益集團，紛紛發表自己的觀點和看法，進而描繪了一幅軸心時代的中國畫卷，促成了思想學術的繁榮和文藝創作的興盛，誕生了中國思想與文化史上最激動人心的百家爭鳴。

1　郭沫若著：《十批判書》，科學出版社 1956 年版，第 154 頁。

　　《漢書·藝文志》（以下簡稱《藝文志》）對諸子百家及其著作進行了比較全面的介紹，數得上名字的有 189 家，而真正有影響且稱得上學派的只有十家，這就是儒家、道家、墨家、法家、兵家、名家、陰陽家、縱橫家、雜家、農家和小說家。由於小說家不入流，「十家」又稱為「九家」。《藝文志》認為：「諸子十家，其可觀者九家而已。皆起於王道既微，諸侯力政，時君世主，好惡殊方，是以九家之術蜂出並作，各引一端，崇其所善，以此馳說，取合諸侯。」《藝文志》指出：諸子百家看似對立，實則同一，皆源自六經，「其言雖殊，辟猶水火，相滅亦相生也。仁之與義，敬之與和，相反而皆相成也。《易》曰：『天下同歸而殊塗，一致而百慮。』今異家者各推所長，窮知究慮，以明其指，雖有蔽短，合其要歸，亦六經之支與流裔」。《藝文志》強調：「使其人遭明王聖主，得其所折中，皆股肱之材已。仲尼有言：『禮失而求諸野。』方今去聖久遠，道術缺廢，無所更索，彼九家者，不猶愈於野乎？若能修六藝之術，而觀此九家之言，舍短取長，則可以通萬方之略矣。」

　　儒家，創始人為孔子，代表人物有孟子與荀子。《藝文志》的描述可知，儒家學派源於掌管教化的官員，稱為司徒，他們以孔子為宗師，以仁義為核心，以六經為內容，以輔助君王為主要目的。「儒家者流，蓋出於司徒之官，助人君順陰陽明教化者也。游文於六經之中，留意於仁義之際，祖述堯舜，憲章文武，宗師仲尼，以重其言，於道最為高。孔子曰：『如有所譽，其有所試。』唐虞之隆，殷周之盛，仲尼之業，已試之效者也。然惑者既失精微，而辟者又隨時抑揚，違離道本，苟以譁眾取寵。後進循之，是以五經乖析，儒學寖衰，此辟儒之患。」

　　道家，創始人為老子，代表人物有莊子。根據《藝文志》的描述，道家學派源於史官，他們熟諳歷史的成敗得失，關注的是君王統治之術，認為君王要堅守清虛和卑弱之道，才能駕馭羣臣，治理

好天下。「道家者流，蓋出於史官，歷記成敗存亡禍福古今之道，然後知秉要執本，清虛以自守，卑弱以自持，此君人南面之術也。合於堯之克攘，《易》之嗛嗛，一謙而四益，此其所長也。及放者為之，則欲絕去禮學，兼棄仁義，曰獨任清虛可以為治。」

　　陰陽家，出自道家，代表人物是鄒衍。司馬遷說他「深觀陰陽消息，而作怪迂之變。〈終始〉〈大聖〉之篇十餘萬言。其語閎大不經，必先驗小物，推而大之，至於無垠」（《史記・孟子荀卿列傳》）。《藝文志》則指出：「陰陽家者流，蓋出於羲和之官，敬順昊天，歷象日月星辰，敬授民時，此其所長也。及拘者為之，則牽於禁忌，泥於小數，舍人事而任鬼神。」意思是，陰陽學派出於天文曆法之官。他們敬順上天，觀測推算日月星辰的運行，謹慎地告訴百姓農作的時間。這是他們的長處。等到拘謹的人來實行，就會受到禁忌的牽制，拘泥於小的技能，放棄人事而從事於迷信鬼神之事。

　　法家，代表人物有商鞅、申不害和慎到，而集大成者是戰國末期的韓非。韓非師於荀子，與李斯是同學，他的〈孤憤〉〈五蠹〉之篇非常出色，秦王嬴政讀了以後說：「寡人得見此人與之遊，死不恨矣。」（《史記・老子韓非列傳》）《藝文志》的描述可知，法家學派源於掌管司法的官員，主張賞罰分明，有功者必賞，有罪者必罰。如果讓刻薄者施行法家學說，就會放棄仁義，以至於殘害至親，恩將仇報。「法家者流，蓋出於理官，信賞必罰，以輔禮制。《易》曰『先王以明罰飭法』，此其所長也。及刻者為之，則無教化，去仁愛，專任刑法而欲以致治，至於殘害至親，傷恩薄厚。」

　　名家，有兩個派別，一個是惠施的合同異學派，多從名的相對性來論證其同；另一個是公孫龍的離堅白學派，提出了「白馬非馬」的著名論題。根據《藝文志》的描述，名家學派源於禮官，重視名位的區別和禮儀的不同。如果用那些喜歡揭發他人隱私的人來施行

名家學說，就會增添混亂。「名家者流，蓋出於禮官。古者名位不同，禮亦異數。孔子曰：『必也正名乎！名不正則言不順，言不順則事不成。』此其所長也。及警者為之，則苟鈎鈲析亂而已。」

墨家，創始人為墨翟。《藝文志》的描述可知，墨家學派源於看守宗廟之官，他們崇尚儉樸，堅持博愛，尊重賢能，迷信鬼神。如果愚蠢之人施行墨家學說，就會因節儉來反對禮節，推行博愛而不分親疏之別。「墨家者流，蓋出於清廟之守。茅屋采椽，是以貴儉；養三老五更，是以兼愛；選士大射，是以上賢；宗祀嚴父，是以右鬼；順四時而行，是以非命；以孝視天下，是以上同：此其所長也。及蔽者為之，見儉之利，因以非禮，推兼愛之意，而不知別親疏。」

縱橫家，創始人為鬼谷子，戰國時人，其姓名、籍貫不詳，以隱於鬼谷之地而得名，曾收蘇秦、張儀、公孫衍為徒，主要從事政治外交活動。蘇秦長於合縱之學，張儀慣於連橫之術。根據《藝文志》的描述，縱橫家學派源於接待賓客之官，他們從事外交活動，能夠權衡事情，見機行事。如果由邪惡之人施行縱橫術，就會弄虛作假而拋棄誠信。「縱橫家者流，蓋出於行人之官。孔子曰：『誦《詩》三百，使於四方，不能專對，雖多亦奚以為？』又曰：『使乎，使乎！』言其當權事制宜，受命而不受辭，此其所長也。及邪人為之，則上詐諼而棄其信。」

雜家，代表人物是秦國的呂不韋及其《呂氏春秋》和漢朝的劉安及其《淮南子》。雜家與道家關係密切，不是一門有意識、有傳承的學派。胡適認為：「雜家是道家的前身，道家是雜家的新名。漢以前的道家可叫做雜家，秦以後的雜家應叫做道家。研究秦漢之間的思想史的人，不可不認清楚這一件重要事實。」[1]《藝文志》記

1　胡適著：《中國中古思想史長編》，上海古籍出版社 2012 年版，第 26 頁。

載：「雜家者流，蓋出於議官。兼儒、墨，合名、法，知國體之有此，見王治之無不貫，此其所長也。及蕩者為之，則漫羨而無所歸心。」意思是，雜家學派，當出於議事之官。兼有儒家、墨家，融合了名、法兩家，懂得國家體制有這些家和派，預見治國沒有不貫通的，這是他們的長處。如果放縱的人來施行雜家學說，就會漫無邊際，無所依託。

農家，代表人物是許行。他們祖述神農，強調耕桑，以足衣食；力主「農本商末」，推動統治者將其確立為基本國策和社會大眾共同的認知。《藝文志》的描述可知，農家學派源於主管農業之官。他們播種百穀，致力於耕作和蠶桑，這是他們的長處。如果讓鄙陋的人施行農家學說，就會使君臣一起耕作，打亂上下等級秩序。「農家者流，蓋出於農稷之官。播百穀，勸耕桑，以足衣食，故八政一日食，二日貨。孔子曰『所重民食』，此其所長也。及鄙者為之，以為無所事聖王，欲使君臣並耕，悖上下之序。」

小說家，代表人物是虞初，西漢人，功在彙編叢談之小說，「小說九百，本自虞初」（張衡《西京賦》）。小說家們主要記錄民間街談巷議，雖然自成一家，卻被認為是不入流者，故有「九流十家」之說。《藝文志》記載：「小說家者流，蓋出於稗官。街談巷語，道聽塗說者之所造也。孔子曰：『雖小道，必有可觀者焉，致遠恐泥，是以君子弗為也。』然亦弗滅也。閭里小知者之所及，亦使綴而不忘。如或一言可採，此亦芻蕘狂夫之議也。」意思是，小說家學派，應當出於收集民間傳說的小官。是由街談巷語、道聽途說的人創造的。孔子說即使是小道，也一定有可觀的地方；向深遠處發展，恐怕就會拘泥，因此君子是不做的。但也沒有被消滅。民間有小智慧的人進行傳播，也使它連續而不被遺忘。如果有時有一句話可以採用，這也是草野狂夫的議論。

漢初，司馬談在《論六家要旨》中把諸子百家概括為六家，

認為他們的思想不盡一致，目標卻是一致的，都是為了治平天下。「《易·大傳》：『天下一致而百慮，同歸而殊塗。』夫陰陽、儒、墨、名、法、道德，此務為治者也，直所從言之異路，有省不省耳。」司馬談着力分析六家思想的長處和短處。他認為，陰陽家的短處是「大祥而眾忌諱，使人拘而多所畏」。意思是，注重吉凶禍福的預兆，禁忌避諱很多，使人受到束縛而多有畏懼。長處是「春生夏長，秋收冬藏，此天道之大經也，弗順則無以為天下綱紀，故曰『四時之大順，不可失也』」。儒家的短處是「博而寡要，勞而少功，是以其事難盡從」；長處是「列君臣父子之禮，序夫婦長幼之別，雖百家弗能易也」。墨家的短處是「儉而難遵，是以其事不可遍循」；長處是「強本節用，則人給家足之道也。此墨子之所長，雖百家弗能廢也」。法家的短處是「不別親疏，不殊貴賤，一斷於法，則親親尊尊之恩絕矣。可以行一時之計，而不可長用也。故曰『嚴而少恩』」；長處是「尊主卑臣，明分職不得相逾越，雖百家弗能改也」。名家的短處是「苛察繳繞，使人不得反其意，專決於名而失人情，故曰『使人儉而善失真』」。意思是，名家刻細煩瑣，糾纏不清，使人不能反求其意，一切取決於概念名稱，卻失去了一般常理，所以說它使人受約束而容易喪失真實性。其長處是「控名責實，參伍不失，此不可不察也」（《史記·太史公自序》）。

司馬談最崇拜道家，認為道家思想完美無缺，臻於化境。「道家使人精神專一，動合無形，贍足萬物。其為術也，因陰陽之大順，採儒、墨之善，撮名、法之要，與時遷移，應物變化，立俗施事，無所不宜。指約而易操，事少而功多。」在司馬談看來，道家真正掌握了治國的祕訣，「道家無為，又曰無不為，其實易行，其辭難知。其術以虛無為本，以因循為用。無成勢，無常形，故能究萬物之情。不為物先，不為物後，故能為萬物主。有法無法，因時為業；有度無度，因物與合。故曰『聖人不朽，時變是守。虛者道

之常也，因者君之綱也』」。儒家則沒有完全理解治國之要，「儒者則不然。以為人主天下之儀表也，主倡而臣和，主先而臣隨。如此則主勞而臣逸」。儒家之所以不解治國之要，在於他們沒有理解神與形的內涵及其相互關係，「凡人所生者神也，所託者形也。神大用則竭，形大勞則敝，形神離則死。死者不可復生，離者不可復反，故聖人重之。由是觀之，神者生之本也，形者生之具也。不先定其神形，而曰『我有以治天下』，何由哉？」（《史記‧太史公自序》）

春秋戰國時期，百家爭鳴是一個通稱。春秋時期實際只有三家，即儒家、墨家和道家。戰國時期，則為名副其實的百家爭鳴，而真正有影響的思想學派，在《藝文志》看來，是「九流十家」；在司馬談看來，卻只有六家。客觀地說，司馬談的概括比《藝文志》更集中，更能反映諸子百家思想影響的真實情況。即使六家，也存在着重大差別，還是儒、墨、道三家影響為大，所以韓非認為：「世之顯學，儒、墨也。儒之所至，孔丘也；墨之所至，墨翟也。」（《韓非子‧顯學》）孟子則從反面指出：「聖王不作，諸侯放恣，處士橫議，楊朱、墨翟之言盈天下。天下之言不歸楊，則歸墨。」（《孟子‧滕文公下》）然而，戰國後期，墨家已經衰微，西漢時基本絕跡。在傳統社會，對於中華文明的發展和中華民族精神的塑造，真正發揮作用並做出重大貢獻的思想流派，只有儒家和道家。

三、儒道互補

在中華文明和學術思想史上，儒家和道家是兩座高高聳起的山峰，其他任何思想學派都望塵莫及，無法與之比肩。儒家和道家深刻塑造了中華民族，每一個中國人都積澱着深厚的儒家和道家的

文化基因。林語堂認為:「道家及儒家是中國人靈魂的兩面。」[1]在林語堂看來,儒家入世,道家出世,共同構成中國人的性格,「儒家的世界觀是積極的,而道家的世界觀則是消極的。這兩種奇怪的元素放在一起提煉,則產生出我們稱為中國人性格的這種不朽的東西」。在林語堂看來,儒家適用於人生順利的時候,道家適用於人生失意的困境,「所有中國人在成功時都是儒家,失敗時則是道家。我們中的儒家建設、奮鬥,道家旁觀、微笑」[2]。林語堂還說:「道教是中國人的遊戲姿態,而孔教是工作姿態,這使你明白每一個中國人當他成功發達而得意的時候,都是孔教徒,失敗的時候都是道教徒。道教的自然主義是一服鎮靜劑,所以撫慰創傷了的中國人之靈魂者。」[3]在林語堂看來,道家甚至比儒家更深刻地影響着中國人,「中國人在本性上是道家,文化上是儒家,然而其道家思想卻更甚於儒家思想」[4]。

儒家學派的創始人是孔子。孔子是中華民族的聖人,在中華歷史的天空中,他是最明亮的道德之星;他對中華民族的貢獻,可以媲美世界上其他民族的任何一位先賢聖哲對於本民族的恩澤。相較於老子的神祕,孔子很有現實感,弟子評價是「夫子溫、良、恭、儉、讓」。北宋邢昺注釋:「敦柔潤澤謂之溫,行不犯物謂之良,和從不逆謂之恭,去奢從約謂之儉,先人後己謂之讓。」(《論語注疏》)這說明孔子自身就是道德楷模。孔子還非常幸運,人們對其存在沒有任何爭議。學界對歷史上是否存在老子其人,有着爭議;即使存在,是李耳還是老聃或老萊子,也有爭議;是春秋時人還是戰國時人,仍有爭議。據說胡適與錢穆還為年代問題發生了意氣之

1　林語堂著:《信仰之旅》,四川人民出版社 2000 年版,第 114 頁。
2　林語堂著,郝志東、沈益洪譯:《中國人》,學林出版社 1994 年版,第 67 頁。
3　林語堂著,郝志東、沈益洪譯:《中國人》,學林出版社 1994 年版,第 125 頁。
4　林語堂著,郝志東、沈益洪譯:《中國人》,學林出版社 1994 年版,第 68 頁。

爭，胡適主張老子生活於春秋晚期，略早於孔子；錢穆則認為老子為戰國時人，晚於孔子。有一次，兩人相遇，錢穆說：「胡先生，《老子》年代晚出，證據確鑿，你不要再堅持了。」胡適回答道：「錢先生，你所舉的證據還不能使我心服，如果使我心服，我連我的老子也不要了。」[1] 對於孔子其人，歷史上不僅沒有任何爭議，而且歷代帝王都不斷地追加「至聖先師」「萬世師表」的封號。孔子是偉大的思想家，最大的歷史貢獻是創立了仁的學說，提出了禮義、智信、忠孝、敏慧等一系列德目，建構了中華民族的倫理道德大廈，成為中華民族賴以生存和發展的道德根基和思想基礎，深深積澱為中華民族的文化基因。

孔子的思想集中於《論語》一書。《論語》是一部語錄體著作，辭約義富，形象生動，孔子是被描述的中心。《文心雕龍》指出：「夫子風采，溢於格言。」《論語》不僅靜態描寫了孔子的儀態舉止，而且動態刻畫了孔子的個性氣質；不僅描寫了孔子豐富的形象，而且成功地刻畫了孔門弟子的形象——子路的率直魯莽、顏回的溫雅賢良、子貢的聰穎善辯、曾晳的瀟灑脫俗，都給人留下了深刻印象。《論語》既記錄孔子言行，又記錄孔子弟子的言行，都是為了體現孔子的政治主張、倫理思想、道德觀念和教育原則。漢代以來，歷朝歷代都很重視《論語》，無數學人孜孜不倦地對《論語》進行研究和注疏。其中影響較大的有東漢末年鄭玄的《論語注》、魏晉間何晏的《論語集解》、南北朝時皇侃的《論語義疏》和清朝劉寶楠父子的《論語正義》。他們的注疏，反映了不同歷史時期《論語》的研究情況，代表了其所處時代的學術成就。

道家學派的創始人是老子。老子是中國古代偉大的思想家，

1　張中行：《不合時宜》，江蘇文藝出版社 2012 年版，第 11 頁。

在中華歷史的天空中，他是最耀眼的智慧之星；在人類文明的天空中，他可以和其他任何民族的星宿媲美。老子最大的歷史貢獻是創立了道的學說，建構了中華民族抽象思辨和理性思維的哲學大廈。孔子問禮於老子之後，感到很神祕，對弟子評價說：「鳥，吾知其能飛；魚，吾知其能游；獸，吾知其能走。走者可以為罔，游者可以為綸，飛者可以為矰。至於龍，吾不能知，其乘風雲而上天。吾今日見老子，其猶龍邪！」（《史記·老子韓非列傳》）孔子的評價實質是指老子思想的玄妙深遠。中國哲學以先秦為代表，以社會為出發點，着力研究人與人及人與社會的關係，比較關注人生和政治問題，且局限於社會領域探討人生和政治，帶有濃厚的倫理道德色彩。總體而言，人是中國哲學的主題，倫理道德是中國哲學的主流。老子卻是個異數，他的學說主題也是人，但卻是人的生存而不僅僅是人生。所謂生存，相當於西方哲學的「存在」範疇，並非簡單地指「生命的存活」，而是指「生成着的存在」。老子將其抽象昇華為道的範疇，「吾不知誰之子，象帝之先」（《老子·第四章》），取代了上古社會「帝」和「天」的概念。以哲學思維取代宗教信仰，這是中國古代思想史上的一場深刻革命。老子之道關注的是人的存在及其終極價值，這就是人作為有生命的存在根據何在，其生命的根源在哪裏，人應當如何生存、怎樣生存，才符合人之存在的本性等抽象思辨問題。老子以道為核心，注釋拓展，對天下萬事萬物的存在、生長和歸宿作了本體性思考，為人的生存和社會的發展提供了形而上的根據和原則。

老子的思想凝聚於《老子》一書。《老子》是中國最早的哲學著作，也是人類文明史上偉大的經典之一。《老子》文字簡約、意義深奧、包含廣博，主要以哲學層面的道德為宗綱，以政治為旨歸，論述修身、治國、用兵、養生之道，內容涵蓋哲學、政治學、倫理學、軍事學等諸多學科。據元朝時的不完全統計，先秦以來研老注

老的著作超過 3000 餘種，具有代表性的不少於 1000 種。目前所見最早的《老子》文本是郭店出土的楚簡，約 1700 餘字，年代為公元前 300 年左右；長沙馬王堆帛書《老子》，約 5000 言，年代為西漢初年。現在流行的是河上公本和王弼本。河上公本一般認為是最早的《老子》注本，其內容合乎老子大義，與漢初文景之治的休養生息政策一致。河上公本以疏解原文為主要特點，不太關注道的理論問題，側重於從宗教角度闡述《老子》，具有濃厚的養生成仙思想；重點是闡述如何修身和治國，「用道治國，則國富民昌；治身，則壽命延長」（《老子道德經河上公章句》）。王弼本是流傳最廣、影響最大、學術價值最高的《老子》注本。王弼本注重哲理的闡述，運用本與末、體與用的分析方法，把老子之道中的「無」突顯出來，提出了「以無為本」的玄學體系。王弼認為：「《老子》之書，其幾乎可一言而蔽之。噫！崇本息末而已矣。觀其所由，尋其所歸，言不遠宗，事不失主。」（《老子指略》）

孔子與老子創立了不同思想學派，互相之間不是分離的，而是有着密切關係。據先秦史料，孔子與老子有過多次交往，《莊子》一書詳述了孔子與老子的四次交往，《莊子·田子方》記載：「孔子見老聃，老聃新沐。」描述兩人討論「遊心於物」的問題。《論語·述而》記載：「子曰：『述而不作，信而好古，竊比於我老彭。』」如果「老彭」指老子和彭祖，可見孔子與老子關係之密切。在孔子與老子的交往中，兩人非但沒有互相貶斥，反而是互相研習，相處十分融洽。《莊子·天運》篇可分為七個部分，其中三個部分都是關於孔子與老子的交往，第七部分記載：「孔子謂老聃曰：『丘治《詩》《書》《禮》《樂》《易》《春秋》六經，自以為久矣，孰知其故矣，以奸者七十二君，論先王之道而明周、召之跡，一君無所鈎用。甚矣夫！人之難說也，道之難明邪！』老子曰：『幸矣，子之不遇治世之君也！夫六經，先王之陳跡也，豈其所以跡哉！今子之所言，

猶跡也。夫跡，履之所出，而跡豈履哉！夫白鶂之相視，眸子不運
而風化；蟲，雄鳴於上風，雌應於下風而風化。類自為雌雄，故風
化。性不可易，命不可變，時不可止，道不可壅。苟得其道，無自
而不可；失焉者，無自而可。』孔子不出三月，復見，曰：『丘得之
矣。烏鵲孺，魚傅沫，細要者化，有弟而兄啼。久矣夫，丘不與化
為人！不與化為人，安能化人。』老子曰：『可。丘得之矣！』」從
這一史料可知，孔子與老子似乎有一次長時間的相處和集中討論，
老子之論深邃而飄逸，孔子所得欣然而竊喜。可貴的是，對於老子
思想的傳播，孔子發揮了重要作用。《禮記·曾子問》有四處記載，
都是孔子複述老子的思想觀點，即「吾聞諸老聃曰」。這一方面說
明老子思想對孔子的影響很大，另一方面則起到了傳播老子思想的
效能。《論語·憲問》也有類似情況，「或曰：『以德報怨，何如？』
子曰：『何以報德？以直報怨，以德報德。』」孔子以另一種眼光看
待老子「報怨以德」的觀點，客觀上也起到了傳播的作用。

　　儒、道兩家經典很多，儒家經典一般指「四書五經」，「四書」
之名定於宋代，「五經」之名定於漢代。四書是《大學》《中庸》《論
語》和《孟子》，五經是《詩經》《尚書》《禮經》《易經》和《春秋》。
《禮經》通常包括《儀禮》《周禮》《禮記》，《春秋》由於文字過於
簡略，通常分為解釋《春秋》的《左傳》《公羊傳》《穀梁傳》。道
家經典主要是《老子》即《道德經》、《莊子》即《南華經》、《列子》
即《沖虛真經》、《文子》即《通玄真經》和《黃帝陰符經》。儒、
道兩家的經典雖多，但真正能夠體現儒、道基本義理的則是《老子》
和「四書」五本經典，約六萬字。《老子》和「四書」的精髓積澱
為道、仁、義、禮、智、信、孝、忠、廉、恥十個概念。道是老子
思想的基礎概念，是中華文明唯一自覺地探索天下萬事萬物本體的
形而上哲學。仁義禮智信是儒家思想的核心概念，孝忠廉恥是傳統
文化的關鍵詞，這九個詞凝聚了管仲的「四維」、董仲舒的「五常」

和宋朝的「八德」思想，集中體現了傳統社會的價值觀和倫理道德準則。要而言之，學好這五本經典，就能掌握國學的基本義理；讀懂這十個概念，就能掌握傳統文化的精髓。

四、五本經典

在中國古代，經典兩個字是分開使用的，經說的是永恆的道理，《文心雕龍》指出：經是「恆久之至道，不刊之鴻教也」。典字，從甲骨文分析，上面是冊字，下面是大字，兩者合一為大本大冊的書。經與典合在一起，就是關於永恆真理的書籍。任何經典都必須經得起時間的考驗，得到大多數人的認同。阿根廷作家博爾赫斯認為：經典「是一個民族或幾個民族長期以來決定閱讀的書籍，是世世代代的人出於不同的理由，以先期的熱情和神祕的忠誠閱讀的書」[1]。《老子》是道家的元典，《論語》《孟子》《大學》《中庸》是儒家的元典。《老子》和「四書」是中華民族的經典，是最好的書籍和最有價值最有意義的著作。

《老子》一書博大精深，集中反映了古代中國人的世界觀、方法論、政治思想和人生價值。在世界觀方面，老子把道看作是天下萬事萬物的本原和起源，「道沖而用之或不盈，淵兮似萬物之宗。挫其銳，解其紛，和其光，同其塵。湛兮似或存」（〈第四章〉）。在方法論方面，老子是樸素辯證法大師，揭示了對立統一規律，「天下皆知美之為美，斯惡已；皆知善之為善，斯不善已。故有無相生，難易相成，長短相形，高下相傾，音聲相和，前後相隨」（〈第二章〉）。老子認為，任何事物都有對立面，事物既因對立面而存

---

1 〔阿根廷〕博爾赫斯著，王永年等譯：《探討別集》，上海譯文出版社 2015 年版，第 273 頁。

在，又因對立面而運動，矛盾是天下萬事萬物運動變化的原因和動力，「反者，道之動；弱者，道之用」（〈第四十章〉）。其中較為典型的事例是人間的禍福變化，「禍兮，福之所倚；福兮，禍之所伏。孰知其極？其無正也，正復為奇，善復為妖」（〈第五十八章〉）。在政治思想方面，老子強調無為而治，「不尚賢，使民不爭；不貴難得之貨，使民不為盜；不見可欲，使民心不亂。是以聖人之治，虛其心，實其腹，弱其志，強其骨。常使民無知無欲，使夫智者不敢為也。為無為，則無不治」（〈第三章〉）。在人生價值方面，老子從「道法自然」出發，把素樸規定為人生的本質，「見素抱樸，少私寡欲」（〈第十九章〉）。素是指未經染色的絲，樸是指未經雕飾的木材。老子認為，人之本性是樸素自然的，不要矯揉造作，不要被名利所誘惑。老子把柔弱看成素樸的表現和生命力的象徵，「人之生也柔弱，其死也堅強；萬物草木之生也柔脆，其死也枯槁。故堅強者死之徒，柔弱者生之徒」（〈第七十六章〉）。柔弱就要像水那樣，不爭而處下，「上善若水，水善利萬物而不爭。處眾人之所惡，故幾於道。居善地，心善淵，與善仁，言善信，政善治，事善能，動善時。夫唯不爭，故無尤」（〈第八章〉）。

《論語》一書圍繞仁的範疇，全面而系統地闡述了儒家的道德思想、政治理念和人格理想。仁是孔子思想體系中最核心的主張，包括對己和對人兩方面內容。對己主要是克己，嚴於律己、約束自己，加強道德修養，達到仁的境界。孔子與顏淵的對話，比較完整地論述了克己的內容，這就是以禮為標準克己，以仁為歸依成己。「顏淵問仁。子曰：『克己復禮為仁。一日克己復禮，天下歸仁焉。為仁由己，而由人乎哉？』」在對人方面，就是愛人，「樊遲問仁。子曰：『愛人。』」（《顏淵》）愛人集中體現了孔子的人文關懷和人性光輝。孔子自己是愛人的典範，他尊重生命，維護人的尊嚴，「廄焚。子退朝，曰：『傷人乎？』不問馬」（《鄉黨》）。意思是，

馬棚失火了，孔子從朝堂回到家裏，問傷人了沒有？而不問是否傷了馬。德政是孔子的政治主張。孔子沒有否認法治，卻推崇德治。孔子認為，運用政治手段和法律懲處來治理國家，不可能增強人們的道德自律，也不可能養成人們的恥感意識，而實施德治，用禮來約束，就能使人們道德自律，養成恥感意識，實現人心的歸順，「為政以德，譬如北辰，居其所而眾星共之」（《為政》）。德治的前提是統治者公平公正、以身作則，「季康子問政於孔子。孔子對曰：『政者，正也。子帥以正，孰敢不正？』」（《顏淵》）君子是孔子的人格理想。孔子提出了聖人和君子兩種人格理想，認為聖人的境界太高了，一般人很難達到，君子才是現實的人格理想，「子曰：『聖人，吾不得而見之矣。得見君子者，斯可矣。』」（《述而》）君子是道德完滿的人，具備了仁、智、勇的品格，「仁者不憂，知者不惑，勇者不懼」（《憲問》）。

　　《孟子》一書最大的貢獻，是繼承和發展了孔子仁的思想，提出仁義並舉的學說。孔子和孟子都談仁義，相對而言，孔子貴仁，「志士仁人，無求生以害仁，有殺身以成仁」（《論語·衛靈公》）；孟子重義，「生，亦我所欲也；義，亦我所欲也。二者不可得兼，舍生而取義者也」（《告子上》）。如果說孔子思想的核心範疇是仁，那麼，孟子思想的核心範疇則是仁義，視仁義為天賦的良知良能，「人之所不學而能者，其良能也；所不慮而知者，其良知也。孩提之童，無不知愛其親者；及其長也，無不知敬其兄也。親親，仁也；敬長，義也。無他，達之天下也」（《盡心上》）。孟子為仁的思想提供了性善論的哲學基礎，認為人性是天賦的，「無有不善」；具體表現為人心有四端，「惻隱之心，仁之端也；羞惡之心，義之端也；辭讓之心，禮之端也；是非之心，智之端也。人之有是四端也，猶其有四體也」（《公孫丑上》）。孟子認為，沒有四心，「非人也」，而人與非人的根本差別在於有沒有仁義，「人之所以異於禽獸者幾

希，庶民去之，君子存之。舜明於庶物，察於人倫，由仁義行，非行仁義也」（《離婁下》）。孟子把仁的思想發展為一套比較完整的仁政學說，這是孟子的政治理想和治國主張。仁政關乎個人安危和國家的興衰存亡，「三代之得天下也以仁，其失天下也以不仁。國之所以廢興存亡者亦然。天子不仁，不保四海；諸侯不仁，不保社稷；卿大夫不仁，不保宗廟；士庶人不仁，不保四體」（《離婁上》）。仁政的核心是民貴君輕，具體做法是與民同樂，與民同憂，「樂民之樂者，民亦樂其樂；憂民之憂者，民亦憂其憂。樂以天下，憂以天下，然而不王者，未之有也」（《梁惠王下》）。孟子勸誡齊宣王施行仁政，如此就能使民心歸服，稱王天下，「今王發政施仁，使天下仕者皆欲立於王之朝，耕者皆欲耕於王之野，商賈皆欲藏於王之市，行旅皆欲出於王之塗，天下之欲疾其君者，皆欲赴愬於王。其若是，孰能禦之！」（《梁惠王上》）

《大學》文辭簡約、內涵深刻，從最基本的人性自覺入手，最後落實到治國安邦領域，以不長的篇幅將儒家的修身思想系統化，強調「自天子以至於庶人，壹是皆以修身為本。其本亂而末治者，否矣。其所厚者薄，而其所薄者厚，未之有也」。修身要明確價值取向，這就是「三綱領」，「大學之道，在明明德，在親民，在止於至善」。明明德主張自我啟蒙，弄清楚並彰顯人人內心自有的光輝品德；親民的親可作新解，意指君子在自己實現明德的基礎上，進而帶動其他人更新自我，同樣實現明德；止於至善，一方面是指個人的道德修養達到至善的境界，另一方面是對理想社會的憧憬，期望政治統治和社會管理也能達到至善的境地。明德、親民和止於至善之間是一個互相聯繫的有機整體，自宋代以來，讀書人都以此為突破口研讀儒家經典。修身還要明確方法途徑，這就是「八條目」，順序是「物格而後知至，知至而後意誠，意誠而後心正，心正而後身修，身修而後家齊，家齊而後國治，國治而後天下平」。意思

是，通過對萬事萬物道理的認識研究，才能獲得知識；獲得知識，意念才能真誠；意念真誠，心思才能端正；心思端正，才能修身養性；品性修養後，才能管理好家庭和家族；管理好家庭和家族後，才能治理好國家；治理好國家後，天下才能太平。「八條目」之間具有內在的邏輯關係，構成了內聖與外王的關係，而修身是中樞，轉動着內外兩扇大門，是明明德與親民之間的橋樑。內聖是修身的內容，外王是修身的目的。在內聖方面，格物、致知是修身的邏輯起點，將人與自然界和社會銜接起來；誠意、正心既是格物、致知的繼續，更是修身的本質。在外王方面，修身是前提和基礎，齊家、治國、平天下是修身的邏輯拓展。中國傳統社會是家國同構的，一個人能夠把家管好，就具有治國的本領，治國再往外推演，就是平定天下、安穩天下，使儒家所倡導的道德主體在思想觀念中實現終極追求。

《中庸》是儒家經典中理論色彩最為濃厚的著作，圍繞「中庸」討論王道與人道的關係。一方面，表現為本體意識的覺醒。儒家關注社會現實和倫理道德，一般不太重視形而上的問題，《中庸》卻是個例外，它提出了「性」的概念，把性看成是天地萬事萬物的本原，認為真誠者不僅能知性，而且能盡性，與天道同在，「唯天下至誠，為能盡其性；能盡其性，則能盡人之性；能盡人之性，則能盡物之性；能盡物之性，則可以贊天地之化育；可以贊天地之化育，則可以與天地參矣」。意思是，天下只有極其真誠的人，才能充分發揮他的本性；能充分發揮他的本性，就能充分發揮眾人的本性；能發揮眾人的本性，就能充分發揮萬物的本性；能充分發揮萬物的本性，就可以幫助天地化育生命；能幫助天地化育生命，就可以使人與天地並列為三，實質是天、地、人合一。另一方面，表現為辯證思維的充溢。《中庸》認為，人既有道德本性，又有情感成分，性與情是矛盾的統一體。傳統文化要麼強調矛盾雙方的對立，稱之

為「一分為二」；要麼重視矛盾雙方的統一，稱之為「合二而一」。中庸思維的特徵是合二而一，側重於矛盾對立雙方的統一性與和諧性，認為這是天地萬事萬物的基本規律和發展變化的根本動力，「喜怒哀樂之未發，謂之中；發而皆中節，謂之和。中也者，天下之大本也；和也者，天下之達道也。致中和，天地位焉，萬物育焉」。中和即中庸。中庸之道不是折中主義，而是能夠堅持原則、明辨是非，孔子說：「惟仁者能好人，能惡人。」（《論語‧里仁》）中庸是調和可以調和的矛盾，極力尋找矛盾雙方互相聯繫與制約的交叉領域，尋找矛盾雙方最大的公約數和共同點，促進事物保持理想狀態，避免發生過或不及的情況。

應當指出，中庸思想具有充分的現實性。人們的日常生活中充滿着矛盾，而絕大多數矛盾是非對抗性的，這就不能運用鬥爭的方法，通過激化矛盾的方式加以解決，只能堅守中庸的原則，發現矛盾雙方相通之處和共同利益，加以調和解決，以利於人與人之間關係的和睦，把矛盾衝突控制在秩序範圍之內，推動社會和諧而有序運行。中庸是一種智慧，能夠發現紛繁複雜事物背後的簡潔明瞭，找到矛盾尖銳對立表面下所蘊含的和諧因素，進而選擇最佳方案和有效方法，區別輕重緩急，解決好矛盾。中庸更需要胸懷，胸懷意味着能夠妥協，甚至做出必要的讓步，以及承擔一定的精神或物質傷害。只有智慧與胸懷的有機結合，中庸才能由理念變為現實的活動。

五、十個概念

概念是思維的基本要素和單位，反映客觀事物的一般屬性和本質特徵。人類在認識過程中，把所感受到的事物的共同點抽象出來加以提煉，就形成了概念。概念與經典是有機整體，概念是經典

的細胞和基礎。概念組成經典，沒有概念就沒有經典；經典觀照概念，沒有經典的理論體系，概念就不可能與所反映的客觀事物以及相關概念建立起聯繫。儒家和道家的基本概念是道、仁、義、禮、智、信、孝、忠、廉、恥。

道是老子哲學的最高範疇，也是傳統文化的重要概念。所有思想家都有意無意地使用過道的概念，孔子對道十分推崇，卻沒有從本體論的高度加以論證，而是把道納入倫理道德範圍，主要內容是忠恕。「子曰：『參乎！吾道一以貫之。』曾子曰：『唯。』子出，門人問曰：『何謂也？』曾子曰：『夫子之道，忠恕而已矣。』」（《論語・里仁》）「道」字最早見於金文，原義為道路，引申出規律、原則、道理等哲學內涵。在中國思想史上，老子是第一個自覺研究本體論的思想家，他把道看作是天下萬事萬物的本原和起源，「有物混成，先天地生。寂兮寥兮，獨立不改，周行而不殆，可以為天下母。吾不知其名，字之曰道，強為之名曰大。大曰逝，逝曰遠，遠曰反」（《老子・第二十五章》）。老子研究本體論，提出道的概念，表明中華民族在上古時期就具有形而上思維，就在探索宇宙萬物的根本原理。黑格爾指出：「道為天地之本，萬物之源，中國人把認識道的各種形式看作是最高的學術……老子的著作，尤其是他的《道德經》，最受世人崇仰。」[1] 雅斯貝斯在《大哲學家》一書中將老子列為「原創性形而上學家」。

仁是孔子學說的最高範疇，也是傳統文化的重要概念。在孔子看來，仁的本質是愛人，而愛人要約束自己，「仲弓問仁。子曰：『出門如見大賓，使民如承大祭。己所不欲，勿施於人。在邦無怨，在家無怨。』仲弓曰：『雍雖不敏，請事斯語矣！』」愛人要遵

---

1 〔德〕黑格爾著，王道時譯：《歷史哲學》，生活・讀書・新知三聯書店 1956 年版，第 179 頁。

守禮制，當顏回問仁的具體內容時，孔子回答：「非禮勿視，非禮勿聽，非禮勿言，非禮勿動。」顏回曰：「回雖不敏，請事斯語矣！」（《論語·顏淵》）。愛人要助人為樂，「夫仁者，己欲立而立人，己欲達而達人。能近取譬，可謂仁之方也已」（《論語·雍也》）。孔子認為，仁是個體道德修養的準則，也是人生追求的終極目標，值得為此生命不息、奮鬥不止，「士不可以不弘毅，任重而道遠。仁以為己任，不亦重乎？死而後已，不亦遠乎？」（《論語·泰伯》）。孟子繼承並發揮了孔子仁的思想，認為仁是人心和人的本性，「惻隱之心，仁也」，把仁和義聯繫起來，並列為最高道德準則，「仁，人之安宅也；義，人之正路也。曠安宅而弗居，舍正路而不由，哀哉！」（《孟子·離婁上》）董仲舒則進一步推衍孔孟思想，區分仁與義的不同作用，「仁之法，在愛人，不在愛我。義之法，在正我，不在正人」（《春秋繁露·仁義法》）。宋儒提出「一體之仁」的命題，最為典型的表述是程顥的「仁者，渾然與物同體」和程頤的「仁者，以天地萬物為一體」（《程氏遺書》）。仁對中國文化的貢獻甚大，促成了傳統文化由上古向中古的轉變，溝通連接了孔子之前與之後的文化血脈，確保中華文明歷經數千年而沒有中絕和斷裂。

　　義是儒家思想的重要範疇，義在社會上運用廣泛，政治統治叫道義，社會交往叫信義，親友之間叫情義，言行得體叫禮義，江湖習慣叫俠義。人生的整個過程和社會的方方面面都與義有着千絲萬縷的聯繫，義是倫理道德評價中使用頻率最高的一個概念。「義」字在甲骨文中已出現，與「儀」相通，意指憑藉一己之力顯現於外的氣象和容貌，具有道德性質和功能。義的另一個理解是「義者，宜也」，意指公正、恰當、適宜的道德行為。儒家高度重視義，孔子將其規定為君子品格，「君子義以為質，禮以行之，孫以出之，信以成之。君子哉！」（《論語·衛靈公》）孟子則把義規定為君子的

本性，「君子所性，仁義禮智根於心，其生色也睟然，見於面，盎於背，施於四體，四體不言而喻」（《孟子·盡心上》）。意思是，君子的本性，仁義禮智之根植在他心中，而發出來的神色是純和溫潤，它表現於顏面，反映於肩背，以至於手足四肢，在手足四肢的動作上，不必言語，別人一目瞭然。孟子還將義提升到與仁並列的高度，由外在的道德規範內化為人性善的規定。正是仁義並重的思想，使得孟子不僅繼承了孔子衣鉢，而且發展了儒家學說，在傳統文化發展史上奠定了其亞聖的地位。荀子也對義的概念作出了重要論述，強調「仁者愛人，義者循理」（《荀子·議兵》）。循理而行就是適宜的行為，這是義的重要內容和真諦所在。

禮是儒家思想的重要範疇，也是傳統文化的核心概念，中華民族因此有禮儀之邦的美譽。禮的實質是別異，就是區分人在社會關係中不同的角色、身份和地位，制定出相應的禮儀規範供人們遵循踐行，進而形成和諧的社會關係網和人倫秩序。「禮者，貴賤有等，長幼有差，貧富輕重皆有稱者也。」（《荀子·富國》）這裏的貴賤、長幼、貧富似乎不是人格意義上的不平等，而是社會角色的差別和道德規範的不同要求。禮的主旨是敬讓，「恭敬之心，禮也」（《孟子·告子上》）；「辭讓之心，禮之端也」（《孟子·公孫丑上》）。恭敬是「在貌為恭，在心為敬」（《禮記正義·曲禮上》引何胤語），名為兩個概念，實為一個內容，那就是敬的感情，即發自內心的尊敬和敬重。辭讓亦稱退讓，「應進而遷曰退，應受而推曰讓」（《禮記正義·曲禮上》）。孔子認為，辭讓既是君子遵禮的表現，又是君子人格的組成部分，「君子無所爭，必也射乎！揖讓而升，下而飲，其爭也君子」（《論語·八佾》）。禮的目的是和諧，「禮之用，和為貴」（《論語·學而》）。和諧的關鍵是人人都要學習禮義，踐行禮儀，遵守禮制。只有大家各守其禮，各安其位，整個社會才能和諧穩定。和諧的前提是學禮，孔子對自己的兒子孔鯉強

調：「不學禮，無以立。」（《論語·季氏》）《論語》的最後一段話還強調學禮知禮，「不知命，無以為君子也。不知禮，無以立也。不知言，無以知人也」。

智是儒家思想的重要範疇，在孔子那裏，屬於德性範圍，「知、仁、勇三者，天下之達德也」（《中庸》）；在孟子那裏，屬於人性範圍，「仁義禮智，非由外鑠我也，我固有之也，弗思耳矣」（《孟子·告子上》）。「智」在甲骨文中已經出現，先秦時期智與知通用，本義有了解、識別的意思，引申為名詞，既有知識的含義，意指人類在實踐中探索認識物質世界以及精神世界的成果；又有智慧的含義，意指基於神經器官的一種綜合能力，即運用知識、經驗、技術解決問題，完成任務和實現目標的能力。圍繞智的概念，形成了尚智與反智的不同看法。儒家尚智，把智納入自己的思想體系，強調智是君子人格的一部分。孔子還指出智者與仁者的不同表現，「知者樂水，仁者樂山；知者動，仁者靜；知者樂，仁者壽」（《論語·雍也》）。道家反智，老子認為：「大道廢，有仁義；智慧出，有大偽；六親不和，有孝慈；國家昏亂，有忠臣。」（《老子·第十八章》）道家並不是真的反智，而是辯證地看到了智的負面影響，有可能演變為虛假偽善、爾虞我詐和機巧權術。從某種意義上說，正是儒家和道家對待智的不同看法，既相互批判又相互吸納，才構建了傳統的智慧觀。

信是儒家思想的重要範疇，其源頭來自於孔子。信的本義是言語不虛妄，意指不自欺、不欺人，表裏如一、言行合一。與信聯繫最密切的概念是誠，《說文解字》中信與誠互訓，「信，誠也」；「誠，信也」。在先秦儒家中，信並不是最重要的倫理道德概念，而是眾多道德條目中的一個。在孔子那裏，信是仁的組成部分，兩者是綱與目的關係，信服從於仁，仁指導着信，「子張問仁於孔子。孔子曰：『能行五者於天下，為仁矣。』『請問之。』曰：『恭、寬、

信、敏、惠。恭則不侮，寬則得眾，信則人任焉，敏則有功，惠則足以使人。』」（《論語·陽貨》）孟子明確把仁義禮智規定為人之本性，卻沒有給信留出位置。到了西漢，董仲舒才將信納入儒家思想的基本範疇，「夫仁、誼、禮、知、信五常之道，王者所當修飭也」（《漢書·董仲舒傳》）。儒家倡導人倫，主要指父子、君臣、夫婦、長幼和朋友關係，孟子指出：「父子有親，君臣有義，夫婦有別，長幼有敍，朋友有信。」（《孟子·滕文公上》）這些人倫關係是有差異的，最大的差異不在於不同的倫理規範，而在於雙方平等與不平等的關係。傳統社會實行的是宗法等級制度，父子、君臣、夫婦、長幼雙方的關係是不平等的，唯有朋友雙方是平等關係的主體。信的本質是平等，是平等的主體之間處理相互關係的行為準則。孔子沒有給信最高德目的地位，卻重視朋友之間的誠信交往，「與朋友交，言而有信」；「弟子入則孝，出則弟，謹而信，泛愛眾，而親仁。行有餘力，則以學文」（《論語·學而》）。

孝是中國文化的重要組成部分，是區別於世界其他文明的主要象徵。黑格爾指出：「中國這個文化大國是純粹建築在孝敬這一道德基礎之上，國家最為本質的特徵便是客觀的家庭孝敬。」[1] 孝是儒家思想的重要概念，儒家以仁為核心構築起的思想大廈，其基礎則是孝，「其為人也孝弟，而好犯上者，鮮矣；不好犯上，而好作亂者，未之有也。君子務本，本立而道生。孝弟也者，其為仁之本與」（《論語·學而》）。孔子把孝納入仁的範疇，最大貢獻是引敬入孝，將以血緣關係為紐帶的「親親之情」上升到人文關懷的高度，突顯了孝所具有的人本精神，「子游問孝。子曰：『今之孝者，是謂能養。至於犬馬，皆能有養。不敬，何以別乎？』」（《論語·

1　〔德〕黑格爾著，王造時譯：《歷史哲學》，生活·讀書·新知三聯書店 1956 年版，第 65 頁。

為政》）孝養父母是孝的主要內容，而孝養父母可區分為物質奉養和精神奉養兩種情況，真正的孝養是物質與精神的有機統一，關鍵在於敬。敬的主要表現是和顏悅色，「子夏問孝。子曰：『色難。有事，弟子服其勞；有酒食，先生饌，曾是以為孝乎？』」（《論語・為政》）朱熹解釋道：「故事親之際，惟色為難耳，服勞奉養未足為孝也。舊說，承順父母之色為難，亦通。」（《四書章句集注》）情自心意、境由心生，子女奉養父母，和顏悅色是表現形式，內心卻是敬意和愛戀。

忠是傳統文化的重要組成部分，是重要的倫理道德規範。「忠」字的構造是上「中」下「心」，即中在心上，中正不斜，其原初含義就是忠誠、忠信，《增韻》釋忠為「內盡其心，而不欺也」。儒家全面論證了忠的概念，傳統文化中關於忠的思想實際是儒家的思想。但是，儒家之忠內容龐雜，認識不盡一致，前後差別很大。在孔子那裏，忠很難說是一個重要概念，只不過是仁的一個德目；《論語》一書論及忠字，大多是忠信或忠恕合併使用，側重於修身和待人處世方面的內容。《孟子》一書很少論及忠字，偶爾論及，也是屬於倫理道德範疇，「分人以財謂之惠，教人以善謂之忠，為天下得人者謂之仁」（《孟子・滕文公上》）。後世儒家將忠與忠君思想緊密聯繫在一起，而在孔孟那裏，忠君的思想微乎其微，甚至可以忽略不計。「子以四教：文、行、忠、信。」（《論語・述而》）作為倫理道德規範，忠不僅是君臣關係的行為準則，而且是人與人之間交往的準則，「主忠信，毋友不如己者，過則勿憚改」（《論語・子罕》），更是個人道德品質的基本要求，「十室之邑，必有忠信如丘者焉，不如丘之好學也」（《論語・公冶長》）。

廉是一個政治倫理概念，與公共權力相聯繫，與腐敗相對立。沒有公共權力，就沒有腐敗，也就沒有廉潔的問題。廉的實質是「無取」，「可以取，可以無取，取傷廉」（《孟子・離婁下》）。廉

與財物相關，無取就是官員不取不義之財。在儒家看來，官員能否做到廉潔無取，關鍵在於能否正確處理義與利的關係。孔子告誡官員，「放於利而行，多怨」（《論語·里仁》）；強調見利思義，「士見危致命，見得思義，祭思敬，喪思哀，其可已矣」（《論語·子張》）。正確處理公與私的關係。官員掌握的是公共權力，負責的是公共事務，聯繫的是公共大眾，繞不開公與私的關係。宋儒陸九淵把公私關係與善惡關係相聯繫，「為善為公，心之正也；為惡為私，心之邪也。為善為公，則有和協輯睦之風，是之謂福。為惡為私，則有乖爭陵犯之風，是之謂禍」（《陸九淵集·贈金溪砌街者》）。正確處理理與欲的關係，理是指人生而具有的內在本性，欲是指感物而動的慾望。先秦儒家不否認人的慾望，「飲食男女，人之大欲存焉」（《禮記·禮運》）。好色，人之所欲也；富貴，人之所欲也，但不能放縱自己，而要以理制欲，「養心莫善於寡欲。其為人也寡欲，雖有不存焉者，寡矣；其為人也多欲，雖有存焉者，寡矣」（《孟子·盡心下》）。

恥是中國文化的重要概念，也是中國文化的一大特徵。恥的原始含義是羞恥、慚愧，以及由此產生的羞恥心和知恥感。恥的觀念和行為產生於殷商時期，真正形成恥感文化卻是在春秋戰國時期。法家和儒家比較全面地論述了恥的問題。法家強調法治，主要是利用人們的恥感心理進行信賞必罰，具有明顯的功利色彩。商鞅指出：「夫刑者所以禁邪也，而賞者所以助禁也。羞、辱、勞、苦者，民之所惡也；顯、榮、佚、樂者，民之所務也。故其國刑不可惡而爵祿不足務也，此亡國之兆也。」（《商君書·算地》）儒家強調德治，把恥納入自己的思想體系進行論證闡述，從而構建起傳統的恥感文化。孔子認為，只有以德和禮治理天下，才能使人民知恥，進而心悅誠服，自覺遵守禮法制度，達到天下大治，「道之以政，齊之以刑，民免而無恥。道之以德，齊之以禮，有恥且格」（《論語·

為政》）。在儒家看來，恥的前提條件是人要有良心。所謂良心，指被社會普遍認可並內化於心的行為規範和價值標準。儒家高度重視良心，「雖存乎人者，豈無仁義之心哉？其所以放其良心者，亦猶斧斤之於木也」（《孟子·告子上》）。朱熹注釋：「良心者，本然之善心。即所謂仁義之心也。」（《四書章句集注》）良心的內容就是仁義禮智，沒有良心的人就是禽獸，「由是觀之，無惻隱之心，非人也；無羞惡之心，非人也；無辭讓之心，非人也；無是非之心，非人也」（《孟子·公孫丑上》）。羞惡之心就是恥，恥是區別人與禽獸的一個標誌。良心是人先天就具有的善性，也需要後天學習、培養和挖掘，所以人要堅持修身，通過修身培育良心，明辨是非，知曉真善美與假惡醜的區別。

先秦的文化天空有着孔子和老子兩顆最亮的星宿，他們交相輝映、光焰萬丈，澤被華夏、綿綿不絕。先秦的文化海洋寬廣無垠，儒、道經典是港灣和碼頭，沒有港灣和碼頭，就不能起錨遠航、走向大海；就躲避不了狂風急浪，得不到補充給養，難以奔向更為廣闊和深遠的大海。國學溯源，必須溯源經典，那就是《老子》和「四書」。經典的價值不僅在實用，而且在文化。經典具有權威性和範例性，是先賢聖哲獨特世界觀的展示和不可重複的創造，積澱着豐厚的文化和人性內涵。溯源經典，意味着文化旅行，能夠認識國學的概念和範疇，讀懂道、仁、義、禮、智、信、孝、忠、廉、恥，探尋國學的思路，品味國學的邏輯預設和理論框架，領略先賢聖哲的睿智和風範，從而更好地理解把握國學義理和傳統文化的精髓。經典具有標誌性和象徵性，是一個民族普遍認同的文化基因和價值符號。溯源經典，意味着文化尋根，旨在找回失落的精神家園，更多地了解中華民族的優秀品格，堅守中華民族「詩意的棲居地」，為個體找到賴以生存的羣體撫慰和心靈歸宿。經典具有永恆性和穩固性，是經過歷史選擇的最有價值的書，提出了人類精神生活的根

本問題，凝聚着對人生命運的終極關懷和眷顧。溯源經典，意味着文化享受，體悟真善美的豐厚意蘊。每一部經典都是關於真、善、美的學問，圍繞着人的主題，展示出自然的奧祕、人性的光輝和生活的美麗。溯源經典，實際是在讀人生、讀社會、讀智慧，說到底，是在讀文化。美國學者馬爾庫塞說得好：「肯定的文化在根本上是理想主義的。對孤立的個體的需求來說，它反映了普遍的人性；對肉體的痛苦來說，它反映着靈魂的美；對於外在的束縛來說，它反映着內在的自由；對赤裸裸的唯我論來說，它反映着美德王國的義務。」[1]

---

1 〔美〕赫伯特・馬爾庫塞著，李小兵譯：《審美之維——馬爾庫塞美學論著集》，生活・讀書・新知三聯書店 1989 年版，第 10 頁。

第二章　先秦儒家

儒家是孔子創立的思想學術流派。先秦時期，儒家是顯學。漢武帝「罷黜百家，表章六經」之後，儒家成為傳統社會的文化主體和主流意識形態，是中國歷史上最有影響的思想學術流派。在傳統社會，儒家甚至被提升到宗教信仰的高度，「儒教是中華民族特有的傳統宗教，凡是生活在中國這塊古老土地上的各民族，包括漢族以外的少數民族，如北方的遼、金、元、西夏及清，歷代王朝都以儒教為國教，孔子為教主」[1]。儒家對中國社會的影響既深且遠，所謂深，就是深刻塑造了中華民族的集體人格；遠就是不僅在傳統社會發揮了主導作用，而且在今天仍然具有強大的生命力，影響中國人的方方面面和各個領域。儒家思想還對東亞各國產生了廣泛影響。

一、儒家源流

儒家源遠流長。從源頭分析，儒既是一個階層，又是一種思想資源。作為一個階層，《說文解字》釋「儒，柔也，術士之稱。從人，需聲」。學界據此認為，儒家是從巫師術士演化而來的。章太

1　任繼愈主編：《儒教問題爭論集》，宗教文化出版社 2000 年版，第 404 頁。

炎認為，儒者是指一種以宗教為生的職業，負責治喪、祭神等宗教儀式，「儒本求雨之師，故衍為術士之稱」[1]。胡適認為，儒者為殷遺民，而這些人於亡國之後，淪落為執喪禮者。因已遭亡國，其文化只能以柔弱之勢存在。[2] 馬王堆帛書《要》的出土，對此予以了證實。在《要》文中，孔子說：「後世之士疑丘者，或以《易》乎？吾求其德而已，吾與史巫同塗而殊歸者也。」周朝明確儒是官僚系統的一部分，也是一項職業，「四曰儒，以道得民」（《周禮‧天官》）。有的學者甚至把儒解讀為「由原始之釋，可見儒是憑藉道德之術治民的；儒的本義為柔和，與剛強相對，亦即儒是以柔和手段治理天下的。那麼，儒自然反對一味使用暴力治民」[3]。孔子創立的儒家，既非一個階層，也非一種官僚職業，而是以學術和政治為志業的知識團體和思想學派。在儒家學派中，有着人品高低、志趣大小之分，「子謂子夏曰：『女為君子儒，無為小人儒。』」（《論語‧雍也》）

　　作為思想資源，《史記‧孔子世家》記載：「乃因史記作《春秋》，上至隱公，下訖哀公十四年，十二公。據魯，親周，故殷，運之三代。約其文辭而指博。」意思是，孔子於是根據魯國的史書作了《春秋》，上起魯隱公元年（前 722），下至魯哀公十四年（前 481），共包括魯國 12 個國君。以魯國為中心記述，尊奉周王室為正統，以殷商故舊為借鑒，推而上承夏、商、周的法統，文辭簡約而旨意廣博。由此可知，孔子創立儒學的思想資源可上溯到夏朝。《論語》最後一篇為〈堯曰〉，孔子的思想源頭或可追溯到堯舜時代，「堯曰：『咨！爾舜！天之曆數在爾躬，允執其中。四海困窮，

1　章太炎著：《國故論衡》，商務印書館 2010 年版，第 149 頁。
2　胡適著：《說儒》，灕江出版社 2013 年版，第 96 頁。
3　劉兆偉：〈論儒家思想的淵源及精髓〉，載《錦州師範學報（哲學社會科學版）》1990 年第 2 期。

天祿永終。』舜亦以命禹」（《論語·堯曰》）。孔子一方面研究總結夏、商、周三代的歷史經驗教訓，「殷因於夏禮，所損益，可知也；周因於殷禮，所損益，可知也。其或繼周者，雖百世，可知也」（《論語·為政》），進而著《春秋》。另一方面是編《詩經》和《尚書》，評注《易經》，修訂《禮經》和《樂經》，從中汲取理論素養和思想資源。《論語》中引用最多的是《詩經》，認為「《詩》三百，一言以蔽之，曰：『思無邪。』」（《論語·為政》）通過歷史研究和文化典籍整理，孔子更多地接受了「民惟邦本，本固邦寧」的民本觀念和「施實德於民」「明德慎罰」（《尚書》）的德政思想，建構了以「仁」為核心的儒家思想體系。

與儒家思想相伴隨的是儒家學派。儒家學派是儒家思想的主體，沒有儒家學派，儒家思想就不可能得到鞏固，更不可能傳承和發展。最早的儒家學派就是孔子和他的弟子。孔子終身從事教育活動，招收了很多學生，「弟子蓋三千焉，身通六藝者七十有二人」（《史記·孔子世家》）。孔子分四個門類對最優秀的十位學生作出評價，「德行：顏淵、閔子騫、冉伯牛、仲弓。言語：宰我、子貢。政事：冉有、季路。文學：子游、子夏」（《論語·先進》）。孔子之後，儒分為八，各自認為代表了孔子的正統思想，「有子張之儒，有子思之儒，有顏氏之儒，有孟氏之儒，有漆雕氏之儒，有仲良氏之儒，有孫氏之儒，有樂正氏之儒」（《韓非子·顯學》）。儒家內部產生不同的派別，在當時未必是壞事，不僅說明了孔子思想的豐富性和開放性，而且從不同角度傳播光大了孔子的思想。真正對捍衛孔子思想和形成儒家學派有決定作用的，是孟子與荀子。在儒學發展史上，孟子和荀子是孔子之後的兩座高峰，前者從性善論出發，繼承發展了孔子的仁與義思想；後者從性惡論出發，繼承發展了孔子的仁與禮思想。學界普遍看到了孟子與荀子的差別，有學者認為，「在儒家思想中，孟子代表了其中理想主義的一派，稍

後的荀子則是儒家的現實主義一派」[1]。也有學者認為，孟子「把他的世界觀、人性論、仁政學說緊密地組織在一起，形成先秦唯心主義哲學的一個重要派別」，「荀子是戰國時期傑出的唯物主義思想家」[2]。無論儒家內部有多大差異，其基本特徵還是《漢書·藝文志》所言的「助人君順陰陽明教化者也。遊文於六經之中，留意於仁義之際，祖述堯舜，憲章文武，宗師仲尼，以重其言，於道最為高」。

　　與儒家學派相伴隨的是儒家經典。經典是學派傳承的重要載體，學派依靠經典而形成和發展。儒家自認最早的經典是六經，即《詩經》《尚書》《禮經》《樂經》《易經》和《春秋》。孔子認為，六經的目的是一致的，而作用是不相同的，「六藝於治一也。《禮》以節人，《樂》以發和，《書》以道事，《詩》以達意，《易》以神化，《春秋》以義」（《史記·滑稽列傳》）。孔子重視經典的教育教化，「入其國，其教可知也。其為人也，溫柔敦厚，《詩》教也；疏通知遠，《書》教也；廣博易良，《樂》教也；潔靜精微，《易》教也；恭儉莊敬，《禮》教也；屬辭比事，《春秋》教也。故《詩》之失，愚；《書》之失，誣；《樂》之失，奢；《易》之失，賊；《禮》之失，煩；《春秋》之失，亂」（《禮記·經解》）。秦漢之際，《樂經》失傳，六經為五經，東漢增加《論語》《孝經》為七經，唐時增加《周禮》《禮記》《公羊傳》《穀梁傳》《爾雅》為十二經，宋朝增加《孟子》為十三經。至此，儒家經典成熟定型，也是中華傳統文化的基本典籍。不過，十三經的地位與作用並不完全相同，其中經的地位最高，傳、記次之，《爾雅》又次之。一般認為《易》《詩》《書》《禮》《春秋》是經；《左傳》《公羊傳》《穀梁傳》屬於《春秋》經之傳；《禮記》《孝經》《論

1　馮友蘭著：《中國哲學簡史》，新世界出版社 2004 年版，第 63 頁。
2　任繼愈主編：《中國哲學史》（第一冊），人民出版社 1979 年版，第 145—146、209 頁。

語》《孟子》均為記;《爾雅》則是漢代經師的訓詁之作。

春秋戰國之後,秦始皇「焚書坑儒」,漢初奉行黃老之術,儒家思想和學派經歷了風風雨雨、起起伏伏。到漢武帝時,儒家的地位和作用終於穩定下來,成為官方意識形態和傳統社會的主流文化。在悠悠的歷史長河中,儒家多次受到挑戰,而儒家的後繼者始終對孔子和儒家思想懷有信仰般的崇敬,能夠審時度勢,因時因地根據變化的社會風俗和人情世故,對儒家思想進行調整充實和發展完善,以適應新形勢、新朝代的需要,從而保持了儒家的生機和活力。儒家官方地位的確立,首先得益於董仲舒的努力。董仲舒是漢武帝時的思想家和儒家代表人物,主要著作是《春秋繁露》。

董仲舒的思想適應了當時社會發展的需要,對於強化中央集權和維護國家統一發揮了積極作用。董仲舒思想的核心是天人感應,「天有陰陽,人亦有陰陽,天地之陰氣起,而人之陰氣應之而起。人之陰氣起,而天之陰氣亦宜應之而起。其道一也」(《春秋繁露·同類相動》)。現在看來,天人感應思想是荒謬的,而在科技和生產力水平低下的西漢,卻是對天人關係的最好解釋。董仲舒由天人感應推導出「三綱五常」學說,長久地影響了傳統社會的運行和秩序。所謂「三綱」,是指「君臣、父子、夫婦之義,皆取諸陰陽之道。君為陽,臣為陰;父為陽,子為陰;夫為陽,妻為陰」(《春秋繁露·基義》)。董仲舒認為:「王道之三綱,可求於天。」「天不變,道亦不變。」「五常」是指「夫仁、誼、禮、知、信五常之道,王者所當修飭也;五者修飭,故受天之祐,而享鬼神之靈,德施於方外,延及群生也」(《漢書·董仲舒傳》)。

董仲舒思想的精華是大一統,他認為:「《春秋》大一統者,天地之常經,古今之通誼也。」(《漢書·董仲舒傳》)董仲舒提出「三統」說,認為夏商周三代更替,必須同時變更日曆和服色,以利於統一天下,「王者必受命而後王,王者必改正朔,易服色,制禮

樂，一統於天下，所以明易姓，非繼仁，通以己受之於天也」(《春秋繁露·三代改制質文》)。董仲舒十分擔心思想不統一，導致政局動盪，天下混亂，「今師異道，人異論，百家殊方，指意不同，是以上亡以持一統，法制數變，下不知所守」。董仲舒思想的貢獻是幫助漢武帝確立了儒家的官方意識形態地位。漢承秦制，經過文景之治，到漢武帝時，以中央集權為標誌的政治經濟制度已經鞏固，迫切需要解決的是思想統一問題。在舉賢良第三次對策中，董仲舒明確提出了罷黜百家、獨尊儒術的建議，「臣愚以為諸不在六藝之科孔子之術者，皆絕其道，勿使並進。邪辟之說滅息，然後統紀可一而法度可明，民知所從矣」(《漢書·董仲舒傳》)。漢武帝採納了董仲舒的建議，儒學終於被確立為傳統社會的主導思想，有利於鞏固中央集權的大一統局面，削弱和打擊地方割據勢力的分裂活動。任何社會政治上的統一，都需要相應的思想統一作為基礎和保證。這是董仲舒協助漢武帝完成了中國傳統社會上層建築的建設工作，也是董仲舒對傳統社會所做出的歷史性貢獻。

　　漢代之後，儒學維持着官方統治思想的地位，卻遇到了主要來自道家和佛教的挑戰。魏晉時期的思想學術主流是玄學，而玄學源於道家的「玄之又玄，眾妙之門」(《老子·第一章》)。這說明魏晉時期至少在思想學術界，儒學的地位並不高於道家，最多是平起平坐。隋唐時期重視佛學，儒學的至尊地位受到更大的削弱，只能與佛道並行不悖。韓愈為了維護儒學的官方地位，重申儒家的道統觀，強調「斯吾所謂道也，非向所謂老與佛之道也」(《原道》)。宋代儒家積極迎接佛道的挑戰，以儒學為主體兼容佛道，重建儒學，馮友蘭稱之為「更新的儒學」[1]。他們把佛道的形而上思維與儒家

1　馮友蘭著：《中國哲學簡史》，新世界出版社 2004 年版，第 241 頁。

的倫理思想和政治理論結合起來，建構了形而上本體與內在心性相貫通的儒家文化形態，也稱程朱理學，恢復並鞏固了儒家的正統地位，雄踞傳統社會思想學術界約 700 年時間。理學以周敦頤的「太極圖說」，張載的「氣為本體說」和程顥、程頤的「天理說」為代表，最後由南宋理學家朱熹集大成，完成了儒學新文化形態的建設。

朱熹以思孟學派為主，兼容並蓄佛道的本體論和認識論思想，建立了龐大的理學思想體系。朱熹對儒學發展最重要的貢獻是花費畢生精力完成了《四書章句集注》。理和天理是朱熹的最高思想範疇。在朱熹看來，理是天下萬事萬物的本原，也是萬事萬物的運行規則，「未有天地之先，畢竟也只是理。有此理，便有此天地；若無此理，便亦無天地，無人無物，都無該載了。有理，便有氣流行，發育萬物」。理與萬事萬物的關係既是定性關係，「性是天生成許多道理」，又是理的分殊關係，「聖人未嘗言理一，多只言分殊。蓋能於分殊中事事物物、頭頭項項，理會得其當然，然後方知理本一貫」。理不僅包括物質的特性，而且包括人的德性，「氣則為金木水火，理則為仁義禮智」，「蓋性中所有道理，只是仁義禮智，便是實理。吾儒以性為實，釋氏以性為空」（《朱子語類》）。

在朱熹看來，天理與人欲存在着尖銳的矛盾，天理多則人欲少，人欲多則天理少。「孔子所謂『克己復禮』，《中庸》所謂『致中和』『尊德性』『道問學』，《大學》所謂『明明德』，《書》曰『人心惟危，道心惟微，惟精惟一，允執厥中』，聖賢千言萬語，只是教人明天理，滅人欲。」（《朱子語類》）朱熹要求明天理、滅人欲，並不否定正常的人欲，而是否定貪婪的人欲。朱熹認為，格物致知是修身養性的前提和基礎，「所謂致知在格物者，言欲致吾之知，在即物而窮其理也。蓋人心之靈莫不有知，而天下之物莫不有理，惟於理有未窮，故其知有不盡也」（《補大學格物致知傳》）。格物

致知不是目的，身體力行才是最重要的，「致知力行，論其先後，固當以致知為先，然論其輕重，則當以力行為重」（〔清〕李紱《朱子晚年全論》卷三〈答程正思〉）。

在宋儒思想學術中，除了程朱理學，還有張載的氣學，認為氣是唯一充塞宇宙的物質實體，「理在氣中」（《正蒙》）。更有陸九淵的心學，他不同意程朱「性即理」的觀念，鮮明提出「宇宙便是吾心，吾心即是宇宙」（〈雜著〉），進而孕育了明朝心學大師王陽明。王陽明直接繼承了陸九淵的心學，引入佛教禪宗對心性的論證與直覺的修養方法，解決了朱熹思想中心與理、知和行在邏輯上的矛盾，完成了由客觀唯心主義向主觀唯心主義的轉變。王陽明心學可概括為四句話：「無善無惡心之體，有善有惡意之動，知善知惡是良知，為善去惡是格物。」王陽明認為：「聖人之學，心學也。」（〈象山文集序〉）心學就是儒家六經，「故六經者，吾心之記籍也，而六經之實則具於吾心」（〈稽山書院尊經閣記〉）。王陽明不同意朱熹把心與理分開的做法，主張「心即理也，此心無私欲之蔽，即是天理，不須外面添一分」；強調心外無理，心外無物，「身之主宰便是心，心之所發便是意，意之本體便是知，意之所在便是物……所以某說無心外之理，無心外之物」。王陽明不同意朱熹的格物窮理，而堅持求理於吾心，「所謂致知格物者，致吾心之良知於事事物物也。吾心之良知，即所謂天理也。致吾心良知之天理於事事物物，則事事物物皆得其理矣」。王陽明不同意朱熹的知先行後思想，而強調知行合一，「某嘗說知是行的主意，行是知的工夫。知是行之始，行是知之成。若會得時，只說一個知，已自有行在；只說一個行，已自有知在」（《傳習錄》）。作為心學的集大成者，王陽明既維護了傳統社會的倫理綱常，又適應了明朝中晚期個體意識增強的需要，在士大夫階層引起強烈反響，其心學思想還傳至日本、朝鮮半島及東南亞，成為傳統社會最後一位大儒。

二、孔子貴仁

孔子是中華民族的聖人，《論語》是中華文明的聖經。孔子和《論語》對於中華民族的塑造和中華文明的發展，厥功至偉，怎麼讚譽都不為過。孔子不承認自己是聖人，「若聖與仁，則吾豈敢！抑為之不厭，誨人不倦，則可謂云爾已矣」（《論語·述而》）。然而，孔子與聖人名號有着不解之緣，中國歷史上公認的聖人，大概只有孔子。孔子生前，弟子就稱頌他是天生的聖人，「太宰問於子貢曰：『夫子聖者與？何其多能也？』子貢曰：『固天縱之將聖，又多能也。』」（《論語·子罕》）意思是，太宰問子貢：你們的老師是聖人嗎？為什麼這樣多才多藝呢？子貢回答：這本是上天讓他成為聖人，又使他多才多藝的。孟子則認為，孔子是聖人的集大成者，「伯夷，聖之清者也；伊尹，聖之任者也；柳下惠，聖之和者也；孔子，聖之時者也。孔子之謂集大成。集大成也者，金聲而玉振之也」（《孟子·萬章下》）。兩千多年的封建社會，先後 17 次為孔子封聖，最早是東漢，封為「褒成宣尼公」；唐朝五次封號，認為孔子是「先聖」；宋朝先後封孔子為「玄聖文宣王」和「至聖文宣王」；明朝封為「至聖先師」；清朝封為「大成至聖文宣先師」。

《說文解字》釋「聖，通也，從耳呈聲」。意思是，聖即通曉事理，耳朵聽明白了，口頭能夠表達出來。現代漢語詞典解釋，聖人是「舊時品德最高尚、智慧最高超的人物」。孔子被稱為聖人，不僅在於他立德，樹立了高大偉岸、聖潔光輝的君子形象，「子曰：『君子道者三，我無能焉：仁者不憂，知者不惑，勇者不懼。』子貢曰：『夫子自道也。』」（《論語·憲問》）更在於孔子立言，創立了儒家學派，千秋萬代地影響着中國社會的發展，甚至在人類文明的大道上也留下了深深的印跡。思想創造了人，所以帕斯卡爾指出：「我們全部的尊嚴就在於思想。正是由於它而不是由於我們所無法

填充的空間和時間，我們才必須提高自己。因此，我們要努力好好地思想，這就是道德的原則。」[1] 弔詭的是，孔子之為聖人，與立功無關。孔子一生想做官而未能做，也就沒有建立事功；孔子沒有建立政治功業，卻建立了思想功業，因而被稱為「素王」。所謂素王，意指孔子雖然沒有王位，但只要人類歷史文化存在，其王位的優勢就永遠存在。這說明在人類文明和個體生命的發展史中，立言比立功更有意義和長久生命力。我們在任何時候都要敬重孔子，在任何情況下都要對儒家思想懷有溫情和敬意。

《呂氏春秋·不二》認為「孔子貴仁」，道出了孔子思想的精髓。孔子以仁為核心，以義與禮為兩翼，仁義禮相輔相成，形成穩定的邏輯結構，以建築儒家思想大廈，博大而精深，完備而通透，而孔子思想的基礎是血緣親情。孔子從血緣親情出發，認為每個人都有親親之情，既能感受到親人之愛，又能去愛自己的親人，這就是父慈子孝、兄友弟恭。孔子鼓勵和倡導孝道，要求盡孝以敬，「子游問孝。子曰：『今之孝者，是謂能養。至於犬馬，皆能有養；不敬，何以別乎？』」孔子要求盡孝不怨，「子夏問孝。子曰：『色難。有事，弟子服其勞；有酒食，先生饌，曾是以為孝乎？』」（《論語·為政》）意思是，子夏問什麼是孝道。孔子回答，孝道難就難在父母面前總能保持和顏悅色。碰到事情，由子女效勞；遇到好吃好喝的，讓年長的人享用。僅僅做到這些，難道可以認為是孝道了？孔子實質是要告訴人們，子女在孝敬和贍養父母上，無論父母年齡多大，也無論父母是否年老體衰、性情多變，都要始終保持和顏悅色，沒有怨言和牢騷。

孔子要求盡孝無違，「孟懿子問孝。子曰：『無違。』」（《論語·為政》）無違是正確規勸父母的過失，「事父母幾諫，見志不從，又

---

1 〔法〕帕斯卡爾著：《思想錄》（上），吉林大學出版社 2005 年版，第 173 頁。

敬不違，勞而不怨」（《論語·里仁》）。無違是言行一致，表裏如一，「父在，觀其志；父沒，觀其行；三年無改於父之道，可謂孝矣」（《論語·學而》）。無違是遵守孝敬父母的禮節，樊遲問什麼是「無違」，孔子回答：「生，事之以禮；死，葬之以禮，祭之以禮。」（《論語·為政》）對於祭禮，孔子更為重視。當弟子宰我認為可以廢棄服喪三年的祭禮時，孔子很不高興，罵宰我真是不仁啊，「予之不仁也！子生三年，然後免於父母之懷。夫三年之喪，天下之通喪也。予也有三年之愛於其父母乎！」（《論語·陽貨》）孔子不僅把孝道看作是儒學的基礎，而且把孝道看作是做人和治國的根本，「其為人也孝弟，而好犯上者，鮮矣；不好犯上，而好作亂者，未之有也。君子務本，本立而道生。孝弟也者，其為仁之本與」（《論語·學而》）。父母是最親近的人。一個人如果不能對生他養他的父母堅守孝敬之心，常懷感恩之情，那麼，他怎麼可能做到對國家的忠誠、對社會的責任以及對他人的友愛呢？

　　仁是孔子思想的最高範疇。孔子是以仁為邏輯前提，推演張揚其倫理原則、政治觀念和人格理想。從字形和字義分析，仁所表述的內容是在兩個人之間發生的或引申為一種人際關係之中發生的情況，如果只有一個人，便不可能發生仁。東漢鄭玄將仁字解釋為「『人也』，讀如『相人偶』之人，以人意相存問之言」（《禮記注》）。現代學者認為，相人偶是一種遠古時期的禮儀，即「兩個人見面，首先觀顧對方，然後互相作揖，表示敬意和問候」[1]。這說明仁是指兩個人及更多人之間的互相關係，而且是積極正面的關係，正如相人偶提到的雙方之間都要心懷敬意，彎腰作揖，互致問候。如果其中一人不存敬意，那相人偶的禮儀就不可能實現，也就談不

1　劉文英：〈「仁」之觀念的歷史探源〉，載《天府新論》1990 年第 6 期。

上產生仁的意識和行為了。孔子結合春秋社會的現實，集中前人智慧，吸收歷史營養，提煉昇華了仁的範疇。孔子對中華文明最大的貢獻是仁，中國傳統文化深深地烙上了仁的印記。

在孔子看來，仁是血緣親情的自然流露，血緣親情必然要匯入仁的大河，「弟子，入則孝，出則弟，謹而信，泛愛眾，而親仁。行有餘力，則以學文」（《論語‧學而》）。孔子認為，仁的本質是愛人，「樊遲問仁。子曰：『愛人。』」（《論語‧顏淵》）愛人意指人與人之間互親互愛，它貫穿於孔子思想的各個領域和全部內容。愛人既是人文精神，也是人道主義，充分體現了孔子思想的宗旨。孔子指出，愛人既有正面的要求，又有負面的限制。正面要求是「己欲立而立人，己欲達而達人」（《論語‧雍也》）；負面限制是「己所不欲，勿施於人」（《論語‧顏淵》）。正面要求和負面限制，概括了孔子對理想社會秩序和人格境界的憧憬，表明人生在世，除了關注自身的存在，還要關心他人的存在，應當平等地對待他人、尊重他人、幫助他人。這既是加強自我道德修養的核心，又是為人處世的重要準則，更是人生的崇高追求。任何人，如果能夠做到愛人助人，克己律己，就達到了仁的境界。

仁與義是孔子思想的人格要素。孔子倡導的理想人格是君子，而仁與義有機組成了君子人格。在孔子看來，仁是君子的基本品格，又是智慧、勇敢、自律等多種優秀品質的集合體。「子路問成人。子曰：『若臧武仲之知，公綽之不欲，卞莊子之勇，冉求之藝，文之以禮樂，亦可以為成人矣。』」（《論語‧憲問》）只有具備各方面優秀品質的人，才會去愛人和幫助人，「子張問仁於孔子。孔子曰：『能行五者於天下，為仁矣。』請問之。曰：『恭、寬、信、敏、惠。恭則不侮，寬則得眾，信則人任焉，敏則有功，惠則足以使人。』」（《論語‧陽貨》）孔子要求君子在任何時候、任何情況下都要與仁相伴始終，「君子無終食之間違仁，造次必於是，顛

沛必於是」（《論語·里仁》）。意思是，君子哪怕一頓飯的時間也不能離開仁，即使在匆忙之時也必定和仁同在，即使在顛沛流離之時也必定同仁相處。

在孔子看來，義也是君子的基本品格，具有統領其他優秀品質的作用。「君子義以為質，禮以行之，孫以出之，信以成之。君子哉！」（《論語·衛靈公》）北宋二程（程顥、程頤）認為：「義以為質，如質幹然。禮行此，孫出此，信成此。此四句只是一事，以義為本。」（《四書章句集注》引「程子曰」）孔子還把義看作是君子最重要的行為準則，應當與君子相伴終生，「君子之於天下也，無適也，無莫也，義之與比」（《論語·里仁》）。意思是，君子對於天下的人和事，沒有固定的成見，只問符合不符合仁義。符合仁義的，就認同、就去做，否則就不認同、不去做。孔子認為，仁與義共同作用着君子的言行，具體表現為：思想上的指導作用，「士不可以不弘毅，任重而道遠。仁以為己任，不亦重乎？死而後已，不亦遠乎？」（《論語·泰伯》）行為上的規範作用，「君子義以為上。君子有勇而無義為亂，小人有勇而無義為盜」（《論語·陽貨》）。利益上的約束作用，「仁者先難而後獲，可謂仁矣」（《論語·雍也》）；「見利思義，見危授命，久要不忘平生之言，亦可以為成人矣」（《論語·憲問》）。

仁與禮是孔子思想的社會秩序。孔子嚮往西周的社會治理，而仁與禮尤其是禮，構建了西周社會治理的核心價值。春秋末世，禮崩樂壞，天下無道，君臣無禮，孔子憂心忡忡，「天下有道，則禮樂征伐自天子出；天下無道，則禮樂征伐自諸侯出」（《論語·季氏》）。孔子立志要阻止春秋亂世，恢復周禮秩序，「周監於二代，郁郁乎文哉！吾從周」（《論語·八佾》）。然而，孔子所謂的周禮，已不是本來意義上的周禮，而是在仁的光輝照耀下的周禮，「顏淵問仁。子曰：『克己復禮為仁。一日克己復禮，天下歸仁焉。為仁由

己，而由人乎哉？』」（《論語·顏淵》）

在孔子看來，仁涉及人的生命本質和人格尊嚴，禮是指禮儀、習慣和規章規矩，屬於政治制度、倫理規範和社會秩序。仁與禮是統一的，仁是內容，禮是形式，沒有仁的內容，禮的形式就失去了意義，「人而不仁，如禮何？人而不仁，如樂何？」（《論語·八佾》）西周時期，禮是通過一系列名來表現的，天子、諸侯、大夫、士、庶民代表着社會人羣中的不同等級；公、侯、伯、子、男代表着不同的爵位。春秋末世是名實不副，名與實脫節，導致社會動亂不已。孔子認為，禮的精神是名實相副，而前提是正名，就是要使名與實相一致。孔子將正名看作是為官從政的首要之事，「子路曰：『衛君待子而為政，子將奚先？』子曰：『必也正名乎！』子路不理解，孔子解釋道，正名是政治統治和社會管理的先決條件。沒有正名，就難以進行政治統治和社會管理，也就無法建立和諧安寧的社會秩序，「名不正則言不順，言不順則事不成，事不成則禮樂不興，禮樂不興則刑罰不中，刑罰不中則民無所措手足。故君子名之必可言也，言之必可行也。君子於其言，無所苟而已矣」（《論語·子路》）。孔子指出，禮是要維護正常的社會秩序，「齊景公問政於孔子。孔子對曰：『君君、臣臣、父父、子子。』公曰：『善哉！信如君不君、臣不臣、父不父、子不子，雖有粟，吾得而食諸？』」（《論語·顏淵》）孔子把禮看成是德治的主要內容，「道之以政，齊之以刑，民免而無恥。道之以德，齊之以禮，有恥且格」（《論語·為政》）。

三、孟子承繼

孔子是聖人，孟子是亞聖。孟子的亞聖地位當之無愧，不僅在於他忠實繼承了孔子思想，更在於他創造性地發展了孔子思想。北宋二程評價：「孟子有功於聖門不可言。如仲尼只說一個『仁』字，

孟子開口便說『仁義』。仲尼只說一個『志』，孟子便說許多『養氣』出來。只此二字，其功甚多。」（《程氏遺書》）孟子的最大貢獻是繼承和發展了仁的思想。在孔子仁的思想中，除仁的概念之外，還包括孝、悌、恭、敬、忠、信、義、剛、毅、勇、寬、惠、敏等。這些概念在《孟子》一書中也可以見到，說明孟子是實實在在地繼承了孔子的思想，而孟子對這些概念的使用情況，卻與孔子有着明顯差異。據楊伯峻統計，《論語》中使用次數較多的概念有 7 個，即仁（109 次）、信（38 次）、義（24 次）、敬（21 次）、孝（19 次）、忠（18 次）、勇（16 次）；《孟子》中使用次數較多的概念為 4 個，即仁（157 次）、義（98 次）、敬（39 次）、孝（28 次），其中仁、義概念的使用次數遠遠高於其他幾個使用較多的概念。這從一個側面表明孟子不是簡單地繼承了仁的思想，而是創造性地發展了仁的思想。在《論語》一書中，仁字一般是單獨使用的，而《孟子》中則較多地出現了以「仁」字領頭的複合概念，這就是仁義、仁政、仁人、仁術、仁心、仁言、仁聞、仁聲。「仁義」與「仁政」可以看作是孟子思想的關鍵詞和核心概念，具體詮釋了孟子在基本範疇和政治領域發展了孔子的思想。

孟子承繼了仁的基本含義，「仁也者，人也。合而言之，道也」（《孟子·盡心下》）。戰國時期，諸侯兼併，戰爭頻發，百家爭鳴，楊、墨學說充滿天下，孔子學說不彰，仁義被阻塞。孟子挺身而出，堅決捍衛孔子的仁學，進一步把仁的思想發展為仁義並舉的學說。在孔子那裏，義從屬於仁，孟子則把義提升到與仁並列的地位。如果說孔子思想的核心是仁，那麼，孟子思想的核心則是仁義。孟子認為，仁是人的內心修養，義是實踐仁的途徑，仁的修養只有通過義的途徑，才能外化為人的日常言行。「仁，人心也；義，人路也。舍其路而弗由，放其心而不知求，哀哉！」（《孟子·告子上》）仁為人心，表明就人的本性而言，仁是人的心中所固有的，

意指人性善的形而上依據；義為人路，說明仁的貫徹落實需要有正確的方法，意指人性善的形而下路徑，從而促進孔子之仁由抽象的理念變成具體的實踐。

孟子還從性善論的角度詮釋仁與義的重要意義，「人皆有所不忍，達之於其所忍，仁也；人皆有所不為，達之於其所為，義也。人能充無欲害人之心，而仁不可勝用也；人能充無穿窬之心，而義不可勝用也；人能充無受爾汝之實，無所往而不為義也」（《孟子·盡心下》）。意思是，人人都有不忍心做的事，把這種心推及到他忍心做的事上，就是仁。人人都有不願做的事，推及到他想做的事上，就是義。人如果能夠把不想害人的心擴展開來，那麼仁就會用之不竭了；人如果能夠把不挖洞、跳牆的心擴展開來，那麼義就會用之不竭了；人如果能夠把不受人輕蔑的心擴展開來，就能無論到哪裏，行為都符合義。更重要的是，孟子與孔子一起把仁和義昇華到信仰的高度，指出仁和義比生命還寶貴，為了仁義，可以獻出生命。孔子是「志士仁人，無求生以害仁，有殺身以成仁」（《論語·衛靈公》）；孟子是「生亦我所欲也，義亦我所欲也；二者不可得兼，舍生而取義者也」（《孟子·告子上》）。孔孟合璧，氣若長虹；仁義並舉，昭彰千秋。

孟子對孔子之仁的貢獻是提供了哲學基礎，這就是性善論。孔子曾經講過人性的問題，「性相近也，習相遠也」（《論語·陽貨》）；「人之生也直，罔之生也幸而免」（《論語·雍也》）。意思是，一個人的生存是由於正直，而不正直的人也能生存，那是他僥倖避免了災禍。然而，人性是善還是惡，卻語焉不詳，有些論述流露出性善的傾向，「苟志於仁矣，無惡也」（《論語·里仁》）。孔子沒有對人性是善是惡作出明確回答，卻反覆強調仁是通過主觀努力可以達到的，「我欲仁，斯仁至矣」（《論語·述而》）。孟子接受了仁的思想，發展為性善理念，認為人人都有良知良能，必然會實

踐仁的要求，進而提出了人性本善的理論。孟子的性善論，既為仁提供了形上依據，又把仁納入其中，指出人性善就是仁義禮智和惻隱、羞惡、恭敬、是非「四心」，「乃若其情，則可以為善矣，乃所謂善也。若夫為不善，非才之罪也。惻隱之心，人皆有之；羞惡之心，人皆有之；恭敬之心，人皆有之；是非之心，人皆有之。惻隱之心，仁也；羞惡之心，義也；恭敬之心，禮也；是非之心，智也。仁義禮智，非由外鑠我也，我固有之也，弗思耳矣」（《孟子·告子上》）。這段話主張性善是人本身自有的潛質，而不善是因為沒有把握本有的善質所造成的；認為仁義禮智不僅是性善的主要內容，而且是性善的重要根據；強調仁義禮智根植於心，為心所固有，不需要藉助任何外力或條件。孟子指出，沒有「四心」，就不是人，「由是觀之，無惻隱之心，非人也；無羞惡之心，非人也；無辭讓之心，非人也；無是非之心，非人也」（《孟子·公孫丑上》）。而「四心」的核心是仁義，人與非人的本質差別在於仁義，「人之所以異於禽獸者幾希，庶民去之，君子存之。舜明於庶物，察於人倫，由仁義行，非行仁義也」（《孟子·離婁下》）。

　　孟子繼承發展了孔子之志。孔子之志的指向是仁，「士不可以不弘毅，任重而道遠。仁以為己任，不亦重乎？死而後已，不亦遠乎？」（《論語·泰伯》）孟子之志既指向仁又指向義，是仁義並舉，日月同輝。《孟子·盡心上》記載：齊王子墊問，讀書人應該做些什麼？「孟子曰：『尚志。』曰：『何謂尚志？』曰：『仁義而已矣。殺一無罪，非仁也；非其有而取之，非義也。居惡在？仁是也；路惡在？義是也。』」在孟子看來，尚志的內容是要踐行仁義，把不忍心做的事推及到忍心做的事，把不願意做的事推及到願意做的事，仁義就會取之不盡，用之不竭，「居仁由義，大人之事備矣」（《孟子·盡心上》）。孟子認為，尚志的基礎是要加強自身修養，培育大丈夫精神，為治平天下奠定堅實基礎。所謂大丈夫精神，務

必要堅守仁、義、禮的準則，「居天下之廣居，立天下之正位，行天下之大道」；務必做到進退自如，無怨無悔，矢志不移，「得志與民由之，不得志獨行其道」；務必在富貴、貧賤、威武面前不改其志，忠貞不渝，「富貴不能淫，貧賤不能移，威武不能屈，此之謂大丈夫」（《孟子·滕文公下》）。孟子指出，尚志的目的是治平天下，修身也是為了治平天下。道理很簡單，一個人如果連人都做不好，怎麼可能讓他去治理國家，管理天下大事？清焦循認為，孟子治平天下的內容就是施行仁義，「孟子以為聖王之盛，惟有堯舜，堯舜之道，仁義為上」（《孟子正義·孟子篇敘》）。

孟子對孔子之志的貢獻是把志與氣聯繫起來，形成了完善的志氣觀。孟子之志氣觀，旨在培養提升人的道德和精神境界，含有持志養氣、動心忍性、反求諸己的豐富內容和實踐路徑。孟子認為，志與氣之間不是平行的關係，而是統帥與被統帥的關係，「夫志，氣之帥也；氣，體之充也」。這就是人的思想意志要引導規範感情意氣的發揮，感情意氣的發揮要有利於思想意志的踐行和實現。孟子認為，在志與氣的關係中，志是矛盾的主要方向，具有決定意義，氣是矛盾的次要方向，居於從屬地位，「夫志至焉，氣次焉，故曰：『持其志，無暴其氣。』」孟子認為，志與氣雖然有主與次的區別，更多的時候它們卻是互相作用，很難區分出主次，也就是不要忽視氣對志的反作用，「志壹則動氣，氣壹則動志也。今夫蹶者趨者，是氣也，而反動其心」（《孟子·公孫丑上》）。意思是，思想意志專一，就能調動感情意氣跟隨它，感情意氣專一，也會影響思想意志，比如跌倒、奔跑，這是下意識的氣有所動，也能反過來擾動心志。

孟子對孔子之志更大的貢獻是講出很多養氣的道理。在孟子看來，養氣要養平旦之氣和夜氣。平旦之氣指的是清晨的空氣，夜氣指的是深夜的空氣；清晨的空氣新鮮、純潔，深夜的空氣寧靜、

平和。孟子認為，平旦之氣和夜氣不是自然空氣，而是道德之氣，仁義之心可以依靠平旦之氣和夜氣的作用得以生存和發展。平旦之氣和夜氣之於仁義之心的作用，相當於雨露之於草木的作用。雨露有利於草木的生長；仁義之心也是如此，清晨用平旦之氣誘發而生長，深夜因夜氣的誘發而生長，所以要養好平旦之氣和夜氣，否則就會喪失仁義之心，混同於禽獸，「其所以放其良心者，亦猶斧斤之於木也，旦旦而伐之，可以為美乎？其日夜之所息，平旦之氣，其好惡與人相近也者幾希，則其旦晝之所為，有梏亡之矣。梏之反覆，則其夜氣不足以存；夜氣不足以存，則其違禽獸不遠矣」（《孟子·告子上》）。同時，養氣要善養浩然之氣。浩然之氣是孟子志氣觀的精華，強大剛健，合乎義與道，必須堅持長期修煉來養成，「其為氣也，至大至剛，以直養而無害，則塞於天地之間。其為氣也，配義與道；無是，餒也。是集義所生者，非義襲而取之也。行有不慊於心，則餒矣」（《孟子·公孫丑上》）。朱熹解釋：「浩然，盛大流行之貌。氣，即所謂體之充者。本自浩然，失養故餒，惟孟子為善養之以復其初也。」（《四書章句集注》）

四、荀子發揮

荀子自認為是儒門弟子，極力為儒者辯護，當秦昭王問儒者有什麼用處時，荀子明確回答：「儒者法先王，隆禮義，謹乎臣子而致貴其上者也。人主用之，則勢在本朝而宜。不用，則退編百姓而愨，必為順下矣。雖窮困凍餒，必不以邪道為貪。無置錐之地，而明於持社稷之大義。」（《荀子·儒效》）在儒學發展史上，荀子對於繼承孔子思想有很多貢獻，「荀卿之學，出於孔氏，而尤有功於諸經」（汪中《荀卿子通論》）。

然而，北宋二程指出：「荀卿才高學陋，以禮為偽，以性為惡，

不見聖賢。雖曰尊子弓，然而時相去甚遠，聖人之道至卿不傳。」（《河南程氏外書》卷十）二程之所以否定荀子，是認為荀子在人性和禮治兩個領域離經叛道，歪曲了孔子思想。在先秦諸子中，人性和禮治是兩個關鍵詞。人性涉及理論基礎，不同的人性假設推導演化出不同的思想體系。「專氣致柔，能如嬰兒乎？」（《老子・第十章》）道家的素樸人性論，推導出道法自然和無為而治。「子墨子言見染絲者而歎曰：染於蒼則蒼，染於黃則黃，所入者變，其色亦變。」（《墨子・所染》）墨家的染絲人性論，推導出「兼相愛，交相利」。人「不免於欲利之心」（《韓非子・解老》）。法家的欲利人性論，則推導出嚴刑峻法，乃至苛政猛於虎。禮治則涉及政治統治方式，不同的禮治觀會選擇不同的統治方式。從倫理道德層面認識禮治，會選擇德治管理方式；從政治統治層面認識禮治，則會選擇法治管理方式。按照辯證思維，二程的否定評價恰恰從反面證明了荀子繼承和發展了孔子思想，這就是在人性和禮治兩個領域，荀子對於孔子思想進行了創新性發揮，做出了特殊的貢獻。

荀子繼承了孔子的人性思想，尤其是「習相遠」的觀點，強調學習的重要性，把學習看成是區分人與禽獸的標誌，「故學數有終，若其義則不可須臾舍也。為之，人也；舍之，禽獸也」。在荀子看來，學習的本質是造就聖人，塑造良好的人格，「學惡乎始？惡乎終？曰：其數則始乎誦經，終乎讀禮；其義則始乎為士，終乎為聖人」（《荀子・勸學》）。普通人能夠成為聖人，就在於普通人好學，「今使塗之人伏術為學，專心一志，思索孰察，加日縣久，積善而不息，則通於神明，參於天地矣。故聖人者，人之所積而致矣」（《荀子・性惡》）。荀子認為，學習的內容是儒家經典，「故《書》者，政事之紀也；《詩》者，中聲之所止也；《禮》者，法之大分、類之綱紀也。故學至乎《禮》而止矣。夫是之謂道德之極。《禮》之敬文也，《樂》之中和也，《詩》《書》之博也，《春秋》之

微也，在天地之間者畢矣」。意思是，《尚書》是關於古代政事的記載；《詩》中收集了許多中和之聲的樂調；《禮》是法律的總原則，各種條例的綱領，所以學習到《禮》就算達到終點了，這叫做道德的最高昇華。《禮》所包含的儀禮細節，《樂》的中和之聲，《詩》《書》內容的廣博，《春秋》的微言大義。天地之間的學問都包含在這裏了。荀子指出，學習的方法是藉助外在的事物來擴展、延伸和提升自己，如同登高而招、順風而呼，手臂和聲音沒有改變，卻能達到見者遠和聞者彰的效果；假輿馬或舟楫，雖非利足、非能水，卻可以致千里、絕江河，「吾嘗終日而思矣，不如須臾之所學也；吾嘗跂而望矣，不如登高之博見也。登高而招，臂非加長也，而見者遠；順風而呼，聲非加疾也，而聞者彰。假輿馬者，非利足也，而致千里；假舟楫者，非能水也，而絕江河。君子生非異也，善假於物也」（《荀子·勸學》）。

荀子超越了孔子的思想，得出了「人性惡」的結論。孔子最早提出了人性問題，卻沒有進行深入探討。一般認為，孔子的人性思想比較含糊，沒有明確人性是善還是惡。然而，孔子的人性觀有着強烈的性善傾向，是不可否認的。仁是孔子思想的核心，仁的本質是愛人。仁者愛人從親情開始，由親而疏、由近而遠，推己及人、擴而充之，進而實現「四海之內皆兄弟」。而且，仁者愛人是一個主體自我選擇的過程，「為仁由己，而由人乎哉？」（《論語·顏淵》）仁者愛人是善，善在主體自身，這表明孔子之仁蘊涵着人性善的內容。而荀子明確否認了孔子人性論的性善傾向，作〈性惡〉一文，反覆論證了「人之性惡，其善者偽也」的觀點。

性惡論給荀子帶來了千古罵名，「荀子極偏駁，只一句性惡，大本已失」（《程氏遺書》）。同時，性惡論讓荀子在人性問題上獨樹一幟，成就了一家之言。荀子認為，人性之惡源自人有太多的慾望，包括貪圖私利之心、嫉妒仇恨的心理和愛好聲色犬馬的本能，

「今人之性，生而有好利焉，順是，故爭奪生而辭讓亡焉；生而有疾惡焉，順是，故殘賊生而忠信亡焉；生而有耳目之欲，有好聲色焉，順是，故淫亂生而禮義文理亡焉」。如果不對人的慾望加以約束和規範，社會就要大亂，天下就會不安定，「然則從人之性，順人之情，必出於爭奪，合於犯分亂理而歸於暴」。荀子認為，改變人性之惡，約束和規範人的慾望，必須化性起偽，「故聖人化性而起偽，偽起而生禮義，禮義生而制法度」。所謂化性起偽，就是通過聖人和禮義法度的作用，引導規範人的自然本性，促進人向善行善的社會性，樹立良好的人倫觀念和道德品行。荀子以兄弟分家產為例，說明化性起偽的意義，「夫好利而欲得者，此人之情性也。假之有弟兄資財而分者，且順情性，好利而欲得，若是，則兄弟相拂奪矣；且化禮義之文理，若是，則讓乎國人矣。故順情性則弟兄爭矣，化禮義則讓乎國人矣」。荀子認為，化性起偽的關鍵，一方面在於外部的約束和教化，「枸木必將待檃栝烝矯然後直者，以其性不直也。今人之性惡，必將待聖王之治，禮義之化，然後皆出於治，合於善也」（《荀子・性惡》）。另一方面在於學以致聖，依靠自身的努力和修身養性，「君子曰：學不可以已」，「故木受繩則直，金就礪則利，君子博學而日參省乎己，則知明而行無過矣」（《荀子・勸學》）。徐復觀評價荀子的性惡論很有見地，「荀子認為性惡，只能靠人為的努力向外去求。從行為道德方面向外去求，只能靠經驗的積累。把經驗積累到某一程度時，即可把性惡的性加以變化。由小人進而為士君子，由士君子進而為聖人。當非一朝一夕之功，所以荀子特別注重學，而學之歷程則稱之為積；積是由少而多的逐漸積累。偽就是積，所以荀子常將積偽連為一辭」[1]。

1　徐復觀著：《中國人性論史》（先秦篇），台灣商務印書館 1984 年版，第 249 頁。

　　荀子繼承了孔子禮的思想。禮字，《說文解字》釋為「履也，所以事神致福也。從示，從豊，豊亦聲」。「豊」從壴從珏會意，取意於祭祀的鼓樂和玉器。禮起源於祭祀活動，是原始初民用來禳災祈福、慎終追遠的儀式，本義是指祭祀的儀規，引申為祭典的專有名詞。禮的實質是別異，就是區分人在社會關係中的不同角色、身份和地位，以及相應的禮儀規範。所以魯哀公問什麼是禮時，孔子回答：「民之所由生，禮為大。非禮，無以節事天地之神也；非禮，無以辨君臣、上下、長幼之位也；非禮，無以別男女、父子、兄弟之親，昏姻、疏數之交也。君子以此之為尊敬然，然後以其所能教百姓，不廢其會節。」（《禮記·哀公問》）荀子認同禮是別異的思想，「禮者，貴賤有等，長幼有差，貧富輕重皆有稱者也」；而且，他進一步指出：「故天子袾裷衣冕，諸侯玄裷衣冕，大夫裨冕，士皮弁服。德必稱位，位必稱祿，祿必稱用，由士以上則必以禮樂節之，眾庶百姓則必以法數制之。」（《荀子·富國》）意思是，所以天子穿紅色的龍袍，戴禮帽；諸侯穿黑色的龍袍，戴禮帽；大夫穿裨衣，戴禮帽；士人戴白鹿皮做的帽子，穿白色褶子裙。品德與地位一定要相稱，職位與俸祿一定要相稱，俸祿與服用一定要相稱。從士人以上就必須用禮和樂來約束，對羣眾百姓就必須用法度去統治他們。

　　荀子改造了孔子的思想，首先表現在為禮提供了人性惡的理論基礎。孔子沒有正面談論禮的起源問題，而荀子不僅探討了禮的起源，而且明確指出禮源自人性惡，人的慾望是產生禮的主要原因，「禮起於何也？曰：人生而有欲，欲而不得，則不能無求；求而無度量分界，則不能不爭；爭則亂，亂則窮。先王惡其亂也，故制禮義以分之，以養人之欲，給人之求，使欲必不窮乎物，物必不屈於欲，兩者相持而長，是禮之所起也」（《荀子·禮論》）。在禮與慾的關係上，荀子認為禮是善，慾是惡，必須以禮制慾。以禮制慾是全方

位的，從情感認知、衣食住行到言行舉止，無不滲透着禮的約束作用，「凡用血氣、志意、知慮，由禮則治通，不由禮則勃亂提僈；食飲、衣服、居處、動靜，由禮則和節，不由禮則觸陷生疾；容貌、態度、進退、趨行，由禮則雅，不由禮則夷固僻違，庸眾而野。故人無禮則不生，事無禮則不成，國家無禮則不寧」（《荀子・修身》）。

　　同時，表現在援法入禮。在荀子看來，政治統治和國家管理的關鍵在於禮儀和法制，「治之經，禮與刑，君子以修百姓寧」（《荀子・成相》）。援法入禮，把禮從社會倫理道德層面提升到國家統治管理層面，減弱了道德性和自覺性，增強了政治性和強制性，這是對孔子之禮的重大改造。荀子之法重在刑罰，「刑稱罪，則治；不稱罪，則亂。故治則刑重，亂則刑輕」（《荀子・正論》）。重刑不僅架設了由儒家德治通往法家法治的橋樑，而且培養了韓非和李斯這兩位法家代表人物。荀子認為，禮與法既是治國之道，「隆禮至法則國有常，尚賢使能則民知方，纂論公察則民不疑，賞勉罰偷則民不怠」（《荀子・君道》）；又是為君之道，「君人者，隆禮尊賢而王，重法愛民而霸，好利多詐而危」（《荀子・大略》）。荀子指出，禮與法在治國安邦的過程中有着不同的功能和作用對象，兩者必須區分清楚，「聽政之大分：以善至者待之以禮，以不善至者待之以刑。兩者分別，則賢不肖不雜，是非不亂。賢不肖不雜，則英傑至；是非不亂，則國家治」（《荀子・王制》）。荀子強調，治理國家最重要的因素是人，而不是法；人是本原，法是末端，「法者，治之端也；君子者，法之原也。故有君子，則法雖省，足以遍矣。無君子，則法雖具，失先後之施，不能應事之變，足以亂矣」（《荀子・君道》）。意思是，法制是政治的開頭，君子是法制的本原。所以有了君子，法律即使簡略，也能夠用在一切方面了。如果沒有君子，法律即使完備，也會失去先後的實施次序，不能應付事情的各種變化，會造成社會的混亂。

五、孟子與荀子

　　孔子思想博大精深，弟子後學眾多，必然會產生歧見和分化，而對於後世儒學有重大影響的，則是孟子與荀子，兩人都對孔子無比尊崇，力促儒家在社會思想中居於主導地位，為發展儒家思想貢獻畢生精力。孟子承上啟下，以孔子傳人自居，對各種非儒學說進行批判，大力發展和弘揚儒家思想；荀子則在戰國帷幕落下之際，積極傳授儒家經典，在綜合融通百家中，豐富和完善儒家思想。

　　孟子與荀子同屬儒家，這是毫無疑問的。在儒門之內，孟子與荀子的思想存在着重大差異，也是不容忽視的，我們不能因為肯定荀子為儒家而否定孟子與荀子思想的差異。牟宗三從中西方哲學文化比較入手，闡述了孟子與荀子思想之差異。他認為，中國文化是一個「仁的文化系統」，西方文化是一個「智的系統」，孟子與荀子思想從根本上說都屬於仁的文化系統。相對而言，荀子接近於西方智的系統，孟子則是正宗地道的仁的文化系統，且與孔子共同奠基和建構了這一文化系統。同時，牟宗三又從「內聖外王」的角度比較了孟子與荀子的思想，認為孟子與荀子分別是孔子的兩翼，各自建立了一套「內聖外王」之學，孟子重在內聖一面，以內聖之學稱聖；荀子重在外王一面，以外王之學見長。[1]

　　在內聖方面，孟子與荀子思想最大的差異是人性論，他們都從心理層面對人性進行觀察，卻得出了截然相反的結論，孟子道性善，荀子言性惡。孟子是先驗論者，重視邏輯命題的形上根據，他把人的社會屬性和與生俱來的自然屬性混同起來，認為人性是善的，「人性之善也，猶水之就下也。人無有不善，水無有不下」（《孟子·告子上》）。孟子還舉例說明人皆有不忍人之心和惻隱之

心,進而證明人性是善的,「今人乍見孺子將入於井,皆有怵惕惻隱之心,非所以內交於孺子之父母也,非所以要譽於鄉黨朋友也,非惡其聲而然也」(《孟子·公孫丑上》)。荀子是經驗論者,注重經驗分析,而不是先驗綜合,他把人性在初始的、自然的、生理的一些表現歸納提升為人性的全部內容,認為人性是惡的,「人之性惡,其善者偽也」。荀子進一步指出:「凡人之欲為善者,為性惡也。夫薄願厚,惡願美,狹願廣,貧願富,賤願貴,苟無之中者,必求於外。故富而不願財,貴而不願埶,苟有之中者,必不及於外。用此觀之,人之欲為善者,為性惡也。」(《荀子·性惡》)荀子區分了君子與小人,卻認為他們的本性是相同的,「凡人有所一同:飢而欲食,寒而欲暖,勞而欲息,好利而惡害,是人之所生而有也,是無待而然者也,是禹桀之所同也」(《荀子·榮辱》)。

　　孟子與荀子對於人性本質的不同認識,形成了不同的修養路徑。孟子強調存心養性,寄希望於個人的修養和努力,把人的善性顯現出來,擴充開來,「存其心,養其性,所以事天也」(《孟子·盡心上》);「君子所以異於人者,以其存心也。君子以仁存心,以禮存心」(《孟子·離婁下》)。在孟子看來,保持和發揚人的善性,關鍵在於個體自身,從天子、諸侯、卿大夫到士、庶人,都要以自己的行動守善性、行仁義,知廉恥、明是非,「君子所性,仁義禮智根於心,其生色也睟然,見於面,盎於背,施於四體,四體不言而喻」(《孟子·盡心上》)。孟子認為,修身養性的具體方法是反求諸己、內省不疚,「愛人不親,反其仁;治人不治,反其智;禮人不答,反其敬。行有不得者皆反求諸己,其身正而天下歸之」(《孟子·離婁上》)。荀子主張化性起偽,改造人性惡的本質,「性也者,吾所不能為也。然而可化也」(《荀子·儒效》)。在荀子看來,化性起偽必須依靠政治手段和教化措施,「今人之性惡,必將待師法然後正,得禮義然後治。今人無師法,則偏險而不正;無禮

義，則悖亂而不治」。荀子認為，化性起偽的主要途徑是依靠明君聖王，「古者聖人以人之性惡，以為偏險而不正，悖亂而不治，故為之立君上之埶以臨之，明禮義以化之，起法正以治之，重刑罰以禁之，使天下皆出於治，合於善也」（《荀子‧性惡》）。

　　在外王方面，孟子與荀子思想的差異不在於對待王道的態度，而在於對待霸道的態度，孟子崇尚王道，荀子主張王道、霸道並用。孟子理想主義色彩濃厚，主張實行王道，讚揚王道中的仁義思想，推崇王道令人心悅誠服的效果，「以力假仁者霸，霸必有大國；以德行仁者王，王不待大。湯以七十里，文王以百里。以力服人者，非心服也，力不贍也；以德服人者，中心悅而誠服也，如七十子之服孔子也」（《孟子‧公孫丑上》）。孟子認為，統治者只需順應人之本性，充分發揮人之善性，就可以實現王道樂土，百姓怡然自得，生活快樂而無怨言，「王者之民，皥皥如也。殺之而不怨，利之而不庸，民日遷善而不知為之者」（《孟子‧盡心上》）。意思是，聖王的功德浩蕩，百姓悅然自得。他們即使被殺，也不會怨恨誰；得到恩惠，也不會酬謝誰。百姓一天天向善，卻不知是誰使他們這樣。

　　荀子正視戰國時期的混亂局面，提出了王道、霸道和權謀三種治國方式，告誡君王要謹慎選擇，「故用國者，義立而王，信立而霸，權謀立而亡，三者明主之所謹擇也，仁人之所務白也」。在王道、霸道和權謀三種治國方式中，荀子推崇王道，堅守仁義，認為施行王道，國家才會安定，天下才能平定，「挈國以呼禮義，而無以害之，行一不義，殺一無罪，而得天下，仁者不為也。擽然扶持心、國，且若是其固也。之所與為之者之人，則舉義士也；之所以為布陳於國家刑法者，則舉義法也；主之所極然帥羣臣而首鄉之者，則舉義志也。如是，則下仰上以義矣，是綦定也；綦定而國定，國定而天下定」。在肯定王道的同時，荀子沒有否定霸道，而

是將霸道看作君王可以作出的一種戰略選擇。霸道政治不需要統治者具有完美的道德，只需要在統治過程中確立公信力，對內制定的政策法度必須做到言而有信，不失信於民；對外簽署的盟約，無論結果如何，都要遵約守信，不失信於盟國，「如是，則兵勁城固，敵國畏之；國一綦明，與國信之；雖在僻陋之國，威動天下，五伯是也」。意思是，如果實行霸道，就能兵力強大、城池穩固，敵對的國家就會害怕；全國上下一致，不失信用，盟國就會信賴，即使地處偏遠，它的威名也能震動天下。春秋五霸就是這樣。荀子堅決反對權謀治國，認為權謀治國是只講利益，不張信義，不講信用，必然導致國將不國和君王身敗名裂，「身死國亡，為天下大戮，後世言惡」（《荀子·王霸》）。

　　孟子與荀子既有差異，更有同一。似乎可以說，在儒門之內，孟子與荀子的差異是主要矛盾；在儒門之外，兩人的同一是矛盾的主要方面。孟子與荀子皆源於孔子，兩人都主張弘揚光大儒家思想，怎麼可能會差異大於同一呢？

　　尊崇孔子，是孟荀最大的同一。孟子與荀子都讚美欽佩孔子，《孟子》一書中孔子出現了 81 次，引用孔子言論 28 則，認為孔子是有人類以來最偉大的人物，「出於其類，拔乎其萃，自生民以來，未有盛於孔子也」（《孟子·公孫丑上》）。《荀子》引用孔子言論33 則，讚頌孔子是聖人、大儒和仁智者，「總方略，齊言行，壹統類，而羣天下之英傑，而告之以大古，教之以至順，奧窔之間，簟席之上，斂然聖王之文章具焉，佛然平世之俗起焉」（《荀子·非十二子》）。意思是，孔子總括治國的方針策略，端正自己的言論行動，統一治國的綱紀法度，從而匯聚天下的英雄豪傑，把根本的原則告訴他們，用正確的道理教導他們。在室堂之內、竹蓆之上，那聖明帝王的禮儀制度具備於此，那太平時代的風俗勃興於此。

　　孟子與荀子都批判各種非儒家學說，以維護儒家思想和樹立孔

子地位。戰國中後期，百家爭鳴更加激烈，大有否定和毀滅儒家之勢，孟子挺身而出，對當時各種不利於儒家思想的學說和言行進行了批判。清陳澧在《東塾讀書記》中說：「孟子距楊、墨，楊朱，老子弟子，距楊朱，即距道家矣。『善戰者服上刑，連諸侯者次之，辟草萊任土地者次之』，則兵家、縱橫家、農家皆距之矣。『省刑罰』，可以距法家。『生之謂性也，猶白之謂白與』，可以距名家。『天時不如地利』，可以距陰陽家。『夫道一而已矣』，可以距雜家。『齊東野人之語，非君子之言』，可以距小說家。」荀子也不甘落後，對莊子、楊朱、墨翟、宋鈃和田駢、慎到、申不害、惠施、鄧析等各家學術思想都進行了批判，「墨子蔽於用而不知文。宋子蔽於欲而不知得。慎子蔽於法而不知賢。申子蔽於埶而不知知。惠子蔽於辭而不知實。莊子蔽於天而不知人」。荀子認為，這些人的思想都有失偏頗，不夠全面，「故由用謂之道，盡利矣……由埶謂之道，盡便矣。由辭謂之道，盡論矣。由天謂之道，盡因矣。此數具者，皆道之一隅也。夫道者，體常而盡變，一隅不足以舉之」（《荀子·解蔽》）。意思是，所以從實用的角度來談道，就全談功利了；從慾望的角度來談道，就全談滿足了；從法治的角度來談道，就全談法律條文了；從權勢的角度來談道，就全談權勢的便利了；從名辯的角度來談道，就全談不切實際的理論了；從自然的角度來談道，就全談因循依順了。這幾種說法，都是道的一個方面。道的本體經久不變而又能窮盡所有的變化，一個角度是不能夠來概括它的。

更重要的是，孟子與荀子都以自己的貢獻繼承了孔子思想，發展了儒家學說。學界一般認為，在先秦儒家思想演變的過程中，如果沒有孟子與荀子的努力，儒家就有可能像墨家那樣漸漸消失於戰國末年；在儒家思想發展史上，如果沒有孟子與荀子的努力，儒家就不可能在傳統社會中取得那麼崇高的地位。孟子與荀子都在繼承

孔子仁的思想上發展了儒家學說。孟子把仁的思想發展為仁與義並舉的學說，認為仁是人的本性，義是人對自己的約束與控制，仁只有通過義，才能由道德理念變成人生實踐，「親親，仁也。敬長，義也」（《孟子‧盡心上》）。荀子則把仁的思想發展為仁與禮並重的觀念，強調以禮分之，以禮治國，「親親、故故、庸庸、勞勞，仁之殺也；貴貴、尊尊、賢賢、老老、長長，義之倫也。行之得其節，禮之序也。仁，愛也，故親；義，理也，故行；禮，節也，故成」（《荀子‧大略》）。荀子認為「國之命在禮」（《荀子‧強國》），禮與樂互相配合，「樂合同，禮別異」（《荀子‧樂論》）。禮的主要作用是促進社會和諧，「貴賤有等，則令行而不流；親疏有分，則施行而不悖；長幼有序，則事業捷成而有所休」（《荀子‧君子》）。

孟荀之同一還表現在他們有差異的領域，也存在着廣泛的同一。人性論是孟子與荀子差異最大的領域，卻有着許多同一的內容。在源頭上，孟子與荀子的人性思想均出自孔子。孟子與荀子雖然提出了各自的性善與性惡理論，形成了儒家人性論的不同派別，但孟子與荀子都沒有否認後天學習和環境的重要性，孟子是「學問之道無他，求其放心而已矣」（《孟子‧告子上》）。荀子則有〈勸學〉，更加重視學習，「積土成山，風雨興焉；積水成淵，蛟龍生焉；積善成德，而神明自得，聖心備焉」。在目標上，無論性善還是性惡，孟子和荀子都鼓勵人們做像堯舜禹那樣的聖人。孟子認為「人皆可以為堯舜」（《孟子‧告子下》）；荀子則說：「堯禹者，非生而具者也。夫起於變故，成乎修為，待盡而後備者也。」（《荀子‧榮辱》）在路徑上，孟子與荀子都強調教化和倫理道德修養，否則就是禽獸不如。孟子指出：「飽食、暖衣，逸居而無教，則近於禽獸。」（《孟子‧滕文公上》）荀子認為：「人也，憂忘其身，內忘其親，上忘其君，則是人也，而曾狗彘之不若也。」（《荀子‧榮辱》）

王霸論是孟子與荀子在政治領域的重要差異，卻有着許多相

似的看法。孟子與荀子都贊同湯武革命，孟子在回答齊宣王「湯放桀，武王伐紂」的問題時，明確指出：「賊仁者謂之『賊』，賊義者謂之『殘』。殘賊之人謂之『一夫』。聞誅一夫紂矣，未聞弒君也。」（《孟子·梁惠王下》）荀子批評「桀紂有天下，湯武篡而奪之」時說：「故桀紂無天下，而湯武不弒君，由此效之也。湯武者，民之父母也；桀紂者，民之怨賊也。」（《荀子·正論》）孟子與荀子都批評春秋五霸，孟子說：「五霸者，三王之罪人也。」（《孟子·告子下》）荀子不否認霸道的合理性，卻對春秋五霸尤其是齊桓公提出嚴厲批評：「齊桓，五伯之盛者也，前事則殺兄而爭國，內行則姑姊妹之不嫁者七人，閨門之內，般樂奢汰，以齊之分奉之而不足；外事則詐邾襲莒，併國三十五。其事行也若是其險污淫汰也，彼固曷足稱乎大君子之門哉！」（《荀子·仲尼》）孟子與荀子都主張選賢任能和聖賢之治，使社會安定和人民安居樂業。孟子認為：「仁則榮，不仁則辱。今惡辱而居不仁，是猶惡濕而居下也。如惡之，莫如貴德而尊士，賢者在位，能者在職。」（《孟子·公孫丑上》）荀子則說：「故上好禮義，尚賢使能，無貪利之心，則下亦將綦辭讓，致忠信，而謹於臣矣。」（《荀子·君道》）意思是，所以君王如果推崇禮義，尊重賢德之人，使用有才能的人，沒有貪圖財利的想法，那麼下屬就會極其謙讓，極其忠誠老實，而謹慎地做一個臣子。無怪乎梁啟超認為孟子與荀子是全同小異，「荀子與孟子，同為儒家大師，其政治論之歸宿點全同，而出發點則小異。孟子信性善，故注重精神上之擴充。荀子信性惡，故注重物質上之調劑」[1]。

　　傳統社會悠久漫長，儒家歷盡滄桑，屢經變異，卻能始終保持旺盛的生命力，佔據着中華文明的主導地位。這不能不讓人思考，

1　梁啟超著：《先秦政治思想史》，天津古籍出版社 2004 年版，第 112 頁。

一個思想文化流派的長壽基因是什麼呢？推究儒家的長壽，肯定是多種因素綜合作用的結果，其中人的因素至關重要。首先，最為重要的是偉大創始人，不僅要思想深邃，而且要人格偉岸，孔子就是這樣的創始人，「學不厭，智也；教不倦，仁也。仁且智，夫子既聖矣乎」（《孟子‧公孫丑上》）。同時，要有一羣弟子，傳播老師的思想。孔子有弟子三千、賢人七十二，對於傳播早期的儒家思想發揮了極大的作用。即使後來分成不同派別，只要宗奉孔子，也是有利於儒家思想傳播的。再次，要有原點與支點互相貫通。如果說孔子是儒家的原點，那麼，孟子與荀子就是第二個支點。一般而言，思想流派的形成很大程度上取決於第二個支點的確立，只有第二個支點堅固，原點與第二個支點又能連成一線，才有可能形成文化傳統。早期儒家比較幸運的是，孔子和孟子、荀子有機而緊密地聯繫起來，從而促進了儒家思想的完善和定型，在諸子百家中脫穎而出。最後，必然是人才輩出，代代相傳。儒家大體經歷了子學、經學、理學和心學等不同歷史發展階段。子學屬於儒家創立時期，有孔孟之道和荀子之學；經學是解經、窮經，有漢代的董仲舒、鄭玄；理學和心學為兼容佛、道的更新儒學，主要有程朱理學和陸王心學。在漫漫歷史長河中，儒家人才濟濟，綿延不絕。趙翼詩云「江山代有才人出，各領風騷數百年」，這就是儒家長壽的基因密碼。

第三章　孔子之仁

　　孔子（前 551—前 479）是儒家創始人，是中華文明的奠基者，是中國古代最偉大的思想家。孔子以仁為核心創立的儒家學說，巨大而深遠地影響了中華民族和傳統社會的發展。古代尊孔子為「天縱之聖」「天之木鐸」；傳統社會尊孔子為聖人、至聖先師、至聖文宣王、大成至聖文宣王先師。宋人甚至認為，「天不生仲尼，萬古長如夜」（《朱子語類》）。孔子對於世界也有着重要影響，聯合國教科文組織將孔子列為「世界十大文化名人」。無論我們承認與否，任何一個中國人都烙上了孔子的印記，任何一個中國人的內心深處都積澱着孔子思想的文化基因。

一、孔子其人

　　孔子生活於春秋末期，早年在魯國求學和工作；中年周遊列國，「推銷」自己，宣介其政治理念；晚年講學和傳經布道。司馬遷敬仰孔子，「《詩》有之：『高山仰止，景行行止。』雖不能至，然心鄉往之。余讀孔氏書，想見其為人」（《史記·孔子世家》）。司馬遷還以超越孔子身份的做法為孔子作傳，《史記》有〈孔子世家〉。唐代史學家張守節解釋：「孔子無侯伯之位，而稱世家者，太史公以孔子布衣傳十餘世，學者宗之，自天子王侯，中國言六藝者宗於夫子，可謂至聖，故為世家。」（《史記正義》）

從《史記・孔子世家》的記載分析，孔子是春秋時期魯國人，「魯襄公二十二年而孔子生。生而首上圩頂，故因名曰丘云。字仲尼，姓孔氏」。孔子早年貧且賤卻好禮，三歲喪父，由寡母顏氏帶大，過着清貧的生活；曾經受到權臣季氏門人陽虎的羞辱，「季氏饗士，孔子與往。陽虎絀曰：『季氏饗士，非敢饗子也。』孔子由是退」。但是，「孔子為兒嬉戲，常陳俎豆，設禮容」，當時就有很大聲望，以致魯國大夫孟釐子在臨死前，告誡其嗣懿子，「今孔丘年少好禮，其達者歟？吾即沒，若必師之」。孔子曾經在魯國為官從政，最早是管理倉庫和負責畜牧的基層官員，「嘗為季氏史，料量平；嘗為司職吏而畜蕃息」。最為重要的是，孔子 56 歲時在魯國當過大司寇，兼任代理宰相，而且政績斐然，「與聞國政三月，粥羔豚者弗飾賈；男女行者別於塗；塗不拾遺；四方之客至乎邑者不求有司，皆予之以歸」。

孔子 56 歲之後因不滿魯國政治而帶領弟子周遊列國 14 年，「推銷」自己的政治主張，卻屢屢碰壁，鬱鬱不得志；多次被圍，最難的一次是困於陳蔡兩國之間，差點喪了性命，孔子自嘲是「累累若喪家之狗」。在當時的隱士看來，孔子不參加農業勞動，也沒有用處，「子路從而後，遇丈人，以杖荷蓧。子路問曰：『子見夫子乎？』丈人曰：『四體不勤，五穀不分，孰為夫子？』植其杖而芸」（《論語・微子》，本章凡引用《論語》一書，只注篇名）。意思是，子路跟着孔子而落在了後面，碰到一位老人，老人用楜杖挑着鋤草的工具負在背上。子路問老人，你見到我老師了嗎？老人回答，有四肢卻不勞作，眼睛能看到糧食卻分辨不出五穀的種類，誰是老師？說完就把楜杖插在田邊去鋤草了。

孔子一生從事教育和文獻整理工作，取得了巨大成就。在教書育人方面，孔子教以詩書禮樂，「弟子蓋三千焉，身通六藝者七十有二人。如顏濁鄒之徒，頗受業者甚眾」。在文獻整理方面，「孔子

晚而喜《易》，序〈彖〉〈繫〉〈象〉〈說卦〉〈文言〉。讀《易》，韋編三絕」。他最重要的成就是修《詩經》《尚書》《禮記》《樂經》，序《周易》，撰《春秋》，「禮樂自此可得而述，以備王道，成六藝」（《史記·孔子世家》）。

孔子「述而不作，信而好古」（〈述而〉），其言行主要記載在《論語》一書中。《漢書·藝文志》指出：「《論語》者，孔子應答弟子、時人及弟子相與言而接聞於夫子之語也。當時弟子各有所記。夫子既卒，門人相與輯而論纂，故謂之《論語》。」現存《論語》20 篇、492 章，其中記錄孔子與弟子及時人談論之語約 444 章；孔門弟子相互談論之語 48 章。漢初，《論語》有三個版本：一是魯人口頭傳授的《魯論語》20 篇，二是齊人口頭傳授的《齊論語》22 篇，三是從孔子住宅夾壁中發現的古文《論語》21 篇。西漢末年，張禹以《魯論語》為根據，與《齊論語》合二為一，得到普遍認同，「諸儒為之語曰：『欲為《論》，唸張文。』由是學者多從張氏，餘家寖微」（《漢書·張禹傳》）。東漢末年，鄭玄以張禹本為基礎，參照《齊論語》、古文《論語》而作注，從而形成了流傳於今的《論語》。

《論語》是一部語錄體著作，也是研究孔子思想最基本的材料。錢穆認為，古代散文可分為兩個時期，第一期為「史」的散文，政治性強，以《尚書》《左傳》為代表，有的記言，有的記事，有的既記言又記事，都是由史官記錄下來的官書。第二期為「子」的散文，屬於思想範圍，以《論語》和先秦諸子的著述為代表，都是由私家和平民寫作。從文體而言，子由史演變而來，「子者，史之流變也」。《論語》為早期「子」的散文，全書沒有完整的篇章結構，內容也不連貫，各篇各章只有零星記載而已，並非要文章傳世。[1] 儘

---

1 錢穆著：《中國文學史》，天地出版社 2016 年版，第 38-39 頁。

管如此，《論語》卻是儒家最重要的典籍，而且是與孔子相關的最可信的資料。北宋二程認為：「學者當以《論語》《孟子》為本。《論語》《孟子》既治，則六經可不治而明矣。」（《程氏遺書》）《論語》形成於戰國時期，在唐代進入經書行列；宋代更是影響廣泛，開國宰相趙普有「半部《論語》治天下」之稱；朱熹則將《論語》與《大學》《中庸》《孟子》合稱「四書」，並和《詩》《書》《禮》《易》《春秋》一起並稱「四書五經」。南宋以後，「四書五經」被封建社會定為科舉考試的基本科目和傳統知識分子的必讀書目。

　　孔子思想的最高範疇和顯著標誌是仁的理念，以至於人們把孔子思想簡稱為仁學。「仁」字的產生比較晚，甲骨文和金文中至今尚未發現仁字，春秋時期得到廣泛應用，原義指兩個人在一起，表示互相之間都有親近的願望。孔子之前，仁的概念沒有受到特別重視，一般都與忠、義、信、敏、孝等概念並列，被看作人的德性之一。孔子把仁從其他德性中提煉昇華，作為最高的道德原則、標準和境界，賦予新的豐富的內涵。馮友蘭指出：「孔子對於中國文化之貢獻，即在一開始試將原有的制度，加以理論化，予以理論的根據。」[1] 孔子給予原有制度的理論化根據就是仁，圍繞仁建構儒家理論體系，全面而系統地闡述了儒家的倫理、政治、人文和教育思想。孔子把仁奉為金科玉律，以仁觀照個體生命和社會政治領域，從而對中國歷史和傳統文化產生了深遠影響。一定意義上說，正是因為仁的理念，導致了中西文化發展的差異。中國傳統是仁的文化，關注人文領域，充滿了倫理道德色彩，而西方傳統是智的文化，關注自然領域，洋溢着科學理性精神。仁的理念包括對己和對人兩方面內容，對己是克己，加強道德修養，達到仁的境界；對

1　馮友蘭著：《中國哲學史》，生活·讀書·新知三聯書店 2009 年版，第 79 頁。

人是愛人，由親而疏，推而廣之，擴而充之，實現泛愛眾的目的。克己與愛人相互聯繫，不可分割，克己是前提，愛人是目的。克己未必愛人，愛人卻必須克己，沒有克己，就不可能愛人。因此，愛人是仁的本質規定，集中體現了孔子的人文關懷、人道主義和人性光輝。孔子自己是愛人的典範，他尊重生命，維護人的尊嚴，「廄焚。子退朝，曰：『傷人乎？』不問馬」（〈鄉黨〉）。

　　一般認為，孔子是聖人，其形象必定威儀，非常嚴肅、不苟言笑。細讀《論語》，我們卻獲得了一個可敬可愛可親可近的孔子形象。好學，這是我們從《論語》中看到的孔子的第一個形象。「子曰：『十室之邑，必有忠信如丘者焉，不如丘之好學也。』」（〈公冶長〉）孔子十分看重好學的品格，他不承認自己是聖人、仁者和君子，卻始終強調自己好學，把學習看作一件快樂的事情，《論語》開篇就是「學而時習之，不亦說乎？」孔子的好學是廢寢忘食。有人向弟子打聽孔子的情況，弟子沒有回答，尤其是沒有回答孔子的好學精神，孔子很不滿意，「葉公問孔子於子路，子路不對。子曰：『女奚不曰，其為人也，發憤忘食，樂以忘憂，不知老之將至云爾。』」（〈述而〉）孔子的好學是謙虛謹慎、不恥下問。弟子問衞國的孔文子為什麼被謚以「文」呢？孔子回答：「敏而好學，不恥下問，是以謂之文也。」（〈公冶長〉）孔子自己就是不恥下問的榜樣，《論語》中有兩處說到孔子「入太廟，每事問」。孔子的好學是學而不厭、永不滿足，「默而識之，學而不厭，誨人不倦，何有於我哉？」（〈述而〉）意思是，默默地將學到的東西記在心裏，學習從不滿足，教育他人從不厭倦，這些事情我都做到了。孔子的好學是終身學習、至死方休，「吾十有五而志於學」（〈為政〉），到了知天命的年齡，孔子希望「加我數年，五十以學《易》，可以無大過矣」（〈述而〉）。據《論衡》記載，孔子在臨死前還讀了半天時間的書，作者王充不禁讚歎道：「聖人之好學也，且死不休。」

　　謙虛，這是我們從《論語》中看到的孔子的第二個形象。具體表現在承認與不承認的自我評價之中。在承認方面，孔子承認自己無知，「吾有知乎哉？無知也。有鄙夫問於我，空空如也。我叩其兩端而竭焉」（〈子罕〉）。由這段話可見，孔子既不認為自己是生而知之，又說明自己的知識是學來的，是窮根究底問來的。孔子承認自己是學而知之，而不是生而知之，「子曰：『我非生而知之者，好古，敏以求之者也。』」（〈述而〉）孔子承認自己不如弟子，對於弟子，尤其是顏回，孔子多次給予表揚。他表揚顏回安貧樂道，「子曰：『賢哉，回也！一簞食，一瓢飲，在陋巷，人不堪其憂，回也不改其樂。賢哉，回也！』」（〈雍也〉）表揚顏回積極進取，「子謂顏淵曰：『惜乎！吾見其進也，未見其止也。』」（〈子罕〉）孔子承認錯誤也不含糊，聞過則喜。《論語・述而》記載，陳國司寇問，魯昭公懂禮嗎？孔子回答，懂禮。孔子出去後，司寇向弟子巫馬期作了個揖說，我聽說君子不包庇人，君子也會包庇人嗎？魯君從吳國娶了一個夫人，是同姓，稱為吳孟子。這樣的君主懂禮，還有誰不懂禮呢？巫馬期把這些話轉告給孔子，孔子聽說後馬上承認自己的過錯，「丘也幸，苟有過，人必知之」。

　　在不承認方面，君子、聖人和仁者在孔子那裏都是褒義的概念，也是他心嚮往之的人格理想。儘管弟子們都把孔子當作君子、聖人和仁者對待，而孔子從來不予承認。孔子明確地說，君子具有仁、知、勇的品格，「我無能焉」。關於聖人與仁者，「子曰：『若聖與仁，則吾豈敢？抑為之不厭，誨人不倦，則可謂云爾已矣。』公西華曰：『正唯弟子不能學也。』」（〈述而〉）曾子曾經評說老師的謙虛，「以能問於不能，以多問於寡，有若無，實若虛，犯而不校」（〈泰伯〉）。意思是，有能力而向沒有能力的人請教，知識豐富卻向知識貧乏的人請教，有像沒有一樣，充實像空虛一樣，受到別人侵犯而不去計較。這是多麼謙虛的形象，難怪孔子自己說：「人不知

而不慍，不亦君子乎？」（〈學而〉）

　　性情中人，這是我們從《論語》中看到的孔子的第三個形象。《論語》告訴我們，孔子是人不是神，他有自己的喜怒哀樂，並不是不形於色，有時甚至率性而為。孔子會詛咒發誓。「子見南子，子路不說。夫子矢之曰：『予所否者，天厭之！天厭之！』」（〈雍也〉）南子是衞靈公的夫人，她把持朝政，性情淫蕩，名聲不好。意思是，有一次孔子會見南子，子路很不高興。孔子就對天發誓說，如果我有什麼不對的行為，請天厭棄我，請天厭棄我！孔子會開玩笑。《論語·陽貨》記載：孔子到武城，聽到彈琴唱詩的聲音。他微笑着說，殺雞哪裏用得着宰牛的刀。弟子子游不解地說，從前我聽老師說過，做官的學了禮樂之道就會愛護百姓，百姓學了禮樂之道就易於管理。這時孔子發現自己剛才說的話不合適，便回答說：「偃之言是也。前言戲之耳！」意思是，言偃的話是對的，我剛才的話只是開玩笑。孔子會罵人。樊遲想學習種莊稼和蔬菜，孔子罵他是小人，「樊遲請學稼。子曰：『吾不如老農。』請學為圃。曰：『吾不如老圃。』樊遲出。子曰：『小人哉，樊須也！上好禮，則民莫敢不敬；上好義，則民莫敢不服；上好信，則民莫敢不用情。夫如是，則四方之民襁負其子而至矣，焉用稼？』」（〈子路〉）孔子罵宰予是朽木和糞土，「宰予晝寢。子曰：『朽木不可雕也，糞土之牆不可杇也，於予與何誅？』」（〈公冶長〉）孔子會動感情。「顏淵死，子哭之慟。從者曰：『子慟矣！』曰：『有慟乎？非夫人之為慟而誰為？』」孔子還說顏淵之死，這是老天要我的命呀，老天要我的命呀，「噫！天喪予！天喪予！」（〈先進〉）一個老師對待學生的感情是如此率性和真摯，不能不令人感動。

二、仁者愛人

《說文解字》解釋:「仁,親也。從人從二。」親也,就是仁為差序之愛,親親為大。從人,比較容易理解,是指一個站立着的人;從二,內容則比較豐富,既可理解為複數的數字,不僅指一個人,而且指一個人之外的其他人。仁由此引申出人與人、人與羣體、人與社會的關係。又可理解為天、地,中國傳統文化中有天地人「三才」之說,仁是要求人從二不從三,只效法天地,只懷天地之本性,不懷個人之私慾。從仁字結構分析,仁與人密切相關,仁字的結構內含儒家仁學的端倪和要義。孔子選擇仁來概括昇華他對人的生存狀態的全部思考,確是名實相副、名正言順。學界對仁有着多種理解,或愛人或忠恕,或立人或達人,都清晰地突顯了仁的人文精神和人際交往內涵。

「仁」字出現得比較晚,而仁的思想卻有着深厚的歷史淵源。孔子知識淵博、博學多才,他依據春秋社會現實,以夏、商、周三代為基本範圍,以周文王、武王和周公之治為重點,對古代的人道和民本思想進行了深入研究,充分吸收其中的精神營養,進而提煉昇華為仁的範疇。在《論語》及有關著述裏,堯舜和夏商周尤其是西周的歷史記載,都可以找到仁的內容,孔子從中汲取了民本的思想資源。黃帝的「撫萬民」,帝嚳的「知民之急,仁而威,惠而信」(《史記·五帝本紀》),堯的「大哉之為君」,舜的「有臣五人,而天下治」(〈泰伯〉),大禹的「知人則哲,能官人;安民則惠,黎民懷之」(《尚書·皋陶謨》),祖甲的「保惠於庶民」,管仲的「民到於今受其賜」(〈憲問〉),這些愛民、惠民、保民的思想觀點構成了孔子之仁的本色。孔子汲取了尚賢的思想資源。尚賢屬於政治範疇,卻和人有着緊密聯繫,選一賢人,則民眾受惠;用一惡人,則百姓遭殃。舜禹以功德受禪,舜舉皋陶,湯舉伊尹,泰伯

「三以讓天下」，齊國的鮑叔牙薦管仲，鄭國的子皮薦子產，這些知賢、用賢、薦賢、舉賢、讓賢的事跡豐富了孔子之仁的內容。孔子汲取了志士仁人的精神養分。堯、舜、禹、皋陶、伊尹、周公、太公望、微子、箕子、比干、伯夷、叔齊、管仲等言論行為和功業政績，有的屬於為政以德，有的是廉潔自愛、保持節操，有的屬於忠於明君，有的是出身低微而為政愛民。孔子敬慕志士仁人，志士仁人影響了孔子之仁。正是這些歷史淵源和思想資源，成就了孔子之仁。孔子不僅是偉大的仁者，而且是仁學大師。

孔子之仁的核心是愛人，「樊遲問仁。子曰：『愛人。』」（〈顏淵〉）愛人是指人與人之間應當互親互愛，這是一種人性的光輝，基本涵蓋了孔子之仁的主旨，可以理解為儒家思想的總綱。孔子認為，愛人就是要把人當人看，對人類有起碼的愛心和同情心。「樊遲問仁。子曰：『居處恭，執事敬，與人忠。雖之夷狄，不可棄也。』」（〈子路〉）愛人就是要支持和幫助他人，「夫仁者，己欲立而立人，己欲達而達人。能近取譬，可謂仁之方也已」（〈雍也〉）。意思是，所謂仁，就是自己要想有所成就，也要幫助別人有所成就；自己想通達，也要幫助別人通達。能夠以己之心推及別人之心，將心比心，這是實現仁德的方法。愛人就是個體的主動選擇和自覺自願的實踐，而不是外力的強制和勉為其難的行動，「仁遠乎哉？我欲仁，斯仁至矣」（〈述而〉）。仁者愛人是孔子之仁的經典表述，概括了孔子對理想的人格境界和社會秩序的憧憬。這表明人生在世除了關注自身的存在，還要關注他人的存在，應該平等地對待他人、尊重他人。在人與人交往的過程中，應該有寬廣的胸懷，把自己作為參照物，推己及人，凡是自己願意做的事情，都要去幫助他人；凡是自己不願意做的事情，都不要強加於他人。

愛人的前提是克己。孔子認為，克己就是約束自己，而約束自己是多層次的，要在禮制上約束自己，「顏淵問仁。子曰：『克己復

禮為仁。一日克己復禮，天下歸仁焉。為仁由己，而由人乎哉？』顏淵曰：『請問其目。』子曰：『非禮勿視，非禮勿聽，非禮勿言，非禮勿動。』顏淵曰：『回雖不敏，請事斯語矣。』」要從內心上約束自己，「仲弓問仁。子曰：『出門如見大賓，使民如承大祭。己所不欲，勿施於人。在邦無怨，在家無怨。』」在這段話中，孔子提出「己所不欲，勿施於人」的著名觀點，這一觀點與《聖經》所說的「無論何事，你們願意人怎樣待你，你們也要怎樣待人」一起，被世界公認為黃金道德律，是人類文明共守的「倫理底線」，也是人類社會普遍存在的關於道德的最經典和最權威的論述。一定意義上說，「己所不欲，勿施於人」是孔子的象徵和孔子思想的標誌。要從言語上約束自己，「司馬牛問仁。子曰：『仁者，其言也訒。』曰：『其言也訒，斯謂之仁已乎？』子曰：『為之難，言之得無訒乎？』」（〈顏淵〉）意思是，司馬牛問什麼是仁。孔子回答，仁就是他的言語遲鈍。司馬牛又問，言語遲鈍，這就是仁嗎？孔子解釋道，做起來不容易，說起來能不遲鈍嗎？孔子非常反感花言巧語的人，他多次說過：「巧言令色，鮮矣仁。」（〈學而〉）《論語》中反覆強調說話要謹慎，「君子欲訥於言而敏於行」（〈里仁〉）；君子「敏於事而慎於言」（〈學而〉）；「君子恥其言而過其行」（〈憲問〉）。要從利益上約束自己，見利思義，先勞後獲，「（樊遲）問仁。子曰：『仁者先難而後獲，可謂仁矣。』」（〈雍也〉）孔子要求以仁義為依據對待利益和財富，「富與貴，是人之所欲也；不以其道得之，不處也。貧與賤，是人之所惡也；不以其道得之，不去也。君子去仁，惡乎成名？」（〈里仁〉）

　　愛人是有差序的。在孔子看來，首先要從家人、親人開始，這是最大的仁，「仁者，人也，親親為大」（《中庸》）。親親的第一要義是孝，孝敬父母。父母作為人人可知而且不可迴避的血緣親屬，孝是與生俱來、人人都可以體會到的情感。人們在孝敬父母的

過程中，能夠領略到人之為人的意義，感受到自身生命力量的來源，好像有一種源頭活水在我們的血脈中流淌。而對父母的孝敬，則表明我們的存在是對這一血脈的呵護和堅守，進而展示的是個體有希望、人類有未來。親親的另一要義是悌，即兄友弟恭。如果說父母是人們縱向上不可迴避的血緣親屬，那麼，兄弟姐妹則是橫向上不可迴避的血緣親屬，人們在兄友弟恭的過程中可以體會到親情的溫暖和坦誠。從親親出發，孔子為仁找到了根基，正如他的弟子所說「孝弟也者，其為仁之本與！」當然，孔子愛人的對象不局限於親親，不局限於父母雙親和兄弟姐妹，也不局限於家族關係中的近親和宗法關係中的遠親，而是涉及社會上所有的人，或者說是在社會交往中遇到的所有人，都要關心他們、愛護他們，「弟子，入則孝，出則悌，謹而信，泛愛眾，而親仁。行有餘力，則以學文」（〈學而〉）。從親親到泛愛眾，說明孔子的仁愛思想是以血緣家庭為中心，逐步擴展開來的差序結構，親親是因為血緣關係，泛愛眾則因為「四海之內皆兄弟也」（〈顏淵〉），親親之愛與泛愛眾之愛在本質上是一致的，而表現形式是有差異的。這種差異主要不是等級地位的差異，更多的是由於不同的社會和家庭角色引起的不同倫理道德規範要求，這就不能在親親與泛愛眾之間簡單地畫等號，不能像墨家那樣提倡兼相愛，不能無差別地去愛任何人。否則就會人倫失範，社會失序。孟子猛烈抨擊兼愛的觀點，「楊氏為我，是無君也；墨氏兼愛，是無父也。無父無君，是禽獸也」（《孟子·滕文公下》）。

　　愛人的路徑是忠與恕。「子曰：『參乎！吾道一以貫之。』曾子曰：『唯。』子出，門人問曰：『何謂也？』曾子曰：『夫子之道，忠恕而已矣。』」孔子說，曾參啊！我的學說貫穿着一個基本思想。曾子說我知道。孔子走出去之後，別的學生問是什麼意思。曾子回答，他老人家的學說，就是忠和恕。馮友蘭認為，忠和恕的做人原則也就是仁的原則；一個人按忠恕行事為人，也就是仁的實踐；忠

和恕乃是人的道德生活的開始，也是它的完成。[1] 孔子認為，仁與知有着密切關係，「仁者安仁，知者利仁」（〈里仁〉）。所以，樊遲在問仁後接着就問知，「子曰：『知人。』樊遲未達。子曰：『舉直錯諸枉，能使枉者直。』」樊遲不理解，問於子夏，「樊遲退，見子夏曰：『鄉也吾見於夫子而問知，子曰：「舉直錯諸枉，能使枉者直。」何謂也？』子夏曰：『富哉言乎！舜有天下，選於眾，舉皋陶，不仁者遠矣。湯有天下，選於眾，舉伊尹，不仁者遠矣。』」（〈顏淵〉）意思是，樊遲退了出來，遇到子夏，說剛才我見了老師，問他什麼是智慧。老師說把正直的人選拔出來，使其位置在邪曲的人之上，就能使邪曲的人改正過來，這是什麼意思？子夏說道，這話的含義是多麼豐富啊！舜有了天下，從眾人中把皋陶選拔出來做掌管刑獄的大臣，不仁的人就存在不下去了。湯有了天下，從眾人中把伊尹選拔出來當阿衡，相當於後世的宰相，不仁的人就存在不下去了。孔子所謂的知人，更多的內容是政治性的，就是知人善任，選拔那些具有仁德的人來幫助管理國家、教化百姓，而不是選拔那些不仁的人來管理國家。《論語·堯曰》記載周武王在分封時說：「雖有周親，不如仁人。」這表明在治理國家的範圍內，親戚和家庭成員比不上有仁德的人。治國必須選賢任能，如果親與賢能夠統一，內舉不避親是可以的，但只能作為個案對待。從價值導向和治國方略而言，一定要堅持任人唯賢，絕不能任人唯親。

仁的理念集聚着宏大的正能量，包含了所有的優秀品德。如果仁自身沒有豐富的內涵，那就不可能樹立起愛人的光輝形象。「子張問仁於孔子。孔子曰：『能行五者於天下，為仁矣。』請問之。曰：『恭、寬、信、敏、惠。恭則不侮，寬則得眾，信則人任焉，敏則

1　參見馮友蘭著：《中國哲學簡史》，新世界出版社 2004 年版，第 39 頁。

有功，惠則足以使人。』」（〈陽貨〉）《論語》還說：「仁者必有勇，勇者不必有仁。」（〈憲問〉）由此可見，孔子之仁是一切優秀道德品質的集合體，囊括了恭、寬、信、敏、惠、勇、智眾多品德。孔子認為，由於仁是一個集合體，就必須全面踐行仁的理念。要通過好學來踐行仁的理念，「好仁不好學，其蔽也愚」（〈陽貨〉）。而好學本身就是仁的表現，「博學而篤志，切問而近思，仁在其中矣」（〈子張〉）。通過朋友幫助來踐行仁的理念，「曾子曰：『君子以文會友，以友輔仁。』」（〈顏淵〉）孔子特別強調要結交朋友中的仁人，「子貢問為仁。子曰：『工欲善其事，必先利其器。居是邦也，事其大夫之賢者，友其士之仁者。』」通過其他優秀品質來踐行仁的理念，「知及之，仁不能守之；雖得之，必失之。知及之，仁能守之，不莊以蒞之，則民不敬。知及之，仁能守之，莊以蒞之，動之不以禮，未善也」（〈衛靈公〉）。意思是，一個人的聰明才智足以得到官職，如果沒有仁德，就不能守住它，即使得到了也必定會失去。聰明才智足以得到它，有仁德可以守住它，如果不以嚴肅的態度來對待它，民眾也不會敬服於你。聰明才智足以得到它，有仁德可以守住它，也有嚴肅的態度，如果不按禮節來行動，也是不完善的。孔子指出，全面踐行仁的理念是一個長期的過程，需要艱苦的努力。「士不可以不弘毅，任重而道遠。仁以為己任，不亦重乎？死而後已，不亦遠乎？」（〈泰伯〉）全面踐行仁的理念，也是一項崇高的使命。為了仁，可以獻出自己的一切，甚至是生命，「志士仁人，無求生以害仁，有殺身以成仁」（〈衛靈公〉）。

三、為政以德

德治是孔子基本的政治主張。仁是孔子思想的出發點，目的不僅是為了人生修養，更是為了治國平天下。某種程度上可以說，孔

子的學說和實踐，都是為了闡述德治思想，恢復德治秩序，「子曰：『為政以德，譬如北辰，居其所而眾星共之。』」孔子之所以推崇德治，是因為運用政治手段和法律懲處來治理國家，不可能增強人們的道德自律，也不可能養成人們的恥感意識。沒有道德自律和恥感意識，人們雖然也會服從統治者的管理，卻不會心悅誠服。而實施德治，用禮來約束，就能實現人心的歸順，「道之以政，齊之以刑，民免而無恥。道之以德，齊之以禮，有恥且格」（〈為政〉）。毋庸置疑，現代政治的顯著特徵是法治。但是，法治作為社會治理的基礎，並沒有否定德治應有的作用和功能。研究孔子的德治思想，汲取德治的精華，運用德治的有益成分，補充和完善法治的思想和實踐，在現代社會仍然有着相當大的價值和意義。

三代之治是孔子德治思想的組成部分。所謂三代之治，意指夏、商、周三個朝代，是中國歷史上治理最好的朝代。儒家特別推崇並加以褒揚，王陽明認為：「唐、虞以上之治，後世不可復也，略之可也；三代以下之治，後世不可法也，削之可也；惟三代之治可行。」（《傳習錄》）在孔子看來，三代之治的榜樣是堯、舜，代表是禹、文王、周公。孔子讚譽堯，不吝溢美之詞，「大哉堯之為君也！巍巍乎！唯天為大，唯堯則之。蕩蕩乎！民無能名焉。巍巍乎其有成功也，煥乎其有文章！」讚美舜是多方面的，認為舜和禹都很偉大，「巍巍乎，舜、禹之有天下也，而不與焉」；認為舜會用人，「舜有臣五人，而天下治」（〈泰伯〉）；認為舜會當君王，「無為而治者，其舜也與？夫何為哉？恭己正南面而已矣」（〈衛靈公〉）。無為而治是道家的治國方略，儒家則在堅持君王自身德行和選賢任能的前提下，認可無為而治的思想理念。何晏注釋：「言任官得其人，故無為而治。」（《論語集解》）讚美禹既偉大又完美，「禹，吾無間然矣。菲飲食而致孝乎鬼神，惡衣服而致美乎黻冕，卑宮室而盡力乎溝洫」（〈泰伯〉）。意思是，對於禹，我沒有批評了。自

己的飲食菲薄而祭祀鬼神的祭品卻很豐盛，衣服很破爛而祭祀的禮服卻很華麗，住的宮室很簡陋卻盡力修治溝渠水利。讚美文王的典章文物和治國之道，強調自己學習繼承文王的使命感，「子畏於匡，曰：『文王既沒，文不在茲乎？天之將喪斯文也，後死者不得與於斯文也；天之未喪斯文也，匡人其如予何？』」（〈子罕〉）讚美周公創立的西周制度和禮樂文明，「周監於二代，郁郁乎文哉！吾從周」（〈八佾〉）。孔子對周公傾心佩服，一旦長時間沒有夢見周公，就會感歎自己衰老了，「甚矣吾衰也，久矣吾不復夢見周公」（〈述而〉）。孔子推崇三代之治，主要是想從夏商周那裏取得德治思想的歷史依據和經驗養料，並不是照搬照套夏商周治國安邦的具體做法。

正人正己是孔子德治思想的關鍵所在。只有正己，才能正人。德治的主體是統治者，首先要求統治者修德，進而實現以德治國。在孔子看來，統治者修德，就是要以身作則。「季康子問政於孔子。孔子對曰：『政者，正也。子帥以正，孰敢不正？』」（〈顏淵〉）在兩千多年前，孔子就已認識到，政治的本質是公平公正、公道正派、正義正直，《論語》中多次要求統治者以身作則，「子曰：『其身正，不令而行；其身不正，雖令不從。』」（〈子路〉）孔子強調統治者以身作則，是因為在德治社會裏，統治者的行為對於百姓具有表率和引領作用，「子為政，焉用殺？子欲善而民善矣。君子之德風，小人之德草，草上之風，必偃」（〈顏淵〉）。意思是，你治理國家，為何要用殺戮的方法？你自己想要行善，老百姓也就向善了。為政者的道德像風，老百姓的道德像草，風吹在草上，草必然會順風倒伏。同時，他要求統治者愛民，正確處理統治者與老百姓的關係，「道千乘之國，敬事而信，節用而愛人，使民以時」（〈學而〉）。愛民就是統治者不要向老百姓過度索取，「哀公問於有若曰：『年饑，用不足，如之何？』有若對曰：『盍徹乎？』曰：『二，

吾猶不足，如之何其徹也？』對曰：『百姓足，君孰與不足？百姓不足，君孰與足？』」（〈顏淵〉）意思是，魯哀公向孔子弟子有若請教，年景不好，國家用度不夠，應該怎麼辦呢？有若回答，何不實行十分抽一的稅率呢？哀公說，十分抽二，我還不夠，怎麼能十分抽一呢？有若回答，如果百姓的用度夠了，你怎麼會不夠呢？如果百姓的用度不夠，你又怎麼會夠呢？「百姓足，君孰與不足？百姓不足，君孰與足？」這段話把統治者與老百姓的關係說得非常透徹，老百姓滿意了，君王還有什麼不滿意的呢？老百姓富足了，君王還有什麼不富足的呢？這就是德治社會的重要保障。

　　孝悌為本是孔子德治思想的社會根基。如果說德治的主體是統治者，那麼，德治的客體就是老百姓。在孔子看來，對百姓要進行道德教化，使他們成為自律和有恥感的人，這樣才能實行德治。道德教化是孔子德治思想的重要組成部分，孔子強調在老百姓富裕之後，就要進行道德教化。「子適衛，冉有僕。子曰：『庶矣哉！』冉有曰：『既庶矣，又何加焉？』曰：『富之。』曰：『既富矣，又何加焉？』曰：『教之。』」（〈子路〉）對於家庭而言，道德教化要強調孝悌。孝悌是德治的基礎，家庭築牢孝悌的堤壩，社會就能穩定，孔子的弟子說「其為人也孝弟，而好犯上者，鮮矣；不好犯上，而好作亂者，未之有也。君子務本，本立而道生」（〈學而〉）。孝的核心是從內心敬重父母、順從父母，「子游問孝。子曰：『今之孝者，是謂能養。至於犬馬，皆能有養；不敬，何以別乎？』」（〈為政〉）對於社會而言，道德教化要強調忠誠。忠誠是德治的重要支點，社會營造忠誠的氛圍，國家就能安寧，「定公問：『君使臣，臣事君，如之何？』孔子對曰：『君使臣以禮，臣事君以忠。』」（〈八佾〉）

　　孝與忠密切相關，孝是忠的基礎和前提，忠是孝的延伸和拓展。一個人在家裏能夠盡孝，就能對國家盡忠；即使不直接為官從

政，也是參與政治，能夠影響其他人對國家盡忠。「或謂孔子曰：『子奚不為政？』子曰：『《書》云：「孝乎惟孝，友於兄弟，施於有政。」是亦為政，奚其為為政？』」（〈為政〉）意思是，有人對孔子說，你為什麼不參與政治呢？孔子回答，《尚書》中說，孝就是要真正孝敬父母，友愛兄弟，用這種修養影響統治者，也是參與政治，為什麼一定要做官才算參與政治呢？孔子認為，孝和忠密切相關，都是為德治服務的，因而經常把孝、忠連在一起論述，「賢賢易色；事父母，能竭其力；事君，能致其身；與朋友交，言而有信。雖曰未學，吾必謂之學矣」（〈學而〉）。意思是，那些對妻子注重品德而不注重相貌，侍奉父母能盡心盡力，侍奉君主能犧牲生命，交結朋友說話守信的人，雖然沒有學習過，我也要說他學習過。

禮制規範是孔子德治思想的基本措施。在孔子看來，實行德治，必須堅持禮制規範，不能發生越禮、僭禮的行為，「禮之用，和為貴。先王之道，斯為美，小大由之」（〈學而〉）。堅持禮制規範，必須要正名。子路問孔子，假如衛出公讓您去治理國家，您將先從哪裏着手呢？孔子說，必須正名吧。子路說，您真的迂腐到這個地步了嗎，為什麼要先正名呢？孔子說：「野哉，由也！君子於其所不知，蓋闕如也。名不正則言不順，言不順則事不成，事不成則禮樂不興，禮樂不興則刑罰不中，刑罰不中則民無所措手足。故君子名之必可言也，言之必可行也。君子於其言，無所苟而已矣。」（〈子路〉）意思是，仲由啊，你太粗魯了！君子對於他所不知道的，一般採取存而不論的態度。如果名號表達不正，說話就不會順當；說話不順當，事情就辦不成；事情辦不成，國家的禮樂制度就建立不起來；禮樂制度建立不起來，刑罰就不合理；刑罰不合理，老百姓就會手足無措。所以，君子使用一個名號必須要能說清楚，說出來就可以行得通。君子對於他所說的話，是一點也不能馬虎的。正名，就是立規矩、建制度，建立合理的等級秩序，「齊景

公問政於孔子。孔子對曰：『君君、臣臣、父父、子子。』公曰：
『善哉！信如君不君、臣不臣、父不父、子不子，雖有粟，吾得而
食諸？』」（〈顏淵〉）在君君、臣臣、父父、子子的等級秩序中，
只要做到君禮臣忠、父慈子孝，各自遵守相應的規矩和禮制，國家
就好治理了，德治也就實現了。正名，還要堅決反對越禮、僭禮的
行為。春秋時期，政治極為混亂，出現了所謂君不君、臣不臣的現
象。齊景公所以要問政於孔子，其中一個重要原因就是他受制於權
臣陳桓，陳桓的勢力很強大，隨時都有篡權的可能。孔子對於這種
「禮崩樂壞」局面極為擔憂，對越禮、僭禮行為極為痛恨，他猛烈抨
擊當時一些權臣的非禮行為，「孔子謂季氏，『八佾舞於庭，是可忍
也，孰不可忍也？』」（〈八佾〉）

　　用人以直是孔子德治思想的堅強保障。現代政治學認為，領導
的主要職責是決策和用人；在一定條件下，用人比決策還要重要。
《論語》多處提到要「舉賢人」，用正直的人。在孔子看來，用什麼
樣的人，關乎民心向背，「哀公問曰：『何為則民服？』孔子對曰：
『舉直錯諸枉，則民服；舉枉錯諸直，則民不服。』」（〈為政〉）這
裏的直就是正直的人，也就是聖賢、君子、忠信之人以及有才能之
人；枉是狂妄的人、邪曲的人。孔子認為，正直應是人的本性。「子
曰：『人之生也直，罔之生也幸而免。』」（〈雍也〉）《論語》中舉
了兩個人的例子說明正直之人的表現，其中一個是微生高。「子曰：
『孰謂微生高直？或乞醯焉，乞諸其鄰而與之。』」（〈公冶長〉）孔
子說，誰說微生高這個人正直呢？有人向他要點醋，他自己沒有卻
不說沒有，而到鄰居家討來給別人。這個例子說明，正直是與真實
聯繫在一起的。不真實的人，也就是不正直的人。另一個是澹台滅
明。「子游為武城宰。子曰：『女得人焉耳乎？』曰：『有澹台滅明
者，行不由徑，非公事，未嘗至於偃之室也。』」（〈雍也〉）這個
例子說明，正直的人，辦事光明磊落，從不走後門，也不搞旁門左

道；正直的人，是公事公辦，不講私情，在運用公共權力執行公共
事務中，做到「公見之外，不延一客；公談之外，不多一詞」（張居
正〈答工部郎中劉公伯變言用人毀譽〉）。孔子指出，選人用人要
有正確的方法，這就是知人和細察。知人是選人用人的基礎。弟子
仲弓擔任季氏的家宰，問孔子怎樣知人用人，「焉知賢才而舉之？」
孔子回答：「舉爾所知。爾所不知，人其舍諸？」（〈子路〉）意思
是，選拔你們了解的。你們不了解的，別人難道會埋沒他們嗎？由
此可知，用人只能選用你所看到的、所知道的人；你不了解的人，
即使有才能、講忠信，那也只好等待別人去發掘了。簡言之，就是
「知人善任」的道理。知人的方法是細察，「視其所以，觀其所由，
察其所安，人焉廋哉？人焉廋哉？」（〈為政〉）在細察過程中，不
要以言舉人，「子曰：『君子不以言舉人，不以人廢言。』」（〈衛靈
公〉）細察還要關注是否言行一致，「子曰：『始吾於人也，聽其言
而信其行；今吾於人也，聽其言而觀其行。』」（〈公冶長〉）孔子
說，起初我對別人，聽了他說的話，便相信他的行為；現在我對別
人，聽了他的話，還要考察他的行為。通過細察，就能看清楚個人
的動機、行為和內心，也就能夠知人，進而可以決定是否任用了。

四、文質彬彬

　　孔子的理想人格是君子，君子的基本特徵是文質彬彬，「質勝
文則野，文勝質則史。文質彬彬，然後君子」（〈雍也〉）。人格一
詞是舶來品。古代漢語中沒有人格一詞，只有人性和品格的概念。
中文中的人格一詞是近代從日文中引進的，而日文的人格一詞則源
於英文的意譯，英文人格一詞則又源於拉丁語。拉丁語的人格最初
是指演員在舞台上戴的面具，類似於中國京劇的臉譜。舞台上的不
同面具扮演不同角色，表現不同的人物性格。後來心理學引申其含

義，認為在人生的大舞台上，人也會根據社會角色的不同來變換面具，面具是人格的外在表現，人格是面具背後的真實自我。現代心理學一般認為，人格是人類所獨有的，由先天獲得的遺傳素質與後天環境互相作用而形成的綜合體，能代表人類靈魂本質及個性特點的性格、氣質、品德、信仰、良心。哲學的研究則比較宏觀，認為人格是指人之為人的資格，是對人的本質規定。馬克思指出：「人的本質不是單個人所固有的抽象物，在其現實性上，它是一切社會關係的總和。」[1]中國古代雖無人格一詞，卻有豐富的人格思想；先秦儒家雖無心理學知識，卻從哲學上探討了人格，「仁也者，人也。合而言之，道也」（《孟子‧盡心下》）。孔子依據仁的範疇，推演和建構起儒家的理想人格。

　　聖人也是孔子的人格理想，而《論語》很少論及聖人，也沒有直接言說聖人的具體品格。在孔子看來，聖人是一個集中了各種美好倫理道德的理想人物，是社會倫理道德的最高境界，人們可以敬仰憧憬，卻難以企及，即使堯舜也沒有完全達到聖人的標準。「子貢曰：『如有博施於民而能濟眾，何如？可謂仁乎？』子曰：『何事於仁！必也聖乎！堯、舜其猶病諸！』」（〈雍也〉）孔子從來沒有承認自己是聖人，其中有謙虛的成分，卻是內心的真實寫照；他還經常歎息見不到聖人，能夠見到君子就心滿意足了，「聖人，吾不得而見之矣。得見君子者，斯可矣」（〈述而〉）。由於聖人人格在現實社會中難以實現，退而求其次，孔子強化了君子人格。《論語》一書「聖人」「聖者」「聖」的概念僅出現過六次，而「君子」出現了一百餘次。孔子認為，君子是既理想又現實的人格，是通過修身可以達到的做人的理想境界。作為哲學和倫理範疇，君子寄託着孔子太多的人生理想。《論語》有四處是孔子直接回答弟子的提問來描

---

1 《馬克思恩格斯選集》（第一卷），人民出版社 1995 年版，第 60 頁。

繪君子的品質；有七處是用數字來描述君子的形象；還有君子與小人的比較，以反襯君子的可貴人格。君子的品質與形象相輔相成，君子與小人相反相成，多視角、多層次地展示了君子應該具備的內在素質和外在風貌。

孔子直接回答弟子的提問，第一處認為君子是一個謹言敏行、誠信守諾的人，「子貢問君子。子曰：『先行其言而後從之。』」（〈為政〉）第二處認為君子是一個內省不疚、不憂不懼的人，「司馬牛問君子。子曰：『君子不憂不懼。』曰：『不憂不懼，斯謂之君子已乎？』子曰：『內省不疚，夫何憂何懼？』」（〈顏淵〉）孔子強調的是，一個人無論做人做事，在內心反省自己時，覺得沒有令自己愧疚的言行，就可以稱為君子了。第三處認為君子內聖外王，是一個既重視自我修身，又重視社會責任的人，「子路問君子。子曰：『修己以敬。』曰：『如斯而已乎？』曰：『修己以安人。』曰：『如斯而已乎？』曰：『修己以安百姓。修己以安百姓，堯、舜其猶病諸！』」第四處認為君子是一個具備了「智、清、勇、藝、禮」品格的人，「子路問成人。子曰：『若臧武仲之知，公綽之不欲，卞莊子之勇，冉求之藝，文之以禮樂，亦可以為成人矣。』」在孔子那裏，成人即完美的人，與君子是同一序列的概念，可以作君子理解。這段話的意思是，像魯國大夫臧武仲那麼有智慧，孟公綽那麼清心寡慾，卞莊子那麼勇敢，以及冉求那麼多才多藝，加上高度的禮樂修養，就可以算是成人了。然而，孔子可能認為這個要求太高了，很難做到，隨即補充道：「今之成人者何必然？見利思義，見危授命，久要不忘平生之言，亦可以為成人矣。」（〈憲問〉）這說明見利思義、臨危不懼、誠實守信，是君子人格最基本的要求。同時說明君子人格是可以分出層次的，塑造和實現君子人格是一個長期努力、逐步完善的過程。

《論語》用數字描述君子的形象，可區分為孔子和弟子兩部分，孔子更多地從內容上描述君子的形象。第一處是「子謂子產：『有

君子之道四焉：其行己也恭，其事上也敬，其養民也惠，其使民也義。』」（〈公冶長〉）子產是鄭穆公之孫，春秋時期著名的政治家。孔子談到子產時，認為子產具備了恭、敬、惠、義四種合乎君子之道的品行。第二處是「子曰：『君子道者三，我無能焉：仁者不憂，知者不惑，勇者不懼。』子貢曰：『夫子自道也。』」（〈憲問〉）這段話簡潔而全面地反映了孔子對君子本質的認識，只有具備了「仁、智、勇」品格的人，才算是真正的君子。第三處是「孔子曰：『君子有三戒：少之時，血氣未定，戒之在色；及其壯也，血氣方剛，戒之在鬥；及其老也，血氣既衰，戒之在得。』」孔子是在告誡人們，追求君子人格，需要用人的一生去努力，而不是一朝一夕的興之所至，也不是一時一事的權宜之計。第四處是「孔子曰：『君子有三畏：畏天命，畏大人，畏聖人之言。小人不知天命而不畏也，狎大人，侮聖人之言。』」這段話與前一段話互相聯繫、內在統一，前一段話所戒在事，這段話所畏在心。於事有所戒，於心也要有所畏。作為君子，可以不憂不惑不懼，卻不能沒有敬畏之心，否則就會無法無天。第五處是「孔子曰：『君子有九思：視思明，聽思聰，色思溫，貌思恭，言思忠，事思敬，疑思問，忿思難，見得思義。』」（〈季氏〉）從而在眼見、耳聽、臉色、外貌、言語、辦事等方面，對君子的外在表現和內心追求提出了道德修養規範。

弟子則主要從面貌上描述君子的形象。一次是曾子的描述，曾子生了病，孟敬子來慰問，曾子強調君子要在神情、臉色和言辭三個方面嚴格要求自己，「曾子言曰：『鳥之將死，其鳴也哀；人之將死，其言也善。君子所貴乎道者三：動容貌，斯遠暴慢矣；正顏色，斯近信矣；出辭氣，斯遠鄙倍矣。籩豆之事，則有司存。』」（〈泰伯〉）另一次是子夏的描述，「君子有三變：望之儼然，即之也溫，聽其言也厲」（〈子張〉）。子夏從另一個視角描述君子的形象，也

是一個君子應當留給他人的主觀感受。通過幾組數字的引述和分析，可以勾勒出孔子心目中的君子形象，本質是「仁、智、勇」；日常的行為規範是「九思」；邊界是於事有所戒懼，於心有所敬畏；為官從政、建立事功時，要躬行「恭、敬、惠、義」，做到喜怒哀樂不形於色，給人的印象是莊重、可親和嚴厲。

君子與小人有着很大差別，在心胸方面，「君子坦蕩蕩，小人長慼慼」（〈述而〉）。君子的胸懷是寬廣的，無論處於順境還是逆境，都能做到樂觀豁達；小人的心胸是狹隘的，總是怨天尤人，心裏裝滿了憂愁、苦悶和痛苦。具體而言，君子與小人對待人的原則不同，「君子成人之美，不成人之惡。小人反是」（〈顏淵〉）。處理人際關係不同，「君子易事而難說也。說之不以道，不說也；及其使人也，器之。小人難事而易說也。說之雖不以道，說也；及其使人也，求備焉」。意思是，君子容易讓人與他共事，卻難以討他喜歡。用不正當的方式討他喜歡，他是不會喜歡的。但他在使用人的時候，能夠知人善任，用其所長。小人則難以讓人與他共事，卻容易討他喜歡。用不正當的方式去討他喜歡，他也會喜歡的。而他在用人的時候，總是對人百般刁難，求全責備。日常生活中的態度不同，「君子泰而不驕，小人驕而不泰」（〈子路〉）。

在義和利方面，「君子喻於義，小人喻於利」（〈里仁〉）。義與利是衡量君子與小人的重要標準，君子想問題辦事情，只考慮按照道德的要求去做，而不問是否有利可圖；小人則不然，只考慮是否有利可圖，而不問道德上是否可行。孔子還認為義是君子的重要品質，「君子義以為質，禮以行之，孫以出之，信以成之。君子哉！」（〈衛靈公〉）孔子不反對利益，卻反對不義之財，「不義而富且貴，於我如浮雲」（〈述而〉）。孔子認為，遇到困境時，最能判別君子與小人的差異。有一次孔子帶弟子到陳國時斷了糧，跟隨的人都餓病了，沒有人走得動。子路不高興地問，君子也會陷入困境嗎？孔

子回答:「君子固窮,小人窮斯濫矣。」(〈衛靈公〉)在和與同方面,「君子和而不同,小人同而不和」(〈子路〉)。君子之和,既是大家一起團結共事、互相協調,又能求同存異,允許保持不同的個性,允許存在不同的看法,允許發表不同的意見;小人之同,是以利益為紐帶,搞小圈子,同流合污,一旦利益缺失,就會互相拆台,檢舉揭發,樹倒猢猻散。在工作中,君子以忠信道義團結人,小人則是結黨營私,「君子周而不比,小人比而不周」(〈為政〉)。遇到問題時,君子不推諉,反省自己,小人則反其道而行,「君子求諸己,小人求諸人」(〈衛靈公〉)。通過比較君子與小人,反襯了君子人格的偉岸磊落,更加豐富充實了君子形象。

　任何民族都有自己的理想人格,中華民族的理想人格是君子。君子人格是中華民族最深層最本質的規定;君子人格是中華文明結出的最甜美最壯觀的果實。君子人格寄託著我們的人生理想,是我們人生追求的目標,期望在有生之年,尤其是老之將至的時候,自我評價是君子,他人評價也是君子,人生則無憾矣。君子人格美好,卻不是天生麗質,也不是自然長成,而是艱苦修身、嚴格自律的結果,就像「寶劍鋒從磨礪出,梅花香自苦寒來」。君子人格壯麗,卻不可能立竿見影,也不可能一蹴而就,而是堅持不懈、終身修煉的結果。即如聖人,也需要一輩子的修為,「子曰:『吾十有五而志於學,三十而立,四十而不惑,五十而知天命,六十而耳順,七十而從心所欲,不逾矩。』」(〈為政〉)君子人格尊貴,卻難以簡單從事,也難以心想事成,而是一步一個腳印的結果。好學是起步,沒有好學,就沒有君子,「子曰:『吾嘗終日不食,終夜不寢,以思,無益,不如學也。』」(〈衛靈公〉)崇仁是核心,「子曰:『苟志於仁矣,無惡也。』」(〈里仁〉)力行是關鍵,「好學近乎知,力行近乎仁,知恥近乎勇」(《中庸》)。孔子建構的君子人格,值得每一個中國人用一生去追求和踐行。

五、有教無類

　　孔子是中國歷史上創辦私學的第一人，也就是第一位具有現代意義的老師。追本溯源，研究思考現代教育問題，都應珍視孔子留下的這份寶貴遺產，深入學習研究孔子的教育思想。孔子還是中國歷史上大量接收私人學生的第一人，他一生中教出了許多有才幹的學生，有些弟子還陪伴他周遊列國。這說明孔子的教育思想不是無源之水、無本之木，而是有着堅固的實踐基礎。更重要的是，孔子的教育思想，蘊含着許多合理成分和智慧光芒，至今讀來，仍令人歎為觀止。對於解決現代教育中存在的一些問題，孔子的思想也不無借鑒和指導意義。

　　「有教無類」是孔子最重要的教育思想。遠古時期，由於生產力水平低下，不可能有更多的剩餘產品來供給教育文化事業，教育只能為王公貴族所壟斷，平民子弟沒有機會入學接受教育。具體表現為圖書典籍藏於宮廷之中，平民沒有條件閱讀；學校設在宮廷和官府，平民子弟不可能進入學習；以吏為師、學宦不分，為貴族弟子專享教育權利提供了制度保證。春秋戰國時期，一方面，生產力有了一定程度的發展，能夠提供更多的剩餘產品以發展教育文化事業；另一方面，「天子失官，學在四夷」，私人辦學有了生長和發展的空間和可能。孔子順應歷史潮流，響亮地提出了「有教無類」的口號，即不分貧賤富貴，不分南北東西，不分年齡大小，任何人都有進入學校讀書的權利。這就從思想觀念上沖毀了王公貴族壟斷教育的堤壩，為平民子弟爭得了受教育的權利，進而成為中華文明發展史上具有劃時代意義的創舉。

　　實現這一理想，要有一定的經濟基礎。在古代，學生的學費主要靠個人和家庭負擔，「子曰：『自行束修以上，吾未嘗無誨焉。』」（《述而》）孔子說，只要帶上十條乾肉來求學的人，我從來沒有

不給予教誨的。孔子重視教育是因為教育可以改變一個人的命運，「子曰：『君子謀道不謀食。耕也，餒在其中矣；學也，祿在其中矣。君子憂道不憂貧。』」（《衛靈公》）孔子說，君子只關心真理而不關心衣食。耕田，常可能餓肚子；求學，常可能得到俸祿。君子只擔心得不到真理而不擔心擺脫不了貧窮。這段話有兩層含義值得關注，一層為教育、求學是為了追求真理和知識，另一層為學習可以改變命運，即「耕也，餒在其中矣；學也，祿在其中矣」。這和現代「知識改變命運」的觀念，何其相似乃爾！而孔子在兩千多年前就把這個道理說了出來，而且說得很透徹。

教書育人是孔子教育思想的主要內容。「子以四教：文、行、忠、信。」（《述而》）「文」是指知識、學問以及文章的文采、字句和條理；「行」是指個人的行為、品德；「忠」是對國家、父母的責任心；「信」就是對社會、朋友的信義。教育應當包括道德教育和知識教育兩方面的內容，這在孔子的教育思想中是非常明確的。「陳亢問於伯魚曰：『子亦有異聞乎？』對曰：『未也。嘗獨立，鯉趨而過庭。曰：「學《詩》乎？」對曰：「未也。」「不學《詩》，無以言。」鯉退而學《詩》。他日，又獨立，鯉趨而過庭。曰：「學《禮》乎？」對曰：「未也。」「不學《禮》，無以立。」鯉退而學《禮》。聞斯二者。』陳亢退而喜曰：『問一得三。聞《詩》，聞《禮》，又聞君子之遠其子也。』」（《季氏》）陳亢是孔子的弟子，伯魚是孔子之子孔鯉。這段話既讓我們認識了孔子無私的胸懷，對待學生，無論是誰都一視同仁；又讓我們認識了孔子的教育內容，既要學《詩》，就是知識教育，又要學《禮》，就是道德教育。

孔子更重視學生的道德教育，「子以四教」有兩個半字涉及道德教育，即「忠」「信」和「行」的一半；一個半字涉及知識教育，即「文」和「行」的另一半。通過簡單的比較，可以看出孔子是把道德教育放在首要位置。孔子甚至認為，一個人學習知識是容易的，而

實踐道德規範則困難得多，「子曰：『文，莫吾猶人也。躬行君子，則吾未之有得。』」孔子始終是用一種憂患的心情來看待道德教育，「子曰：『德之不修，學之不講，聞義不能徙，不善不能改，是吾憂也。』」（〈述而〉）在強調道德教育的同時，孔子並沒有忽視知識教育，「小子何莫學夫《詩》？《詩》可以興，可以觀，可以羣，可以怨。邇之事父，遠之事君；多識於鳥獸草木之名」（〈陽貨〉）。意思是，學生們，為什麼不研習《詩經》呢？《詩經》裏的知識，可用來激發情思，可用來觀察社會，可用來和合人羣，可用來諷刺時政。對近的而言，能懂得如何侍奉父母；對遠的而言，能懂得如何侍奉君主。還可以使你們多多學習鳥獸草木的知識。其中「邇之事父，遠之事君」，強調的還是道德教育，即學習知識是為了服務於孝與忠的道德規範。

　　因材施教是孔子教育思想的重要方法。朱熹讚揚並概括了孔子的教學方法，「孔子教人，各因其材」（《四書章句集注》）。孔子沒有直接提出因材施教的概念，卻有着豐富的因材施教的思想和實踐。首先是多方面觀察學生，對學生有一個透徹的了解。孔子經常對他的學生作出分析，「柴也愚，參也魯，師也辟，由也喭」（〈先進〉）。意思是，高柴這個學生愚笨，曾參遲鈍，顓孫師偏激，仲由魯莽，各人情況是不同的。即使是自己非常熟悉的學生，也要反覆觀察才能真正了解，才能正確評價其本質，「子曰：『吾與回言終日，不違，如愚。退而省其私，亦足以發。回也不愚！』」（〈為政〉）孔子說，我整天向顏回講學，他從不提出反問，像個愚鈍的人。等他退下去，我考察他與別人私下的談論，卻也能進行發揮，可見顏回並不愚鈍。顏回是孔子最喜歡的學生，還要經過認真考察，才能正確評價他的本質，何況其他弟子呢？孔子觀察學生，了解學生，是為了因材施教，更好地教育學生，對於不同性格和特點的學生，採取不同的教育方法。「子路問：『聞斯行諸？』子曰：『有

父兄在，如之何其聞斯行之？』冉有問：『聞斯行諸？』子曰：『聞斯行之。』公西華曰：『由也問聞斯行諸，子曰有父兄在；求也問聞斯行諸，子曰聞斯行之。赤也惑，敢問。』子曰：『求也退，故進之；由也兼人，故退之。』」（〈先進〉）這是因材施教的典型例子，針對不同學生的不同性格給予不同的解答，子路性格衝動，所以要阻止他急於行動；冉有生性謙退，所以要鼓勵他積極行動。孔子不僅親身實踐因材施教，而且從理論上加以概括，「中人以上，可以語上也；中人以下，不可以語上也」（〈雍也〉）。

　　儘管學生智力不同、性格不同，孔子卻要求教師對待學生要一視同仁，不能因為學生性格不同或智力一般，就有急躁情緒或缺乏耐心。孔子反覆告誡和檢討自己要「學而不厭，誨人不倦」（〈述而〉）。正是由於這種「學而不厭，誨人不倦」的精神，使得弟子對孔子的學問和人品非常崇敬，「顏淵喟然歎曰：『仰之彌高，鑽之彌堅。瞻之在前，忽焉在後。夫子循循然善誘人，博我以文，約我以禮，欲罷不能。既竭吾才，如有所立卓爾。雖欲從之，末由也已。』」（〈子罕〉）意思是，顏回喟然感歎道，老師的思想和學問，仰視則覺得越高，鑽研則覺得越深；眼看它在前面，卻忽然到後邊去了。老師善於一步一步地誘導我們學習，用文獻來豐富我們的知識，用禮節來約束我們的行為，讓我們想停止學習都不可能。我用盡了才智，好像在老師的精微之道方面有所成就了。但真的要追隨它，卻又沒有道路可尋。

　　現代教育經常遇到一個困境：是灌輸式教學，還是啟發式教學？是應試教育，還是素質教育？孔子的教育思想和實踐為我們擺脫這一困境提供了借鑒。在孔子看來，教育要重視培養學生良好的學習精神，一方面要培養學生對學習的興趣。培養學生的學習興趣是不斷遞進的，最低層面是讓學生知道學習的重要性，較高層面是讓學生喜愛學習，最高層面是讓學生感到學習的快樂，「子曰：『知

之者不如好之者，好之者不如樂之者。』」（〈雍也〉）另一方面要培養學生誠實的學習態度，「子曰：『由，誨女知之乎？知之為知之，不知為不知，是知也。』」（〈為政〉）而要讓學生成為「樂之者」，養成良好的學習習慣，就要激勵學生。孔子以自己為例，鼓勵學生要勤奮學習，「我非生而知之者，好古，敏以求之者也」。在教育方式上，應多採取啟發式教育，「子曰：『不憤不啟，不悱不發。舉一隅不以三隅反，則不復也。』」（〈述而〉）孔子說，教育學生，不到他們思考問題卻想不清楚、想表達而說不出的時候，我是不會去啟發他的；教會四角中的一角，他不能由此而推知其他三角，我就不再去教他。而且，老師要盡其所能教育學生，不能像傳統的師傅帶徒弟那樣，總要留一二手絕活，不讓徒弟超越師傅，「子曰：『二三子以我為隱乎？吾無隱乎爾。吾無行而不與二三子者，是丘也。』」（〈述而〉）

　　在學習方法上，孔子重視學思結合，要求學生學有所思，思有所獲，「學而不思則罔，思而不學則殆」。孔子特別重視溫故知新，要求學生對學過的東西要經常複習，通過複習加深理解，「溫故而知新，可以為師矣」（〈為政〉）。溫故知新還是一件快樂的事情，「學而時習之，不亦說乎？」弟子則把溫故知新看作是每日內省的必要功課，「曾子曰：『吾日三省吾身：為人謀而不忠乎？與朋友交而不信乎？傳不習乎？』」（〈學而〉）子夏認為，溫故知新是好學的表現，「日知其所亡，月無忘其所能，可謂好學也已矣」（〈子張〉）。孔子注重虛心向別人學習，「三人行，必有我師焉，擇其善者而從之，其不善者而改之」（〈述而〉）。孔子還提出要向自己的學生學習，「子謂子貢曰：『女與回也孰愈？』對曰：『賜也何敢望回？回也聞一以知十，賜也聞一以知二。』子曰：『弗如也，吾與女弗如也。』」（〈公冶長〉）一個老師敢於在學生面前承認自己在某些方面不如學生，這是多麼博大的胸襟，何等崇高的師德師風！孔子學

為人師，行為世範，用他的言論和行為告訴人們一個最重要的教育道理，這就是教師要以身作則、為人師表。

《論語·先進》記載：有一次，孔子與幾個弟子閒聊，問及他們的志向，子路的志向是使一個國家「強兵」，冉有是使一個國家的老百姓「足食」，公西華是使一個國家的人「知禮」。對於這三個弟子的志向，孔子只是莞爾一笑，無可無不可。而曾晳卻是一面聽着同學的談論，一面彈着瑟。當孔子問他的志向時，他把瑟放下，明確表示自己的志向不同於子路、冉有和公西華，而是「莫春者，春服既成，冠者五六人，童子六七人，浴乎沂，風乎舞雩，詠而歸」。意思是，暮春三月，已經穿上了春天的衣服，我和五六位成年人，六七個少年，到沂河裏洗洗澡，在舞雩台上吹吹風，一路唱着歌走回來。孔子聽完，大加讚賞，「喟然歎曰：『吾與點也！』」孔子的思想是積極入世的，強兵、足食、知禮都是孔子的為政之道。為什麼孔子卻明確贊同曾晳的志向呢？我們似乎看到了另一個孔子，是一個更加偉岸高大的形象。在混亂的春秋時代和天下熙熙、利來利往的人間社會，他是那麼超脫、那麼淡定、那麼從容。孔子認為，無論入仕為官，還是身居江湖，在人的心靈深處都要超越自我、淡泊名利，愛人助人、完善人生。曾晳描繪的志向正是孔子的人生理想和憧憬：與天同一，與人同聚，與友同樂，沒有任何功名，沒有任何利害，在自然中嬉戲，在天地間放歌。這是一幅多麼美妙的社會圖景，也是最高的人生境界。孔子告訴我們：這就是仁！

第四章　孟子之義

　　孟子（約前 372—前 289）是儒家代表人物，是中國古代偉大的思想家。他以繼承孔子衣鉢為己任，終身致力於維護和發展孔子思想，「乃所願，則學孔子也」（《孟子·公孫丑上》。本章凡引用《孟子》一書，只注篇名和卷數），為儒家學派的發展做出了重要貢獻，以致儒家思想被稱為「孔孟之道」；孟子被稱為僅次於聖人孔子的「亞聖」。如果說孔子思想是儒家文化的原點，那麼，孟子思想則是儒家文化的最重要的支點，原點和支點連成一線，形成了儒家文化傳統，建構了中華文明的主動脈。

一、孟子其人

　　孟子生活於戰國中期，其一生大致可分為少年求學；中青年先教書講學，後周遊齊、梁諸國；晚年潛心治學，授徒著書。《史記·孟子荀卿列傳》記載如下：

> 　　孟軻，騶人也。受業子思之門人。道既通，遊事齊宣王，宣王不能用。適梁，梁惠王不果所言，則見以為迂遠而闊於事情。當是之時，秦用商君，富國強兵；楚、魏用吳起，戰勝弱敵；齊威王、宣王用孫子、田忌之徒，而諸侯東面朝齊。天下方務於合從連橫，以攻伐為賢，而孟軻乃述唐、虞、三代之德，是以所如者不合。退而與萬章之徒序《詩》

《書》，述仲尼之意，作《孟子》七篇。

　　從《史記》記載分析，「孟軻，騶人也。受業子思之門人」，子思是孔子的孫子，戰國初期著名的思想家。孟子師承子思的學生，學習踐行孔子思想，「予未得為孔子徒也，予私淑諸人也」（〈離婁下〉）。孟子學道之後，周遊列國不得志，「道既通，遊事齊宣王，宣王不能用。適梁，梁惠王不果所言，則見以為迂遠而闊於事情」。「迂遠而闊於事情」，是當時諸侯對孟子的評價。在諸侯看來，孟子的政治主張屬於書生之見，不符合實際，不能夠操作。孟子碰壁的原因，司馬遷分析是諸侯只喜霸道而不喜王道，「當是之時，秦用商君，富國強兵；楚、魏用吳起，戰勝弱敵；齊威王、宣王用孫子、田忌之徒，而諸侯東面朝齊。天下方務於合從連橫，以攻伐為賢，而孟軻乃述唐、虞、三代之德，是以所如者不合」。孟子晚年講學著書立說，發揚光大孔子思想。約在公元前 311 年，孟子結束了近 20 年的遊說生涯，回到家鄉鄒縣，從事講學和著述，主要是整理儒家典籍和創立自己的學說，「退而與萬章之徒序《詩》《書》，述仲尼之意，作《孟子》七篇」。

　　司馬遷同情孟子的遭遇，竟在不過千字的二人合傳中四次歎息。一歎孟子生不逢時，「余讀《孟子》書，至梁惠王問『何以利吾國』，未嘗不廢書而歎也。曰：嗟乎，利誠亂之始也！」二歎諸侯誤解孟子，梁惠王不用孟子所言，且評價孟子的政治主張是「迂遠而闊於事情」。三歎王道不如霸道，諸侯對言霸道之人是組織歡迎，禮遇有加，而倡導王道的孔子、孟子則是經常受到困擾。騶忌、騶衍等策士辯才，「其遊諸侯見尊禮如此，豈與仲尼菜色陳、蔡，孟軻困於齊、梁同乎哉！」四歎孟子正直不容於世，「持方枘欲內圓鑿，其能入乎？」意思是，像木工拿着一個方形隼的木頭，能插入鑿成圓形卯的木頭裏嗎？司馬遷的歎息，道出了孟子的悲情

辛酸，也數盡了讀書人的悲情辛酸。傳統社會中，一切有為的知識分子，書讀多了，便立志參與政治、建功立業，度人度世、救國救民。然而，由於各種原因，絕大多數知識分子都是壯懷激烈，空懷報國之志；馬放南山，虛灑一腔熱血，這是多麼的痛苦和悲哀！

《孟子》一書集中反映了孟子的思想和觀點，這是毫無疑義的，有所爭議的是《孟子》的作者和篇數。關於作者，歷來有三種不同看法，一種認為《孟子》是孟子自己所撰，東漢趙岐認為：「此書，孟子之所作也，故總謂之《孟子》。」（《孟子題辭》）另一種認為是弟子萬章、公孫丑等人根據孟子生前言論編定的，韓愈認為：「孟軻之書，非軻自著。」（《韓昌黎集‧答張籍書》）還有一種認為是由孟子與其弟子共同編定的，司馬遷持這種觀點。學界比較一致的看法是，《孟子》一書由孟子及其弟子共同編定，主要作者是孟子。關於篇數，有兩個版本，《史記》記載為七篇；《漢書‧藝文志》記載為十一篇，除通行的七篇外，還有〈性善〉〈文說〉〈孝經〉〈為政〉四篇。趙岐注釋時把《孟子》十一篇分為〈內書〉七篇和〈外書〉四篇，認為〈外書〉屬偽作，不予疏解。趙岐又將〈內書〉七篇各分為上、下卷，變成十四卷，計 261 章。朱熹作注時，將《孟子‧盡心上》的兩章合為一章，計 260 章。流傳至今的《孟子》，是以趙岐作注為主，由朱熹改定的版本。《孟子》文字流暢、犀利精練，氣勢磅礴、感情充沛，寬厚宏博、馳騁自如，結構合理、論說透徹，既滔滔不絕，又從容不迫，用形象化的語言和故事說明深奧的道理，經常是言必稱堯舜二王，論必冠子曰詩云。

如果說孔子重視做人問題，《論語》講的是為人之道，那麼，孟子則重視政治問題，《孟子》講的是為君之道。孟子所處的戰國中期是一個急劇變革的時代，西周王朝建立的分封奴隸制已是「無可奈何花落去」，新興的郡縣封建制呼之欲出，猶如清晨的太陽，躍升在東方地平線上。戰國中期又是一個混亂的時代，諸侯互相爭

戰，百姓生靈塗炭，社會秩序混亂。面對千年未有之變革和亂局，孟子首先想到的是為官從政，直接實施其政治理想，變亂為治，平治天下，「如欲平治天下，當今之世，舍我其誰也？」（〈公孫丑下〉）然而，天不遂人願，歷史沒有給孟子為官從政、平治天下的機會。退而求其次，孟子周遊列國，擬以王者師的身份推行其政治主張，教導君王施仁政、行王道，「有王者起，必來取法，是為王者師也」（〈滕文公上〉）。結果還是不能如願，被齊宣王、梁惠王認為迂遠而闊於事情。孟子只好退而再求其次，聚徒講學和著書立說。儘管孟子未能為官從政，其所思所想、所作所為卻是政治和治國安邦的事情。無論經歷還是願望，無論志向還是追求，孟子都是一個政治性人物。孟子思想的實質是政治哲學，《孟子》一書的主要內容是政治。政治是理解孟子思想的關鍵，也是打開孟子學說大門的一把鑰匙。孟子的政治思想由民本、仁政和王道構成，具有系統性和內在的邏輯統一性。

當然，孟子思想十分豐富，不僅局限在政治領域，在哲學上，他提出了人性本善理論；在人格上，他提出了大丈夫精神；在教育上，他提出了育天下英才思想。孟子對於儒家的最大貢獻，是把孔子仁的思想發展為仁義並舉的學說。在孔子那裏，義從屬於仁，孟子則把義的概念提升到與仁並列的地位。孟子認為，仁是人的內心修養，義是實踐仁的途徑，仁的修養只有通過義的途徑，才能外化為人的日常言行，「仁，人心也；義，人路也。舍其路而弗由，放其心而不知求，哀哉！」（〈告子上〉）仁為人心，表明就人的本性而言，仁是人心中所固有的，意指人性善的形而上依據；義為人路，說明仁的顯現需要有正確的方法，意指人性善的形而下路徑，從而促進孔子之仁由抽象的理念變成具體的實踐。北宋二程給予高度評價：「孟子有功於聖門，不可言。如仲尼只說一個『仁』字，孟子開口便說『仁義』。」（《程氏遺書》）

　　孟子生活在一個百家爭鳴的時代，不得不與各種人論辯，既與統治者論辯，又與各種非儒家思想流派論辯，給人留下了好辯的印象，「公都子曰：『外人皆稱夫子好辯，敢問何也？』孟子曰：『予豈好辯哉？予不得已也。』」（〈滕文公下〉）對於好辯，孟子似乎有點無奈地加以認同，但卻是其最大的人格特點和魅力。孟子的好辯是維護聖道，這使孟子佔據了思想和道德的制高點，為好辯贏得了合法性和權威性。孟子與時人論辯的範圍廣、內容多，涉及哲學、政治、經濟、倫理道德等諸多領域。無論哪一種論辯，孟子都是以維護聖道為目的，顯得理直氣壯、咄咄逼人，有一種居高臨下、高屋建瓴的態勢，「我亦欲正人心，息邪說，距詖行，放淫辭，以承三聖者」（〈滕文公下〉）。意思是，我要端正人心，抑制謬論，反對偏激行為，駁斥誇誕的言論，來繼承堯、舜、周公和孔子等聖人之道。孟子的好辯是批判思維，重點批判統治者，嚴厲抨擊統治者不負責任，視百姓如草芥，不管百姓死活，「狗彘食人食而不知檢，塗有餓莩而不知發；人死，則曰：『非我也，歲也。』是何異於刺人而殺之，曰：『非我也，兵也。』王無罪歲，斯天下之民至焉」（〈梁惠王上〉）。同時，孟子堅決批判各種非儒家思想，「楊子取為我，拔一毛而利天下，不為也。墨子兼愛，摩頂放踵利天下，為之。子莫執中，執中為近之。執中無權，猶執一也。所惡執一者，為其賊道也，舉一而廢百也」（〈盡心上〉）。孟子的好辯是敢於罵人。孟子罵楊朱和墨子為禽獸，「楊氏為我，是無君也；墨氏兼愛，是無父也。無父無君，是禽獸也」（〈滕文公下〉）。孟子還罵統治者，罵商紂王是獨夫民賊，「賊仁者謂之『賊』，賊義者謂之『殘』。殘賊之人謂之『一夫』。聞誅一夫紂矣，未聞弒君也」（〈梁惠王下〉）。罵一心想稱霸的梁惠王為率獸食人，「庖有肥肉，廄有肥馬，民有飢色，野有餓莩，此率獸而食人也。獸相食，且人惡之；為民父母，行政，不免於率獸而食人，惡在其為民父母也？」罵梁

惠王的兒子梁襄王不像個君王的樣子，「孟子見梁襄王，出，語人曰：『望之不似人君，就之而不見所畏焉。』」（〈梁惠王上〉）

二、人性之善

在儒學發展史上，孟子第一個全面系統地論述了人性問題，他把孔子具有性善傾向的人性思想發展為性善論，「滕文公為世子，將之楚，過宋而見孟子。孟子道性善，言必稱堯舜」（〈滕文公上〉）。朱熹注云：「孟子之言性善，始見於此，而詳具於〈告子〉之篇。然默識而旁通之，則七篇之中，無非此理。」（《四書章句集注》）孟子立足於天命，為性善論提供形而上的依據。為了證明天是性善的終極原因，孟子引用《詩經》和孔子言論加以論證，「《詩》曰：『天生蒸民，有物有則。民之秉彝，好是懿德。』孔子曰：『為此詩者，其知道乎！故有物必有則，民之秉彝也，故好是懿德。』」（〈告子上〉）意思是，《詩經》說上天生養萬民，事物都有法則。百姓把握常規，喜愛美好品德。孔子認為，作這首詩的人，一定是個了解大道的人啊。因此，有事物便有其不變的法則；百姓把握了它，所以喜歡美好的品德。孟子立足於生命體驗，為性善論確立事實依據。孟子通過觀察和體驗，認為人人都有不忍人之心，即對他人的憐憫、同情和仁愛之心，「所以謂人皆有不忍人之心者，今人乍見孺子將入於井，皆有怵惕惻隱之心，非所以內交於孺子之父母也，非所以要譽於鄉黨朋友也，非惡其聲而然也」（〈公孫丑上〉）。孟子立足於類的概念，為性善論提供理論依據。孟子認為，人作為類的存在，必定具有同樣的本性；無論是道德高尚的聖人，還是普通的老百姓，他們都屬於人的範疇。既然聖人可以為善，具有善性，那麼普通人也有善性，必然能夠向善為善，「故凡同類者，舉相似也，何獨至於人而疑之？聖人與我同類者」（〈告子上〉）。

　　先秦思想家為了推行自己的思想主張，都從理論上探討了人性問題。老子提出了嬰兒人性論，認為嬰兒的原始素樸狀態才是人的本性，「含德之厚，比於赤子」（《老子·第五十五章》）；主張在人生的任何階段都要保持嬰兒般的本真和素樸，「知其雄，守其雌，為天下谿。為天下谿，常德不離，復歸於嬰兒」（《老子·第二十八章》）。意思是，深知雄強重要，卻甘居雌柔的地位，願做天下的河溪。願做天下的河溪，美德永不相離，復歸於純真的嬰兒。墨子提出了染絲人性論，認為人性如絲，因為後天和環境的影響，變成了黑與白，形成了善或惡。「子墨子言見染絲者而歎曰：染於蒼則蒼，染於黃則黃，所入者變，其色亦變。五入必，而已則為五色矣」；強調「染不可不慎也」（《墨子·所染》）。荀子提出了性惡人性論，批判了孟子的性善論，「孟子曰：『人之學者，其性善。』曰：是不然。是不及知人之性，而不察乎人之性偽之分者也」。荀子認為：「人之性惡，其善者偽也。」（《荀子·性惡》）韓非提出了欲利人性論，實質是性惡論的一種表現形式。他從人的生理機能入手，認為人的生理需求和生存需要造就了人的欲利心，「人無毛羽，不衣則不犯寒；上不屬天而下不着地，以腸胃為根本，不食則不能活，是以不免於欲利之心」（《韓非子·解老》）。先秦諸子探討人性的顯著特點，基本是以善惡來規定人的本質，或曰性善，或曰性惡，或曰性有善有惡，或曰性無善無惡。

　　孟子重在心性修養，主張人性本善，繼承和發展了孔子具有性善傾向的人性思想。「性相近也，習相遠也」（《論語·陽貨》），是孔子對於人性的基本判斷。一方面，孔子肯定了人作為一個類的社會存在，必然有着相近的本性；另一方面，孔子認為人性的差異在於後天不同的社會環境和自身努力。孔子確實沒有說過人性是善還是惡，卻不能否認其強烈的性善傾向。仁是孔子思想的核心，仁的本質是愛人。仁者愛人從親情開始，由親及疏、由近及遠、推己及

人，把源自血緣的愛親之情擴而充之、外而化之，將他人視為與自己一樣有着共同的生理需求和心理情感的族類，當作親人來對待，設身處地為他人着想，體諒、同情、善待他人，進而實現「君子敬而無失，與人恭而有禮。四海之內，皆兄弟也」（《論語·顏淵》）。由此可知，孔子之仁的傾向就是善，充滿着人性和人道主義的光輝，從而為孟子之性善論打下了堅實的思想基礎。

人性本善是孟子思想的基本觀點，也是孟子思想的形而上根據。孟子以人有相同的自然性展開論證，「口之於味也，有同耆焉；耳之於聲也，有同聽焉；目之於色也，有同美焉」。所以，天下人都希望成為像易牙那樣的美廚、師曠那樣的音樂家和子都那樣的美男子，「至於味，天下期於易牙，是天下之口相似也。惟耳亦然。至於聲，天下期於師曠，是天下之耳相似也。惟目亦然。至於子都，天下莫不知其姣也。不知子都之姣者，無目者也」。在孟子看來，人的社會性如同自然性一樣，也有相同的內容，「至於心，獨無所同然乎？心之所同然者何也？謂理也義也。聖人先得我心之所同然耳。故理義之悅我心，猶芻豢之悅我口」。意思是，說到心，難道就沒有什麼相同的了嗎？人心所公認的東西是什麼？是理，是義。聖人先於普通人得知了我們心中共同的東西。因此，理義使我心愉悅，就像牛羊豬的肉合乎我的口味一樣。孟子把人性善的內容概括提煉為「四心」，具體化為仁義禮智。仁義禮智就是惻隱、羞惡、恭敬和是非之心，「惻隱之心，仁也；羞惡之心，義也；恭敬之心，禮也；是非之心，智也」。孟子認為，仁義禮智是人人共有的普遍現象，而不是個別人擁有的品質，「惻隱之心，人皆有之；羞惡之心，人皆有之；恭敬之心，人皆有之；是非之心，人皆有之」。孟子明確提出仁義禮智是先天固有、與生俱來的，而非後天形成的，「仁義禮智，非由外鑠我也，我固有之也，弗思耳矣。故曰：『求則得之，舍則失之。』或相倍蓰而無算者，不能盡其才者也」

（〈告子上〉）。意思是，仁義禮智，不是外人教我的，是我原本就有的，只是沒深入思考過罷了。所以說一經探求就會得到它，一旦放棄就會失掉它。人們之間有相差一倍、五倍甚至無數倍的，就是不能全部發揮其天賦資質的緣故。

　　孟子雖然以人的自然性說明性善是人先天固有的本性，但還是區分了人的自然性與社會性，認為人性善和人的社會性才是人的本質規定，是人與動物的根本區別。「人之所以異於禽獸者幾希，庶民去之，君子存之。舜明於庶物，察於人倫，由仁義行，非行仁義也。」（〈離婁下〉）朱熹注云：「幾希，少也。」（《四書章句集注》）人與動物在飢渴等一般生理刺激反應上都是相同的，區別僅僅在於人性善，沒有善性，就不是人，「由是觀之，無惻隱之心，非人也；無羞惡之心，非人也；無辭讓之心，非人也；無是非之心，非人也」（〈公孫丑上〉）。孟子不僅區分了人的自然性與社會性，而且認為人的社會性比自然性重要，為此他提出了大體與小體的概念。大體是指人的仁義禮智等社會本質，小體是指人的耳目口腹之慾等自然本性。孟子認為，人人都愛惜自己的身體，愛惜身體的每一個部分，「人之於身也，兼所愛。兼所愛，則兼所養也。無尺寸之膚不愛焉，則無尺寸之膚不養也」。然而，身體的每一部分並不是同等重要的，孟子強調要養其大體，勿以小失大，這是區分大人與小人的標準，也是區分人的道德品質高低的依據，「體有貴賤，有小大。無以小害大，無以賤害貴。養其小者為小人，養其大者為大人」。孟子不僅看到了人的社會性重於自然性，而且看到了兩者之間的聯繫，認為人的自然性應受到社會性的制約，人的自然性只有服從於社會性時才有意義，「飲食之人，則人賤之矣，為其養小以失大也。飲食之人無有失也，則口腹豈適為尺寸之膚哉？」（〈告子上〉）意思是，只在吃喝上下功夫的人，人們看不起他，因為他保養小的部分，而失掉了大的部分。如果講究吃喝的那些人沒有丟

掉思想的教育，那麼他們吃喝的目的難道只為了保養口腹這些小的部分嗎？如果人的自然本質不被其社會性所約束，那麼，人就會退化為動物，正如馬克思所言，「誠然，飲食男女等等也是真正人類的機能。然而，如果把這些機能同其他人類活動割裂開來，並使它們成為最後的和唯一的終極目的，那麼，在這樣的抽象中，它們就具有動物的性質」[1]。

　　孟子雖然認為人性本善，卻沒有否定後天的努力和環境的作用。孟子以牛山的草木存否為例，說明後天和環境的重要。牛山本來有很多草木，因為在城市旁邊，不斷有人砍伐，又放牧，養牛養羊，導致牛山沒有了草木，光禿禿的。孟子問，這難道是牛山本來的面目嗎？「牛山之木嘗美矣，以其郊於大國也，斧斤伐之，可以為美乎？是其日夜之所息，雨露之所潤，非無萌蘗之生焉，牛羊又從而牧之，是以若彼濯濯也。人見其濯濯也，以為未嘗有材焉，此豈山之性也哉？」孟子進而論證人性也和牛山一樣，不能因為有的人像禽獸一樣做壞事，泯滅善性，就認為他的本性是惡的，「人見其禽獸也，而以為未嘗有才焉者，是豈人之情也哉？」（〈告子上〉）孟子沒有否定後天和環境的作用，是因為人性善並不是實然的人性，而是應然的人性，指人心中所含有的先天向善的傾向性和可能性。孟子把人性中向善的傾向稱為「端」，「惻隱之心，仁之端也；羞惡之心，義之端也；辭讓之心，禮之端也；是非之心，智之端也。人之有是四端也，猶其有四體也」（〈公孫丑上〉）。朱熹將「端」解釋為「緒」，「端，緒也。因其情之發，而性之本然可得而見，猶有物在中而緒見於外也」（《四書章句集注》）。端也好，緒也好，都是萌芽的意思，萌芽要開花結果，長成參天大樹，就必須有人為的培育和環境的影響，孟子稱之為擴而充之，即將人心中處於細微

1　馬克思：《1844 年經濟學哲學手稿》，人民出版社 1979 年版，第 51 頁。

狀態的善性擴充為人的行動並外推至他人，「凡有四端於我者，知皆擴而充之矣，若火之始然，泉之始達。苟能充之，足以保四海；苟不充之，不足以事父母」（〈公孫丑上〉）。

怎樣培育和擴充人之善性呢？孟子提出了思的修養原則，「誠身有道，不明乎善，不誠其身矣。是故誠者，天之道也；思誠者，人之道也」（〈離婁上〉）。孟子認為，思是人心的活動，而不是感官的活動；思是人的社會性和仁義禮智，而不是人的自然性和感官慾望，「耳目之官不思，而蔽於物。物交物，則引之而已矣。心之官則思，思則得之，不思則不得也」（〈告子上〉）。思的最大障礙是慾望過多過濫，因此孟子強調要寡慾，「養心莫善於寡欲。其為人也寡欲，雖有不存焉者，寡矣；其為人也多欲，雖有存焉者，寡矣」（〈盡心下〉）。踐行仁義和性善，有可能得不到別人的理解和認同，就要自我反省。孟子提出了反求諸己的修養方法，「愛人不親，反其仁；治人不治，反其智；禮人不答，反其敬。行有不得者皆反求諸己，其身正而天下歸之」（〈離婁上〉）。孟子還提出了求其放心的修養路徑。放心與存心相對立，意味着丟失了人的善性。存心是要保持內心所具有的善性，「君子所以異於人者，以其存心也。君子以仁存心，以禮存心」（〈離婁下〉）。存心是一個艱難的修身養性的過程，並不是人人都能做到存心，每個人也不是任何時候任何情況下都能存心的。當人不能存心之日，就是放心之時，則要加強自我修身和道德修養，把丟失和放棄的人心尋找回來，「學問之道無他，求其放心而已矣」（〈告子上〉）。孟子提出了循序漸進的修養原則，就是要遵循規律、堅持不懈，不要拔苗助長、違背規律，「必有事焉而勿正，心勿忘，勿助長也。無若宋人然」。「宋人」意指「揠苗助長」的故事，「宋人有閔其苗之不長而揠之者，芒芒然歸，謂其人曰：『今日病矣！予助苗長矣！』其子趨而往視之，苗則槁矣」（〈公孫丑上〉）。

三、發政施仁

　　孟子一生嚮往為官從政，實現自己的政治抱負，治國平天下，給百姓帶來福祉。他把士大夫為官從政比作農夫耕田，認為是很自然的事情，「士之仕也，猶農夫之耕也；農夫豈為出疆舍其耒耜哉？」將士大夫不能為官從政，或失去官職，看得很嚴重，「士之失位也，猶諸侯之失國家也」（〈滕文公下〉）。意思是，士人失去官位，就好比諸侯失掉了國家。孟子最重視的是孔子的政治思想，他從性善論出發，把孔子仁的理念發展為一套完整的政治學說。

　　法先王是孟子政治思想的有機組成部分，這與孔子崇尚的三代之治有着異曲同工之妙。孟子的法先王具有託古改制性質，主要不是效法先王的道德理念和社會制度，而是要推行自己的仁政思想和王道學說，「人皆有不忍人之心。先王有不忍人之心，斯有不忍人之政矣。以不忍人之心，行不忍人之政，治天下可運之掌上」（〈公孫丑上〉）。孟子讚美最多的是堯舜。在孟子看來，堯舜是治國的典範，堯舜時代是政治理想的典範。堯舜治國以孝悌為本，「堯舜之道，孝弟而已矣」（〈告子下〉）。舜是孝悌的榜樣，在舜的心目中，只有孝順父母，才能解除憂愁。「天下之士悅之，人之所欲也，而不足以解憂；好色，人之所欲，妻帝之二女，而不足以解憂；富，人之所欲，富有天下，而不足以解憂；貴，人之所欲，貴為天子，而不足以解憂。人悅之、好色、富貴，無足以解憂者，惟順於父母可以解憂。」（〈萬章上〉）堯舜治國是綱舉目張，選賢任能，「知者無不知也，當務之為急；仁者無不愛也，急親賢之為務。堯舜之知而不遍物，急先務也；堯舜之仁，不遍愛人，急親賢」（〈盡心上〉）。意思是，智者沒有什麼不知道的，但急於知道當前該做的緊要事情；仁者沒有什麼不愛惜的，但急於愛親人和賢人。堯舜的智慧不能遍知所有的事物，是因為他們急於去做眼前的大事；堯舜的

仁德不能遍愛所有的人，是因為他們急於去愛親人和賢人。

堯舜治國樹立了君臣之道，堯為君，盡君之道，仁政愛民；舜為臣，盡臣之道，忠於君王。「規矩，方員之至也；聖人，人倫之至也。欲為君，盡君道；欲為臣，盡臣道。二者皆法堯舜而已矣。不以舜之所以事堯事君，不敬其君者也；不以堯之所以治民治民，賊其民者也。孔子曰：『道二，仁與不仁而已矣。』」堯舜治國以仁政為主旨，施行不忍人之政。孟子用正反句式加以論證：否定句式是「離婁之明，公輸子之巧，不以規矩，不能成方圓；師曠之聰，不以六律，不能正五音；堯舜之道，不以仁政，不能平治天下」。離婁，相傳是黃帝時目力極強的人；公輸子即魯班，為著名的巧匠；師曠，是春秋時期著名的音樂家。而肯定句式是認同先王行使仁政，「聖人既竭目力焉，繼之以規矩準繩，以為方圓平直，不可勝用也；既竭耳力焉，繼之以六律正五音，不可勝用也；既竭心思焉，繼之以不忍人之政，則仁覆天下矣」。因此，孟子強調政治統治必須法先王，「為高必因丘陵，為下必因川澤；為政不因先王之道，可謂智乎？」（〈離婁上〉）意思是，建高台一定要憑藉丘陵，挖深池一定要憑藉沼澤，從政不憑藉古代聖王之道，能說是明智嗎？

民本是孟子政治思想最輝煌的部分。早在殷商之前，聖賢們已經有了「民惟邦本，本固邦寧」（《尚書・五子之歌》）的思想。先秦思想家們都對民本思想有所論述，而在先秦思想家和早期的儒家代表人物中，沒有哪一位比孟子更重視民眾的社會作用和歷史地位了。孟子的貢獻在於深刻而系統地闡述了民本思想，並把它發展成為仁政的理論基礎，運用到施政綱領之中，「諸侯之寶三：土地、人民、政事。寶珠玉者，殃必及身」（〈盡心下〉）。趙岐注云：「諸侯正其封疆，不侵鄰國，鄰國不犯，寶土地也。使民以時，民不離散，寶人民也。修其德教，布其惠政，寶政事也。」（《孟子注疏》）在孟子看來，土地、人民、政事是國家的三個基

本要素，土地為立國之基業，人民為守國之根本，政事為經國之綱要。諸侯只有以此三者為寶，才能實現平治天下，如果以珍珠美玉為寶，就會招致禍患。在此基礎上，孟子石破天驚地提出「民貴君輕」的思想，「民為貴，社稷次之，君為輕。是故得乎丘民而為天子」。這段話肯定了民眾在國家中的基礎地位，民眾在國家政治中的地位比君王重要得多；得到民眾和贏得民心，才能得到天下和成為天子。兩千多年前，中國社會正處於分封制向郡縣制過渡的變革時代，生產力低下，階級矛盾十分尖銳，孟子能夠提出「民貴君輕」的思想，強調對平民百姓的尊重和人與人之間的平等，不能不令人感佩。「民貴君輕」一經提出，便使傳統社會受到極大震動，成為後世批判君主專制的銳利武器。更為可貴的是，孟子還提出了可以變更君王的主張，「諸侯危社稷，則變置。犧牲既成，粢盛既潔，祭祀以時，然而旱乾水溢，則變置社稷」（〈盡心下〉）。意思是，如果諸侯危害國家，那麼就改立諸侯。犧牲已經肥壯，祭品已經潔淨，祭祀也按時進行，然而依舊發生旱災水災，那麼就要改立土神、穀神。

保民是孟子政治思想的基本前提。孟子在與齊宣王的對話中鮮明地提出了保民的思想，認為只有保護老百姓的人，才能成為統治者和治國安邦。「曰：『德何如則可以王矣？』曰：『保民而王，莫之能禦也。』」在孟子看來，保民而王要有不忍人之心。孟子之所以肯定齊宣王能夠保民而王，是因為聽到齊宣王以羊易牛去祭祀的故事，「臣聞之胡齕曰，王坐於堂上，有牽牛而過堂下者，王見之，曰：『牛何之？』對曰：『將以釁鐘。』王曰：『舍之！吾不忍其觳觫，若無罪而就死地。』對曰：『然則廢釁鐘與？』曰：『何可廢也？以羊易之！』」孟子認為，以羊易牛祭祀的事例說明齊宣王有不忍人之心，具備保民而王的條件，「是心足以王矣。百姓皆以王為愛也，臣固知王之不忍也」。保民而王要推恩於民。推恩於民就是擴

充不忍人之心，「老吾老，以及人之老；幼吾幼，以及人之幼。天下可運於掌」。孟子通過《詩經》加以論證，「《詩》云：『刑於寡妻，至於兄弟，以御於家邦。』言舉斯心加諸彼而已」。意思是，《詩經》說先給妻子做表率，然後推及兄弟，進而推到封邑國家。說的無非是把不忍人之心推廣到別的方面罷了。孟子批評齊宣王只把不忍之心用於禽獸，而沒有恩及老百姓，「今恩足以及禽獸，而功不至於百姓者」。孟子告誡齊宣王，不能推恩於民，就不能保民而王，「故推恩足以保四海，不推恩無以保妻子」。孟子提醒齊宣王，「古之人所以大過人者，無他焉，善推其所為而已矣」（〈梁惠王上〉）。意思是，古代的聖賢之所以能夠遠遠超過別人，沒有什麼奧妙，只是善於推廣他的善行，擴充他的不忍人之心。保民而王還要堅決反對戰爭。孟子對戰爭持否定態度，認為發動戰爭的人應當受到最嚴重的刑罰處置，「爭地以戰，殺人盈野；爭城以戰，殺人盈城，此所謂率土地而食人肉，罪不容於死。故善戰者服上刑」（〈離婁上〉）。

　　仁政是孟子政治思想的重要內容。孟子繼承了孔子「為政以德」的思想，創造性地提出仁政學說。面對戰亂頻繁、苛捐雜稅和徭役繁重、民不聊生的社會現實，孟子痛心不已，他呼籲統治者應該發政施仁，救民眾於水深火熱之中。在孟子看來，統治者如果不施行仁政，就會失去天下，「三代之得天下也以仁，其失天下也以不仁。國之所以廢興存亡者亦然。天子不仁，不保四海；諸侯不仁，不保社稷；卿大夫不仁，不保宗廟；士庶人不仁，不保四體」（〈離婁上〉）。孟子認為，仁政是與民生連在一起的，沒有民生，就沒有仁政。仁政要制民之產，使老百姓有衣穿有飯吃，「是故明君制民之產，必使仰足以事父母，俯足以畜妻子，樂歲終身飽，凶年免於死亡」。進而使老百姓有恆心，能夠安居樂業，「若民，則無恆產，因無恆心。苟無恆心，放辟邪侈，無不為已。及陷於罪，然後

從而刑之,是罔民也」(〈梁惠王上〉)。意思是,至於老百姓,如果沒有固定的產業,就不會有堅定的心志。假如沒有堅定的心志,就會為非作歹,無所不為。等他們犯了罪,然後處罰他們,這叫陷害百姓。仁政要救濟「窮民」。窮民即社會上的孤苦無援者,孟子以周文王為例,認為發政施仁必須先幫助和救濟窮民。「老而無妻曰鰥,老而無夫曰寡,老而無子曰獨,幼而無父曰孤。此四者,天下之窮民而無告者。文王發政施仁,必先斯四者。」(〈梁惠王下〉)仁政要輕徭薄賦。歷史證明,有政府就會有稅賦。孟子認為徵稅要有限度,「有布縷之征,粟米之征,力役之征。君子用其一,緩其二。用其二而民有殍,用其三而父子離」(〈盡心下〉)。孟子還以文王為例,強調省刑罰、薄稅收,「昔者文王之治岐也,耕者九一,仕者世祿,關市譏而不征,澤梁無禁,罪人不孥」(〈梁惠王下〉)。意思是,從前周文王治理岐地,農夫的稅率是九分抽一,做官的世代享有俸祿,關卡和市場只維持秩序而不抽稅,到湖泊池塘裏捕魚而不被禁止,處罰犯罪的人而不連累他的妻兒。仁政要教育教化。孟子把教化看成是人與禽獸的本質區別,「無教,則近於禽獸」(〈滕文公上〉)。在富民的同時,「謹庠序之教,申之以孝悌之義,頒白者不負戴於道路矣」。只要富民教民,就能治國安邦、稱王天下,「老者衣帛食肉,黎民不飢不寒,然而不王者,未之有也」(〈梁惠王上〉)。

王道是孟子政治思想的理想目標。孟子提出了王道思想,即以理想的政治之道建立理想的人間秩序。從現有文獻可知,王道思想在儒家產生之前就已出現,「無偏無陂,遵王之義;無有作好,遵王之道;無有作惡,遵王之路。無偏無黨,王道蕩蕩;無黨無偏,王道平平;無反無側,王道正直。會其有極,歸其有極」(《尚書·洪範》)。意思是,不要不平,不要不正,要遵守王令;不要作私好,要遵守王道;不要作威惡,要遵行正路。不要行偽,不要結

黨，王道坦蕩；不要結黨，不要行偽，王道平平；不要違反，不要傾側，王道正直。團結那些守法之臣，歸附那些執法之君。從這段話可知，王道一詞蘊含着社會公平正義的思想。在孟子看來，王道是與霸道相對立的一個概念，王、霸之間的根本差別在於是以仁義行使權力，還是以力量行使權力，「以力假仁者霸，霸必有大國；以德行仁者王，王不待大。湯以七十里，文王以百里。以力服人者，非心服也，力不贍也；以德服人者，中心悅而誠服也，如七十子之服孔子也。《詩》云：『自西自東，自南自北，無思不服。』此之謂也」（〈公孫丑上〉）。實行王道，就能得到人心；得到人心，就能得到天下。反之，則會失去人心，失去天下，「桀紂之失天下也，失其民也；失其民者，失其心也。得天下有道：得其民，斯得天下矣。得其民有道：得其心，斯得民矣。得其心有道：所欲與之聚之，所惡勿施，爾也。民之歸仁也，猶水之就下、獸之走壙也」（〈離婁上〉）。

孟子認為，王道的榜樣是堯舜禹湯文武周公，他們的做法是造福百姓、選賢任能和獎罰分明，「天子適諸侯曰巡狩，諸侯朝於天子曰述職。春省耕而補不足，秋省斂而助不給。入其疆，土地辟，田野治，養老尊賢，俊傑在位，則有慶，慶以地。入其疆，土地荒蕪，遺老失賢，掊克在位，則有讓。一不朝，則貶其爵；再不朝，則削其地；三不朝，則六師移之。是故天子討而不伐，諸侯伐而不討」。孟子指出，霸道的典型是春秋五霸，「五霸者，摟諸侯以伐諸侯者也。故曰五霸者，三王之罪人也」（〈告子下〉）。孟子反對五霸征戰不已，反對侵略他國、危害百姓的不義之戰，「春秋無義戰。彼善於此，則有之矣。征者，上伐下也，敵國不相征也」（〈盡心下〉）。意思是，春秋時期沒有正義的戰爭。彼國比此國要好一些，這種情況是有的。征是天子討伐有罪的諸侯以正其國家，同等級的諸侯之間不能互相征討。

四、勇猛精進

　　文化的目的是要塑造理想人格。而人格是一個複雜的概念，20世紀 30 年代，美國心理學家高爾頓‧奧爾波特在《人格：一種心理學的解釋》中梳理了 50 種有關人格的定義。儘管人格的定義很多，很難統一認識，但抽象地看，人格卻可簡單分為兩種，一種為個人人格，意指人所具有的與他人相區別的獨特而穩定的思維方式和行為風格；另一種為集體人格，瑞士心理學家榮格指出：一切文化最後都沉澱為人格，不是歌德創造了浮士德，而是浮士德創造了歌德。集體人格，從民族的角度，可稱為文化人格；從思想流派的角度，可稱為理想人格。集體人格是某一社會、某個民族和某種文化中人們最為推崇的人格模型，集中體現了社會民族和文化發展長期積澱的基本特徵和價值標準，可以離開人的肉體、離開人所處的社會條件，而獨立地存在於民族的精神之中。理想人格意指理想中的人格狀態，這是一種超越現實人格的人格，也是一種想要追求而又很難達到的人格境界。對於中華民族而言，集體人格就是君子；對於儒家學說而言，理想人格還是君子。從這個意義上說，孟子的理想人格仍然是君子。在孟子心目中，君子是天地間的完人，君子人格是所有人學習的目標和榜樣，「夫君子所過者化，所存者神，上下與天地同流」（〈盡心上〉）。孔子的君子是文質彬彬、溫文爾雅，孟子則賦予其大丈夫精神，使君子人格更加豪邁激盪、生機勃發。朱熹譽之為勇猛精進，「善人只循循自守，據見定，不會勇猛精進。循規蹈矩則有餘，責之以任道則不足」（《朱子語類》）。這是孟子對於儒家理想人格的貢獻，從而加強了士大夫的獨立地位，提升了讀書人的精神境界，激勵着一代又一代知識分子為國家和民族慷慨前行、義無反顧。

　　大丈夫精神有着豐富的人格內容，「居天下之廣居，立天下之

正位，行天下之大道」（〈滕文公下〉）。說的是大丈夫的內涵，朱熹注云：「廣居，仁也；正位，禮也；大道，義也。」（《四書章句集注》）仁、禮、義是儒家的思想核心，也是孔子、孟子反覆強調的倫理道德概念。在孔子看來，仁者愛人，統攝其他道德品格。實際上，仁是君子人格的高度抽象，君子人格內聚着仁的全部內容。禮是社會秩序和行為規範，「非禮，無以節事天地之神也；非禮，無以辨君臣、上下、長幼之位也；非禮，無以別男女、父子、兄弟之親，昏姻、疏數之交也」（《禮記·哀公問》）。義是君子的本質規定和行為準則，「君子之於天下也，無適也，無莫也，義之與比」（《論語·里仁》）。孟子則在孔子的基礎上把義與仁並列，納入君子人格和大丈夫精神之中，「言非禮義，謂之自暴也。吾身不能居仁由義，謂之自棄也」（〈離婁上〉）。孟子還把仁義禮智看成是與生俱來的天賦道德萌芽，「君子所性，仁義禮智根於心，其生色也睟然，見於面，盎於背，施於四體，四體不言而喻」（〈盡心上〉）。清王夫之認為，名副其實的大丈夫要做到仁無不覆、禮無不協、義無不審，「其居則天下之廣居也，涵四海萬民於一心，使各遂其所，仁無不覆也。所立則天下之正位，定民彝物則之常經，而允執其中，禮無不協也。所行則天下之大道，酌進退辭受之攸宜，而率禮不越，義無不審也」（《四書訓義》卷三十）。

　　「得志，與民由之；不得志，獨行其道」（〈滕文公下〉）。說的是大丈夫的處境，趙岐注曰：「得志行正，與民共之。不得志，隱居獨善其身，守道不回也。」（《孟子注疏》）大丈夫一生既可能居於順境，也可能處於逆境；既可能居廟堂之高，也可能處江湖之遠。無論順境，還是逆境；無論居廟堂之高，還是處江湖之遠，大丈夫一以貫之的行為，就是堅守道義，遵道而行。所謂得志，是居於順境和廟堂的時候，要與老百姓同憂樂，造福於百姓；不得志，則是處於逆境和江湖之遠的地方，要獨善其身，不能自暴自棄，也不能

怨天尤人。無論得志還是不得志，大丈夫一以貫之的行為，仍然是堅守仁義，遵道而行。道是儒家的核心價值和終極信念，孔子要求「篤信好學，守死善道。危邦不入，亂邦不居。天下有道則見，無道則隱」（《論語·泰伯》）。孟子比孔子激進，認為在天下無道的時候還要奮發進取，甚至可以獻出生命，這是大丈夫精神為君子人格注入的陽剛之氣，「天下有道，以道殉身；天下無道，以身殉道。未聞以道殉乎人者也」（〈盡心上〉）。余英時認為，道的產生是哲學的突破，對於傳統社會讀書人具有重要意義，是知識分子人格獨立的標誌，「『哲學的突破』以前，士固定在封建關係之中而各有職事：他們並沒有一個更高的精神憑藉可恃以批評政治社會、抗禮王侯。但『突破』以後，士已發展了這種精神憑藉，即所謂『道』」。有了道之後，「此時『士』的特徵已顯然不在其客觀的社會身份，而在其以『道』自任的精神」[1]。

「富貴不能淫，貧賤不能移，威武不能屈」（〈滕文公下〉），說的是大丈夫的境界，朱熹注曰：「淫，蕩其心也。移，變其節也。屈，挫其志也。」（《四書章句集注》）對應於仁、禮、義三個道德規範，對應於居仁、立禮、行義三種生命實踐，孟子分別提出了「富貴」「貧賤」和「威武」三種人生境況。面對富貴、貧賤、威武，人之常情是富貴時，容易淫蕩其心，沉溺於慾望之中而不能自拔；貧賤時，容易慕富貴而改其志向，變其節操；面對威武時，容易因害怕而屈膝變節，苟全性命。就大丈夫而言，真正的考驗是富貴、貧賤和威武三種人生境況。在任何時候、任何情況下，都能做到不淫、不移、不屈的，才是真正的大丈夫。大丈夫真正的標誌，不是其精神內涵，也不是其人生處境，而是「三不」境界，任何情況下

1　余英時著：《士與中國文化》，上海人民出版社 1987 年版，第 98 頁。

都能保持自己的獨立人格，都不改變自己的堅定志向，「故士窮不失義，達不離道。窮不失義，故士得己焉；達不離道，故民不失望焉。古之人，得志，澤加於民；不得志，修身見於世。窮則獨善其身，達則兼善天下」（〈盡心上〉）。北宋孫奭把「三不」變成了「三不足」，「雖使富貴，亦不足以淫其心；雖貧賤，亦不足以移易其行；雖威武而加之，亦不足屈挫其志。夫是乃得謂之大丈夫也」（《孟子注疏》）。

大丈夫善養浩然之氣。公孫丑問孟子有什麼優點，孟子回答：「我知言，我善養吾浩然之氣。」所謂浩然之氣，最大特徵是至大至剛，至大則無所不在，無所限制；至剛則無所不勝，不可屈撓，「其為氣也，至大至剛，以直養而無害，則塞於天地之間」。浩然之氣的內容是義和道，「其為氣也，配義與道；無是，餒也」。善養浩然之氣的方法是從內心生發而逐步累積，須臾不可離開和放棄，「是集義所生者，非義襲而取之也。行有不慊於心，則餒矣」。這說明浩然之氣是精神之氣，而不是自然之氣，是主觀之氣，而不是客觀之氣。孟子指出，善養浩然之氣要知言。所謂知言，「詖辭知其所蔽，淫辭知其所陷，邪辭知其所離，遁辭知其所窮。生於其心，害於其政；發於其政，害於其事。聖人復起，必從吾言矣」（〈公孫丑上〉）。意思是，偏頗的言辭，知道它在哪一方面被遮蔽而不明事理；過分的言辭，知道它耽溺於什麼而不能自拔；邪僻的言辭，知道它違背了什麼道理而乖張不正；搪塞的言辭，知道它在哪裏理屈而詞窮。言辭的過失產生於思想認識，危害於政治；把它用於政令措施，就會危害具體工作。如果聖人復生，一定會贊同我的觀點。從這段話可知，浩然之氣既要有勇敢，更要有理性，才能昇華為一種人格文化，融匯於血脈裏，成長於心靈間，貫穿於人倫中，實踐於為官入仕之途。

大丈夫敢於正視權力。權力的載體是君王和官員，如何對待

高官厚祿者，是測定一個人人格高下的重要標誌。孟子對待權力是有傲骨而沒有傲氣，充分體現了大丈夫精神，這就是平等對待位高者，沒有奴顏婢膝，不阿諛奉承，「說大人，則藐之，勿視其巍巍然」（〈盡心下〉）。孟子對於平等甚至有點敏感，認為凡是不平等的，都應當加以拒絕；即使與權勢關係不大，也要加以拒絕。當滕國國君的弟弟滕更以不平等的姿態請教問題時，孟子就不給予答覆，「挾貴而問，挾賢而問，挾長而問，挾有勳勞而問，挾故而問，皆所不答也。滕更有其二焉」（〈盡心上〉）。這就是敢於批評君王，孟子批判春秋五霸是罪人。五霸名為會諸侯、朝天子，實為挾天子以令諸侯，破壞周王朝的禮儀秩序。「孟子曰：『五霸者，三王之罪人也。』」當時，五霸會同諸侯立了五條盟約，有利於社會穩定，而諸侯卻不遵守，孟子又批評諸侯為罪人。「今之諸侯皆犯此五禁，故曰今之諸侯，五霸之罪人也。」孟子還批評當時的官員為罪人，「長君之惡其罪小，逢君之惡其罪大。今之大夫皆逢君之惡，故曰今之大夫，今之諸侯之罪人也」（〈告子下〉）。這就是正確認識君臣關係，兩者是互相平等、互盡義務的關係，而不是盲從愚忠的關係。孟子對齊宣王說：「君之視臣如手足，則臣視君如腹心；君之視臣如犬馬，則臣視君如國人；君之視臣如土芥，則臣視君如寇仇。」（〈離婁下〉）意思是，如果君王對待臣子像手足一樣親切，臣子就會把君王當作心腹一樣愛護；如果君王對待臣子像犬馬一般輕視，臣子就會把君王當作路人那般疏遠；如果君王對待臣子像泥土一般卑賤，臣子對待君王就會像仇人一樣痛恨。

大丈夫具有戰鬥品性，敢於鬥爭，勇於鬥爭。在外人看來，大丈夫似乎是「好辯」，孟子卻認為是「以承三聖」。所謂三聖，就是堯舜文武周公和孔子，他們都具有戰鬥品性。一聖為堯舜，平息洪災，「當堯之時，水逆行，泛濫於中國。蛇龍居之，民無所定」。堯舜「使禹治之」，「然後人得平土而居之」。二聖是文武周公，驅

逐暴君,「堯舜既沒,聖人之道衰,暴君代作」;「周公相武王誅紂,伐奄三年討其君」,從而使「天下大悅」。《尚書》讚曰:「丕顯哉,文王謨!丕承哉,武王烈!佑啟我後人,咸以正無缺。」意思是,偉大而顯赫啊,文王的謀略!偉大的繼承者啊,武王的功績!庇祐我們,啟發我們,直到後代,使大家都正確而沒有錯誤。三聖是孔子,亂臣賊子懼,「世衰道微,邪說暴行有作,臣弒其君者有之,子弒其父者有之。孔子懼,作《春秋》。《春秋》,天子之事也。是故孔子曰:『知我者其惟《春秋》乎!罪我者其惟《春秋》乎!』」孟子認為,他所處時代的主要問題是孔子思想得不到發揚光大,而楊朱、墨翟的歪理邪說橫行,「楊朱、墨翟之言盈天下。天下之言不歸楊,則歸墨」。如果聽任這些理論蠱惑人心,就會阻塞仁義之道,危害極大,「楊墨之道不息,孔子之道不著,是邪說誣民,充塞仁義也。仁義充塞,則率獸食人,人將相食」。孟子對此深為憂慮,發誓要以三聖為榜樣,撥亂反正,與不同於儒家的各種思想學說展開激烈爭辯,表現出捍衛仁義真理而百折不撓的戰鬥品性,「吾為此懼,閑先聖之道,距楊墨,放淫辭,邪說者不得作」(〈滕文公下〉)。

　　大丈夫是生動的人格實踐。孟子既積極倡導大丈夫精神,又親自踐行大丈夫精神。由於孟子具有主體的使命意識和以天下為己任的道德自律,就能夠正道直行、正氣浩然,自覺抵制外界的各種誘惑,不屈服壓力,不迷失方向,不喪失意志。對於富貴,即使得志,也不追求不享受,「堂高數仞,榱題數尺,我得志,弗為也。食前方丈,侍妾數百人,我得志,弗為也。般樂飲酒,驅騁田獵,後車千乘,我得志,弗為也。在彼者,皆我所不為也;在我者,皆古之制也,吾何畏彼哉?」(〈盡心下〉)對於貧賤,要通過正當的途徑加以擺脫,而對於財富,則應取之有道,「一簞食,一豆羹,得之則生,弗得則死,呼爾而與之,行道之人弗受;蹴爾而與之,

乞人不屑也」（〈告子上〉）。意思是，一筐飯，一碗湯，得到了就能活下去，得不到就會死，呹喝着給他，連過路的餓人都不願接受；用腳踩後再給人，連乞丐都不屑接受。對於威武，更要保持人格的獨立和平等，不能「枉尺直尋」。弟子陳代希望孟子枉尺直尋，在小處委屈一些，屈尊去拜見諸侯君王，以便得到重用，實現平生志向。孟子認為，枉尺直尋是以利言之，孔子不為，我也不為，「志士不忘在溝壑，勇士不忘喪其元。孔子奚取焉？取非其招不往也。如不待其招而往，何哉？且夫枉尺而直尋者，以利言也。如以利，則枉尋直尺而利，亦可為與？」更重要的是，「枉尺直尋」是不可能得到他人尊重的，也不可能使別人正直，「枉己者，未有能直人者也」（〈滕文公下〉）。

五、教者以正

　　孟子不僅是偉大的思想家，而且是偉大的教育家，有着完整系統的教育思想。更可貴的是，孟子把教育視為人生的快樂之一，「得天下英才而教育之，三樂也」（〈盡心上〉）。孟子的教育思想源自孔子。孔子的教育實踐及其思想是中國教育的源頭，自詡為孔子傳人的孟子自然是第一潭清泉，擴大充盈了孔子的教育源泉。孟子的教育思想源自親身實踐，孟子與孔子一樣開壇設教，即使在遊說君王的過程中，也不忘廣招弟子，課徒授學，順便到各諸侯國吃吃喝喝，以致弟子都感到不好意思，說「後車數十乘，從者數百人，以傳食於諸侯，不以泰乎？」意思是，跟隨其後的車有幾十輛，跟從其後的人有幾百人，在諸侯之間轉來轉去找飯吃，這不是太過分了嗎？孟子則不以為然，理直氣壯地說：「非其道，則一簞食不可受於人；如其道，則舜受堯之天下，不以為泰。」（〈滕文公下〉）孟子的教育思想還源自孟母之教。孟母是一位偉大的母親，她對孟子

的教育和關愛充分展示了母愛的真諦。孟母三遷、斷杼教子等典故保證了孟子的健康成長，也對孟子教育思想產生了重要而深刻的影響。或許可以說，孟子樂於教育的實踐及其思想正是對母親的深情回報。

　　古今中外，教育都不是孤立存在的。在整個社會系統中，教育是一個子系統，既從屬於政治、經濟、文化各個系統，又以相對獨立的姿態與政治、經濟、文化系統發生着物質、信息和能量的交換。在孟子那裏，教育同他的家國構想有着密切關係，「人有恆言，皆曰『天下國家』。天下之本在國，國之本在家，家之本在身」。孟子的家國構想是「身—家—國—天下」系統，教育與身的聯繫是修身養性，以守護人的孝心，發揚人的善性，「事，孰為大？事親為大。守，孰為大？守身為大。不失其身而能事其親者，吾聞之矣；失其身而能事其親者，吾未之聞也。孰不為事？事親，事之本也。孰不為守？守身，守之本也」（〈離婁上〉）。意思是，侍奉誰最要緊？侍奉雙親最要緊。守護誰最要緊？守護自己最要緊。不遺失自己的節操而能侍奉好雙親的，我聽說過。遺失了自己的節操而能侍奉好雙親的，我沒聽說過。誰不該侍奉？侍奉雙親，是侍奉中的根本。誰不該守護？守護自己，是守護中的根本。教育與家的聯繫是家庭教育，重點在明人倫，「父子有親，君臣有義，夫婦有別，長幼有敍，朋友有信」（〈滕文公上〉）。家庭教育的關鍵是父母，尤其是一家之長要以身作則，「身不行道，不行於妻子；使人不以道，不能行於妻子」（〈盡心下〉）。教育與國和天下的聯繫是政治經濟，「王如施仁政於民，省刑罰，薄稅斂，深耕易耨；壯者以暇日修其孝悌忠信，入以事其父兄，出以事其長上」（〈梁惠王上〉）。在政治方面，要高度重視教育贏得民心的作用，「仁言不如仁聲之入人深也，善政不如善教之得民也。善政，民畏之；善教，民愛之。善政得民財，善教得民心」（〈盡心上〉）。在經濟

方面，要重視經濟發展對於教育的基礎作用。教育屬於上層建築，離不開經濟的支撐和生產力的發展。「五畝之宅，樹之以桑，五十者可以衣帛矣。雞豚狗彘之畜，無失其時，七十者可以食肉矣。百畝之田，勿奪其時，數口之家可以無飢矣。」（〈梁惠王上〉）只有經濟發展，老百姓衣食無憂，才能辦好學校，開展教育，強化孝悌人倫。

　　孟子有一句名言：「人皆可以為堯舜。」（〈告子下〉）道出了孟子教育的核心內容，就是要求教育者與被教育者都要像堯舜一樣做人做事。在孟子看來，像堯舜一樣做人做事，首先必須存心養性，「存其心，養其性，所以事天也」（〈盡心上〉）。教育者存心養性，有利於為人師表；被教育者存心養性，有利於塑造良好人格。所謂存心養性，一方面是保持赤子之心，「大人者，不失其赤子之心者也」（〈離婁下〉）。趙岐注云：「赤子，嬰兒也。少小之心，專一未變化，人能不失其赤了時心，則為貞正大人也。」（《孟子注疏》）另一方面是存養仁義之性，「人之所不學而能者，其良能也；所不慮而知者，其良知也。孩提之童無不知愛其親者，及其長也，無不知敬其兄也。親親，仁也；敬長，義也；無他，達之天下也」（〈盡心上〉）。

　　像堯舜一樣做人做事，重點在培育發展人的善性。培養善性既要個人自身努力，又要注意環境的作用。按照辯證思維，自身努力是內因，環境作用是外因，外因通過內因起作用，內因比外因更重要。如果個人自身不努力，天天做違反良心的事情，結果不僅不會涵養善的萌芽，還會扼殺善的萌芽，就像斧子對於樹木一樣，天天去砍，樹木怎麼可能繁茂葱蘢呢？「雖存乎人者，豈無仁義之心哉？其所以放其良心者，亦猶斧斤之於木也，旦旦而伐之，可以為美乎？」當然，環境的作用也不可忽視，好的環境可以使人健康發育成長，不好的環境則會阻礙人的善性發展。孟子用了一個比喻，

說明環境對人的性格影響很大，即豐收年份，年輕人比較懶惰；災害年份，年輕人大多強暴。「富歲，子弟多賴；凶歲，子弟多暴。非天之降才爾殊也，其所以陷溺其心者然也。」像堯舜一樣做人做事，關鍵在教育培養，「苟得其養，無物不長；苟失其養，無物不消。孔子曰：『操則存，舍則亡；出入無時，莫知其鄉。』惟心之謂與？」（〈告子上〉）意思是，假如得到好的滋養，沒有東西不能生長；假如喪失了好的滋養，沒有東西不會消亡。孔子說：抓住了就存在，放棄了就失去；出來進去沒有確定的時間，沒有人知道它的去向。說的就是人心吧？

在教育培養善性的過程中，不僅要有恆心，而且要專心。恆心是堅持不懈，長期努力，不能一曝十寒，以致善性喪失，「雖有天下易生之物也，一日暴之，十日寒之，未有能生者也。吾見亦罕矣，吾退而寒之者至矣，吾如有萌焉何哉？」專心是一心一意，不能三心二意。孟子舉了圍棋的例子加以說明，「今夫弈之為數，小數也；不專心致志，則不得也」。弈秋是全國的下棋高手，如果讓他教兩個人學棋，「其一人專心致志，惟弈秋之為聽。一人雖聽之，一心以為有鴻鵠將至，思援弓繳而射之，雖與之俱學，弗若之矣。為是其智弗若與？曰：非然也」（〈告子上〉）。意思是，其中一個人一心一意地學，專心聽弈秋的講解。另一個人雖然也聽着，卻心想也許會有大雁飛來，自己拿弓箭去射它，雖然和前一個人一起學下棋，但不如那個人學得好。是因為他的聰明程度趕不上人家嗎？當然不是這樣。

教育既要重視內容，又要重視方法。教學方法合適，則事半功倍。首先與教師有關。在孟子看來，對教師最基本的要求是正身，言傳身教、為人師表，「教者必以正」（〈離婁上〉）。教者以正，指明了教育的關鍵環節，猶如射箭，必須先端正自己的姿勢才能射中，而教學生以仁義，教師必先正己，「仁者如射，射者正己而

後發」（〈公孫丑上〉）。對教師的另一個要求是必須學懂弄通所教的知識和道理，自己不懂就不能教好學生，「賢者以其昭昭，使人昭昭；今以其昏昏，使人昭昭」（〈盡心下〉）。對教師還有一個要求是應有確定的教學標準，使學生有明確的學習目標，「羿之教人射，必志於彀。學者亦必志於彀。大匠誨人必以規矩，學者亦必以規矩」（〈告子上〉）。意思是，羿教人射箭，一定要讓人把弓拉滿；學習的人一定要努力把弓拉滿。技術高超的木匠教人以規矩，學習的人也一定要遵循規矩。確定教學標準，與因材施教並不矛盾，確定教學標準強調統一性，因材施教注重差異性，兩者密切聯繫，互相配合，共同提高教學水平。無論統一性還是差異性，教師都只能給學生一般的知識和道理，卻不能保證每個學生都達到同樣的水平和能力，正如木工、車匠能夠把運用圓規和曲尺的方法傳授給別人，卻不能使別人像自己一樣靈巧自如，「梓匠輪輿能與人規矩，不能使人巧」（〈盡心下〉）。

教學方法還與學生有關。學生只有掌握正確的方法，才能完成學業，做一個合格的學生。在孟子看來，學生不僅要學知識，而且要學做人，既要掌握正確的學習方法，也要掌握正確的修養方法。在學習方面，主要是獲得知識和道理，要掌握盈科而進的方法。盈科而進是以流水為喻，水往下流，必須把坑坑窪窪的地方先填滿，才能繼續向前流去，以此強調學習的循序漸進，「流水之為物也，不盈科不行；君子之志於道也，不成章不達」（〈盡心上〉）。要掌握深造自得的方法。學生在學習過程中要發揮主觀能動性，增強深造上進的自覺性，更加透徹地理解和把握所學的知識，以便在運用時左右逢源，取之不盡，「君子深造之以道，欲其自得之也。自得之，則居之安；居之安，則資之深；資之深，則取之左右逢其原，故君子欲其自得之也」（〈離婁下〉）。要掌握持之以恆的方法。學習猶如挖井，一定要挖到泉水才能停止，否則，就是半途而廢，

無功而返，「有為者辟若掘井，掘井九軔而不及泉，猶為棄井也」（〈盡心上〉）。

在修養方面，重點在塑造良好人格，要掌握存心養性的方法。存養好仁義禮智的本心，不能受外界物質誘惑而丟失，如果丟失本心，則要儘快尋找回來，即「求其放心」。掌握持志養氣的方法。持志就是崇尚仁義，齊王子墊問：「何謂尚志？」孟子回答：「仁義而已矣。」（〈盡心上〉）養氣則是養浩然之氣。持志養氣是把志與氣結合起來，構建崇高的精神世界，「夫志，氣之帥也；氣，體之充也。夫志至焉，氣次焉；故曰：『持其志，無暴其氣。』」（〈公孫丑上〉）意思是，思想志向是感情意氣的統帥，感情意氣是充滿體內的力量。思想志向到哪裏，感情意氣就跟到哪裏。所以說，既要堅定自己的思想志向，也不要濫用感情意氣。掌握動心忍性的方法。苦難和困境是造就人才的重要途徑，要在逆境中學會成長，在憂患中修養道德，在艱苦環境中磨煉意志，「天將降大任於是人也，必先苦其心志，勞其筋骨，餓其體膚，空乏其身，行拂亂其所為，所以動心忍性，曾益其所不能」（〈告子下〉）。無論掌握學習方法，還是掌握修養方法，都是為了促進學生成為有信仰、有道德、有知識、有勇氣的人，這是教育的真正目的和全部內容。

孟子教育的特殊之處在於有君王學生，他是王者師。作為王者師，孟子認為，關鍵是要保持教師的獨立人格和平等地位，甚至認為教師的地位應高於君王學生。這是因為教師佔據了仁義道德的制高點，而學生只有官位和財富，卻不一定具備仁義道德，孟子引用曾子的觀點進行論證，「曾子曰：『晉楚之富，不可及也。彼以其富，我以吾仁；彼以其爵，我以吾義。吾何慊乎哉？』」孟子還以商湯和齊桓公為例，認為他們儘管是君王，卻願意虛心向伊尹和管仲請教，然後才成就了王道和霸業，「故湯之於伊尹，學焉而後臣之，故不勞而王；桓公之於管仲，學焉而後臣之，故不勞而霸」

（〈公孫丑下〉）。作為君王學生，孟子是居高臨下的，要求他們學習仁義之道。當梁惠王問孟子，不遠千里而來，必有利於我的國家，孟子回答：「王！何必曰利？亦有仁義而已矣。」要求他們施行仁政，「今王發政施仁，使天下仕者皆欲立於王之朝，耕者皆欲耕於王之野，商賈皆欲藏於王之市，行旅皆欲出於王之塗，天下之欲疾其君者，皆欲赴訴於王。其若是，孰能禦之？」（〈梁惠王上〉）要求他們與民同憂樂，「樂民之樂者，民亦樂其樂；憂民之憂者，民亦憂其憂。樂以天下，憂以天下，然而不王者，未之有也」（〈梁惠王下〉）。

　　研究孟子思想，不時想到魯迅的名言：「我們從古以來，就有埋頭苦幹的人，有拚命硬幹的人，有為民請命的人，有捨身求法的人。」[1] 這就是中國的脊梁。而中國脊梁背後的精神支撐就是古代士人的品格。士作為傳統社會中特有的一個羣體，承擔着文化承續和傳播的使命，是社會主流價值觀的保護者和實踐者，具有強烈的歷史責任感和政治使命感。某種意義上說，孟子是古代士人品格的奠基者和踐行者，孟子思想是古代士人精神的主要源頭。許多士人的氣節標準實際是孟子確立的，這些標準如日月之光，時時激勵、觀照着志士仁人奮力前進。「窮不失義，達不離道」（〈盡心上〉），這種崇義尚道的理念，陶冶了漫漫歷史長河中無數的慷慨悲歌之士；「生於憂患而死於安樂」（〈告子下〉），這種憂國憂民的意識，幾乎成了每一位家國情懷者的血脈認可，鼓勵他們為國家和民族的命運奮鬥不已；「生，亦我所欲也；義，亦我所欲也；二者不可得兼，舍生而取義者也」（〈告子上〉），這種敬重信仰的精神，幾乎超越了任何賢言慧語，對在逆境中和困難時期拚搏的人們有着特別的激

---

1 《魯迅全集（編年版）》（第八卷），人民文學出版社 2014 年版，第 252 頁。

勵作用。從司馬遷的「人固有一死，死有重於泰山，或輕於鴻毛」，到文天祥的「人生自古誰無死，留取丹心照汗青」；從諸葛亮的「鞠躬盡力，死而後已」，到范仲淹的「先天下之憂而憂，後天下之樂而樂」；從東林書院的「風聲雨聲讀書聲，聲聲入耳；家事國事天下事，事事關心」，到顧炎武的「天下興亡，匹夫有責」，我們都可以感受到中國脊梁的震撼，這就是孟子留給我們的思想結晶和精神遺產。

第五章　荀子之禮

　　荀子（約前 313—前 238）是儒家代表人物，是中國古代偉大
的思想家。他和孟子一樣，十分尊崇孔子，認為孔子仁愛智慧而
不為任何事物所蒙蔽，可與夏禹、商湯、周文王、周武王、周公齊
名。「孔子仁知且不蔽，故學亂術足以為先王者也。一家得周道，
舉而用之，不蔽於成積也。故德與周公齊，名與三王並，此不蔽之
福也。」（《荀子·解蔽》。本章凡引用《荀子》一書，只注篇名）
荀子作為先秦諸子中最後一位大師，對儒學發展做出了重要貢獻，
尤其對儒家經典的傳授更是貢獻多多，清汪中指出：「荀卿之學，出
於孔氏，而尤有功於諸經。」（《荀卿子通論》）王先謙認為禮是荀
子思想的核心，「荀子論學論治，皆以禮為宗，反覆推詳，務明其
指趣，為千古修道立教所莫能外」（〈荀子集解序〉）。

一、荀子其人

　　荀子生活於戰國末年。司馬遷確實偉大，早在漢初就認識到荀
子在儒學中的地位和作用，將荀子與孟子合併作〈孟子荀卿列傳〉。
具體記載如下：

　　　　荀卿，趙人。年五十始來遊學於齊。騶衍之術迂大而閎
　　辯，奭也文具難施，淳于髡久與處，時有得善言。故齊人頌

曰：「談天衍，雕龍奭，炙轂過髡。」田駢之屬皆已死，齊襄
王時，而荀卿最為老師。齊尚修列大夫之缺，而荀卿三為祭
酒焉。齊人或讒荀卿，荀卿乃適楚，而春申君以為蘭陵令。
春申君死而荀卿廢，因家蘭陵。李斯嘗為弟子，已而相秦。
荀卿嫉濁世之政，亡國亂君相屬，不遂大道而營於巫祝，信
禨祥，鄙儒小拘，如莊周等又猾稽亂俗，於是推儒、墨、道
德之行事，興壞序列，著數萬言而卒。因葬蘭陵。

　　根據《史記》記載，荀子是戰國後期趙國人，其後半生經歷
為：五十歲時到齊國講學，曾三次主持齊國稷下學宮；因遭到陷害
離開齊國到楚國，被春申君收留，任命為蘭陵縣令；春申君死後被
免職，卒而葬於蘭陵。對於荀子遊學於齊的時間，晁公武《郡齋讀
書志》以為「年五十」是「年十五」之誤，而劉向、顏之推等均以
為荀子是年五十遊學於齊。遊學是在宣王之時，還是在襄王之時？
一般認為，荀子應在湣王、襄王之時遊學於齊比較合理。荀子五十
歲之前，已西遊入秦，與秦昭王討論了儒家的作用問題；還到趙國，
與臨武君議兵於趙成孝王，都沒有得到重用，更談不上為官從政以實
踐政治理想了。荀子最大的教育成果是培養了韓非和李斯兩位著名的
法家代表人物，韓非「與李斯俱事荀卿，斯自以為不如非」（《史記·
老子韓非列傳》）。在儒家正統譜系中，荀子的面目由此變得模糊，
在歷史上經常受到詬病。荀子的主要思想成就是《荀子》一書，而
產生的緣由為當時政治黑暗，儒生淺陋，文人無道，「荀卿嫉濁世
之政，亡國亂君相屬，不遂大道而營於巫祝，信禨祥，鄙儒小拘，
如莊周等又猾稽亂俗」。意思是，荀子痛恨亂世的政治，亡國昏庸的
君王不斷出現，他們不通曉常理正道而被占卜祭祀的人所迷惑，信
奉求神賜福去災；庸俗鄙陋的儒生拘泥於瑣碎禮節，莊周等文人又
狡猾多辯，敗壞風俗。荀子思想源自儒家，卻吸收了墨家、道家的
合理因素，即「推儒、墨、道德之事，興壞序列，著數萬言」。

荀子遊學於齊，與稷下學宮有着密切關係。稷下學宮又稱稷下之學，是戰國時期齊國創辦的高等學府，始建於齊桓公田午，「齊桓公（田午）立稷下之官，設大夫之號，招致賢人而尊寵之」（徐幹《中論·亡國》）。稷下學宮是一所由官方舉辦、私家主持的特殊形式的高等學府，實行「不治而議論」「無官守無言責」和「不任職而論國事」的方針，薈萃各家學派，匯集天下賢士，思想言論自由，學術氛圍濃厚，進而促成了中國思想學術史上蔚為壯觀的百家爭鳴，孕育了中國學術思想豐沛的源頭活水。稷下學宮既是一個學術機構，又是一個政治顧問團體，主要承擔諮議、教育和學術功能。在諮議方面，《新序·雜事》認為：「稷下先生喜議政事。」司馬遷則明確指出：「各著書言治亂之事，以干世主。」（《史記·孟子荀卿列傳》）在教育方面，宣王時，稷下師生數量多達「數百千人」。遊學是稷下教育的鮮明特色，學生可以自由地來稷下尋師求學，老師可以自由地在稷下收徒講學。在學術方面，稷下學宮是諸子百家集聚的中心，以道家為主，還有儒家、法家、名家、兵家、陰陽家、縱橫家等各個學術派別。自秦而後中國社會的各種文化思潮，都可以在稷下找到源頭。郭沫若認為：「周秦諸子的盛況是在這兒形成了一個最高峰的。」[1] 稷下學宮大師雲集，荀子能夠脫穎而出，三為祭酒，即做學宮的首席和主管，這充分表明荀子是當時最有影響的學者和思想家。

《荀子》一書現存 32 篇，為西漢劉向整理校定。除少數篇章外，大部分為荀子自己所著，約 22 篇；〈儒效〉〈議兵〉等 5 篇，似是弟子所記錄的荀子言行；〈大略〉〈宥坐〉等 5 篇，似是雜錄傳記及所引用的資料。《荀子》仿《論語》體例，始於〈勸學〉，終於〈堯

1　郭沫若著：《十批判書》，科學出版社 1956 年版，第 152—153 頁。

問〉，邏輯嚴密，分析透闢，語言精練，善於比喻，多用排句，富
於思想性和論辯性，具有感染力和說服力。《荀子》博大精深，內
容豐富，融匯綜合儒、墨、道、法、陰陽諸家思想，全面闡述天、
地、君、臣、兵、民、修身、治學各方面的理念。同時，《荀子》主
題鮮明，始終奉孔子思想為圭臬，堅持儒家的基本精神，突出表現
是大量引用儒家經典。其中，《詩經》引用最多，達到 80 餘次；對
《禮經》《樂經》特別重視，專著〈禮論〉和〈樂論〉。劉向指出：「孫
卿善為《詩》《書》《禮》《易》《春秋》；至齊襄王時，孫卿最為老
師；齊尚修列大夫之缺，而孫卿三為祭酒焉。」（《孫卿書錄》）與
「經」密切相關的是「傳」，敍述儒家經典和孔子言論，是儒學發展
的基本方式。《孟子》一書「傳曰」只出現了一次，而《荀子》一
書則出現了二十多次。荀子推崇和引用儒家經典，既把儒家經典看
作是真理和知識的源泉，又為自己的思想觀念尋找合理性和正當性
依據，更是對傳承和弘揚儒家經典做出了重要貢獻。汪中認為：「蓋
自七十子之徒既歿，漢諸儒未興，中更戰國、暴秦之亂，六藝之傳
賴以不絕者，荀卿也。周公作之，孔子述之，荀卿子傳之，其揆一
也。」（《荀卿子通論》）

　　《四庫全書總目提要》指出：「況之著書，主於明周孔之教，崇
禮而勸學。」這一論斷簡潔扼要地指出了荀子思想的歸屬和主要內
容。「明周孔之教」，意指荀子思想屬於儒家範疇，不僅以孔子開啟
的成就人之德性生命的思想為其學術宗旨，而且以上承周公、孔子
實現聖王理想於當世為己任。「崇禮而勸學」，既指明了荀子思想的
關鍵詞是「禮」和「學」，又指明荀子思想的理論基礎是人性惡。
正因為人性惡，荀子才強調禮的作用，主張用外在的制度規範去約
束控制甚至強制人的言論和行動，而不是靠內心的道德反省去約束
人的言論和行動，「故人苟生之為見，若者必死；苟利之為見，若者
必害；苟怠惰偷懦之為安，若者必危；苟情說之為樂，若者必滅。

故人一之於禮義，則兩得之矣；一之於情性，則兩喪之矣」（〈禮論〉）。意思是，假如一個人一味貪生，就一定會死；一個人一味貪利，就一定會招來禍害；一個人安於鬆懈懶惰，就一定有危險；一個人只以滿足性情為樂，就一定會喪失禮義道德。所以一個人專一於禮義，那麼性情和禮義都可以得到；一個人一味追求性情的滿足，那麼兩樣都會失去。正因為人性是惡的，荀子才強調環境的作用，指出後天教育培養的重要性，「干、越、夷、貉之子，生而同聲，長而異俗，教使之然也」。意思是，無論南方的吳、越，還是北方的夷、貉，嬰兒呱呱墜地的哭聲都是一樣的，等長大後，生活習慣和個性就完全不同，這是後天教育和學習所決定的。正因為人性是惡的，荀子才強調學習的作用，提出了學以致聖的修身方法，認為生命不僅需要藉助外在的力量才能確立其道德的一面，而且需要通過學習才能規範人的自然性，增進人的社會性。荀子要求學習必須專心致志，追求完美，「學也者，固學一之也。一出焉，一入焉，塗巷之人也。其善者少，不善者多，桀、紂、盜跖也。全之盡之，然後學者也。君子知夫不全不粹之不足以為美也，故誦數以貫之，思索以通之，為其人以處之，除其害者以持養之，使目非是無欲見也，使耳非是無欲聞也，使口非是無欲言也，使心非是無欲慮也」（〈勸學〉）。

荀子思想的特點是批判精神和好辯氣勢。在批判方面，《荀子》全書洋溢着批判精神。〈非十二子〉篇首即充滿批判氣息，「假今之世，飾邪說，文奸言，以梟亂天下，矞宇嵬瑣，使天下混然不知是非治亂之所存者有人矣」。荀子的批判對象無所不包，不僅包括諸子百家，而且包括儒家內部的不同學派，〈解蔽〉說：「昔賓孟之蔽者，亂家是也。墨子蔽於用而不知文，宋子蔽於欲而不知得，慎子蔽於法而不知賢，申子蔽於勢而不知知，惠子蔽於辭而不知實，莊子蔽於天而不知人。」在好辯方面，荀子絲毫不遜於孟子，孟子不

得已承認自己好辯，荀子則主張君子必須辯論。荀子把辯者區分為小人之辯、君子之辯和聖人之辯，肯定聖人之辯和君子之辯，反對小人之辯。荀子認為，小人之辯是「上不足以順明王，下不足以和齊百姓，然而口舌之均，噡唯則節，足以為奇偉偃卻之屬，夫是之謂奸人之雄。聖王起，所以先誅也」。君子之辯是「先慮之，早謀之，斯須之言而足聽，文而致實，博而黨正」。聖人之辯則是「不先慮，不早謀，發之而當，成文而類，居錯遷徙，應變不窮」。荀子認為，君子一定要積極參與辯論，「君子必辯。凡人莫不好言其所善，而君子為甚焉」。而且，君子的辯論，都與仁愛密切相關，「言而仁之中也，則好言者上矣，不好言者下也」。辯論仁愛，實踐仁愛，推廣仁愛，有着積極的社會意義，「故仁言大矣。起於上所以道於下，政令是也；起於下所以忠於上，謀救是也。故君子之行仁也無厭。志好之，行安之，樂言之，故言君子必辯」（〈非相〉）。意思是，所以仁道之言的意義很重大。發自君王，用來引導人民的言語，就是政令；出自臣子，忠於君王的言論，就是謀利和救濟。所以君子對於仁的踐行從不厭倦。一定是志之所好在此，行之所安在此，並以積極宣揚為樂。所以說君子一定是好辯論的。

　　荀子是先秦思想學術的集大成者，總結了先秦時期的「古今」「禮法」之爭，「王霸」「義利」之辯和「天人」「名實」之論。這使得荀子思想既豐富又複雜，導致了孟子與荀子在儒學史上的地位迥異，孟子被視為儒家正宗和嫡傳，被尊封為「亞聖」；荀子則被視為儒家的另類和雜學，長期受到壓制。秦至漢初，儒家思想不被重視，秦用法家，盡焚百家之書；漢初用黃老，儒家之冠被劉邦用以盛尿。漢武帝「罷黜百家，表章六經」之後，儒家思想正式登上中國政治舞台，取得至高無上的官學地位，成為主導傳統社會的意識形態。然而，在整個漢朝，孟子與荀子的地位都不高，孟子略好於荀子。在漢文帝時，《孟子》和《論語》均設置了博士，趙岐為《孟

子》注釋，而朝廷沒有為《荀子》設置博士，也沒有人為《荀子》注疏。唐代楊倞甚為疑惑，「獨《荀子》未有注解，亦復編簡爛脫，傳寫謬誤，雖好事者時亦覽之，至於文義不通，屢掩卷焉」（〈荀子注序〉）。

隋唐時期，孟子與荀子的地位都有所提高，《隋書‧經籍志》首次將《孟子》列入經部，《荀子》一書也有楊倞作注，而荀子地位仍不及孟子。韓愈一方面肯定孟子與荀子在儒家的地位，「昔者孟軻好辯，孔道以明。轍環天下，卒老於行。荀卿守正，大論是弘，逃讒於楚，廢死蘭陵。是二儒者，吐辭為經，舉足為法，絕類離倫，優入聖域」（〈進學解〉）。另一方面又把孟子標舉為儒家道統的繼承者，「堯以是傳之舜，舜以是傳之禹，禹以是傳之湯，湯以是傳之文、武、周公，文、武、周公傳之孔子，孔子傳之孟軻，軻之死，不得其傳焉」（〈原道〉）。宋元明清，孟子與荀子的地位有着天壤之別，孟子被捧上了天，正式被朝廷冊封為「亞聖」，配享孔廟；荀子則被打入冷宮，備受攻訐與詆毀，甚至連儒學的地位亦不能保。北宋二程認為：「荀卿才高學陋，以禮為偽，以性為惡，不見聖賢，雖曰尊子弓，然而時相去甚遠。聖人之道，至卿不傳。」（《河南程氏外書》卷十）近代譚嗣同把荀學與秦政聯繫在一起，認為兩者是禍害中國的政治和文化根源，「二千年來之政，秦政也，皆大盜也；二千年來之學，荀學也，皆鄉愿也。惟大盜利用鄉愿，惟鄉愿工媚大盜，二者交相資，而罔不託之於孔」（《仁學》）。孟子與荀子分別構成了孔子之後儒學的兩座高峰，卻一榮一辱，反差極大，令人唏噓不已。荀子在儒家和中國思想史上的地位，還是《四庫全書總目提要》的評價比較中肯：「平心而論，卿之學源出孔門，在諸子之中最為近正，是其所長。主持太甚，詞義或至於過當，是其所短。韓愈大醇小疵之說，要為定論。餘皆好惡之詞也。」

二、天人之分

　　天是中國古代哲學的重要範疇；天人關係，是中國古代哲學的重要命題。天的概念誕生於夏商時期，緣於遠古時代人們對自然界的敬畏和面對苦難時的惶恐無奈心理。《說文解字》釋天為「顛也。至高無上，從一大」。清段玉裁注：「顛者，人之頂也。以為凡高之稱。始者，女之初也，以為凡起之稱。然則天亦可為凡顛之稱。臣於君，子於父，妻於夫，民於食，皆曰天是也。至高無上，是其大無有二也。故從一大。」這說明與天聯繫在一起的，都是至高至大而無法超越的人和事物。在古代社會，天可稱天命或帝或命，換言之，天與天命、帝、命是一個序列的概念，「死生有命，富貴在天」（《論語‧顏淵》）。現代學者認為：「殷商人心目中的最高主宰者是『帝』，西周人心目中的最高主宰者為『天』。」[1] 按照馮友蘭的研究，中國哲學的「天」大致有五種意義，即物質之天、自然之天、意志之天、主宰之天和義理之天。[2] 無論賦予天怎樣的意義，抽象出來就是兩種情況，哲學上稱之為物質之天或精神之天，倫理上則是自然之天或義理之天。無論怎樣抽象天的意義，任何對天的認識，本質上都是對天與人關係的認識。無論怎樣認識天的意義，先秦思想家們都不可能徹底否認精神之天、義理之天的作用，否則，就不可能對不可知的自然現象和不可控的人間世象作出終極性解釋，因而也難以生存和立身處世。

　　春秋戰國時期，諸子百家有的懷疑天，有的否定天；即使肯定天，也大大消解了神祕性和宗教色彩。荀子對天人關係的認識，

1　馮達文、郭齊勇主編：《新編中國哲學史（上冊）》，人民出版社 2004 年版，第 28 頁。
2　參見馮友蘭著：《中國哲學史新編》，人民出版社 1998 年版，第 103 頁。

在先秦諸子中是獨樹一幟的。無論儒家還是道家，無論法家還是墨家，都沒有完全消解天與價值、道德、意義和秩序的聯繫。他們主張天人合一，或多或少、或深或淺都保留精神之天、義理之天的明顯印跡。只有荀子，基本消解了天與價值、道德、意義和秩序的聯繫，認為天即自然，既無意志也無義理，鮮明地提出了天人相分的論斷。荀子認為，只有物質之天和自然之天，沒有精神之天和義理之天。真正的智者把天與人區分開來，自然界的事情由天自己處理，人世間的事情則由人自己處理，「故明於天人之分，則可謂至人矣」（〈天論〉）。

明於天人之分，荀子強調天的自然性。在荀子看來，天的運行及其規律是客觀存在的，沒有什麼神祕性，也沒有任何主宰。日出日落，月盈月虧，春夏秋冬四季變化都是自然現象，「列星隨旋，日月遞照，四時代御，陰陽大化，風雨博施，萬物各得其和以生，各得其養以成，不見其事而見其功，夫是之謂神。皆知其所以成，莫知其無形，夫是之謂天」。荀子認為，天的運行與人無關，不以人的意志為轉移，不因賢明的堯而存在，也不因殘暴的桀而消亡，「天行有常，不為堯存，不為桀亡。應之以治則吉，應之以亂則凶」。荀子舉例說明農業是豐收還是歉收，國家是大治還是大亂，都與天無關，只與人相關，「受時與治世同，而殃禍與治世異，不可以怨天，其道然也」。一方面，如果人勤勞，不違農時，還節約簡省，那麼，農業就能養活人，天就會幫助人，自然災害對人也不會造成大的傷害，「強本而節用，則天不能貧；養備而動時，則天不能病；修道而不貳，則天不能禍。故水旱不能使之飢，寒暑不能使之疾，妖怪不能使之凶」。另一方面，如果人懶惰，又違農時，還奢侈浪費，那麼，農業就養不活人，天就不會幫助人，即使沒有自然災害，也會產生人為的災禍，「本荒而用侈，則天不能使之富；養略而動罕，則天不能使之全；倍道而妄行，則天不能使之吉。故水

旱未至而飢，寒暑未薄而疾，妖怪未至而凶」（〈天論〉）。意思是，
農業荒蕪而用度奢侈，那麼老天不會使其富裕；衣食不足而又懶於
勞作，那麼老天不會保全其生命；違背天道而胡亂行事，那麼老天
不會讓其安吉。所以會沒有水旱之災卻出現飢寒，沒有寒暑近身卻
出現疾病，沒有災異卻發生凶災。

　　荀子強調天的自然性，還表現在否定了鬼神觀念。遠古時代，
鬼神觀念的產生具有一定的必然性。當時人們處於蒙昧狀態，生產
力水平低下，自然和社會知識很少，不能理解和解釋自然界的特殊
現象，尤其是一些不可抗拒的自然力，誤認為特殊自然現象及不可
抗拒的自然力，是能夠操縱人世間變化的神祕力量，進而產生了
人格化的鬼神觀念，後來又隨着社會的發展演變成原始宗教。荀子
否定鬼神觀念，首先從天人相分出發，正確解釋了隕星、樹叫等奇
異的自然現象，認為隕星、樹叫是天地的自然現象和陰陽的自然變
化，只不過少見而已，對於隕星、樹叫，覺得奇怪可以，感到畏懼
則大可不必。「星隊、木鳴，國人皆恐。曰：是何也？曰：無何也，
是天地之變，陰陽之化，物之罕至者也。怪之，可也；而畏之，非
也。」（〈天論〉）同時，他運用武王伐紂取得勝利的事例，否定
「太歲」「兵忌」等神祕化現象和觀念。當時周武王討伐商紂王，遇
到了兵忌，衝撞了太歲，三日內發生了五次災禍。武王的弟弟霍叔
提出罷兵，周公則不贊同霍叔的意見，鼓勵武王毅然進兵，滅紂興
周。「武王之誅紂也，行之日以兵忌，東面而迎太歲，至汜而泛，
至懷而壞，至共頭而山隧。霍叔懼曰：『出三日而五災至，無乃不
可乎？』周公曰：『刳比干而囚箕子，飛廉、惡來知政，夫又惡有
不可焉？』遂選馬而進，朝食於戚，暮宿於百泉，旦厭於牧之野。
鼓之而紂卒易鄉，遂乘殷人而誅紂。蓋殺者非周人，因殷人也。」
（〈儒效〉）

　　明於天人之分，荀子主張天與人有着不同職責，只能互相配

合，不能越俎代庖，否則就是糊塗和混亂。「天有其時，地有其財，人有其治，夫是之謂能參。舍其所以參，而願其所參，則惑矣。」荀子還說：「天有常道矣，地有常數矣，君子有常體矣。」在荀子看來，因為天與人有着不同的職責，所以天道與人事互不相干，天不會由於人的意願而改變自己的運行規律，「天不為人之惡寒也輟冬，地不為人之惡遼遠也輟廣，君子不為小人之匈匈也輟行」。因為天與人有着不同職責，所以不能把人事尤其是國家的治理與動亂歸咎於天道，「治亂天邪？曰：日月、星辰、瑞曆，是禹、桀之所同也；禹以治，桀以亂，治亂非天也」。意思是，治世和亂世是由天決定的嗎？日月、星辰、曆象，這些在大禹、夏桀時代都是相同的，大禹用此而治，夏桀用此而亂，可見治世和亂世的原因不在於天。國家的治理與動亂也不能歸咎於時間，「時邪？曰：繁啟蕃長於春夏，畜積收藏於秋冬，是又禹、桀之所同也；禹以治，桀以亂，治亂非時也」。國家的治理與動亂更不能歸咎於空間，「地邪？曰：得地則生，失地則死，是又禹、桀之所同也；禹以治，桀以亂，治亂非地也。《詩》曰：『天作高山，大王荒之。彼作矣，文王康之。』此之謂也」（〈天論〉）。

　　因為天與人有着不同職責，所以人間的事情只能由人負責。比較天災與人禍，人禍更可怕，「物之已至者，人妖則可畏也」。對於國家治理而言，具體有三種人禍，即經濟人禍，「楛耕傷稼，耘耨失薉，政險失民，田薉稼惡，糴貴民飢，道路有死人，夫是之謂人妖」。意思是，耕作粗劣，傷害莊稼；鋤草粗糙，影響收成；政治險惡，失去民心；田地荒蕪，莊稼粗惡；糧價昂貴，百姓飢餓；路有死人，這就叫人為的災禍。政治人禍，「政令不明，舉錯不時，本事不理，夫是之謂人妖」。文化人禍，「禮義不修，內外無別，男女淫亂，父子相疑，上下乖離，寇難並至，夫是之謂人妖」。荀子認為，如果經濟、政治和文化的人禍接踵而至，社會就不得安寧，

國家則陷於動亂,「三者錯,無安國」(〈天論〉)。

　　荀子主張天與人有着不同職責,他還仔細區分了天的職責與人的事情。對於天的職責,荀子提出了「天」「天職」「天功」的概念,天是「皆知其所以成,莫知其無形,夫是之謂天」;天職是「不為而成,不求而得,夫是之謂天職」;天功亦稱神,是「萬物各得其和以生,各得其養以成,不見其事而見其功,夫是之謂神」。荀子認為,屬於天的職責範疇,人是無能為力的,也沒有必要去探尋和詳細了解,「唯聖人為不求知天」。屬於天的職責範疇,人更沒有必要去替代天的作用,「如是者,雖深,其人不加慮焉;雖大,不加能焉;雖精,不加察焉。夫是之謂不與天爭職」。意思是,天道雖然深遠,聖人不會隨意測度;天道雖然廣大,聖人不會以為自己有能力去施加什麼;天道雖然精微,聖人也不去考察,這就叫不與老天爭職。對於人的事情,荀子提出了「天情」「天官」「天君」「天養」「天政」的概念。其中,天情、天官、天君是人的生理器官、思維方式和情感表現,天養、天政則是人的社會職責。天情是「天職既立,天功既成,形具而神生,好惡喜怒哀樂臧焉,夫是之謂天情」;天官是「耳目鼻口形,能各有接而不相能也,夫是之謂天官」;天君是「心居中虛,以治五官,夫是之謂天君」;天養是「財非其類以養其類,夫是之謂天養」;天政是「順其類者謂之福,逆其類者謂之禍,夫是之謂天政」。荀子認為,處理人的事情,一種是災難性的做法,即違背規律,倒行逆施,「暗其天君,亂其天官,棄其天養,逆其天政,背其天情,以喪天功,夫是之謂大凶」。另一種是聖人的做法,順應天道運行,充分發揮人的主觀能動性,從而實現天下大治,「聖人清其天君,正其天官,備其天養,順其天政,養其天情,以全其天功」。荀子主張天與人有着不同職責,不是要人不作為,而是要人大作為;不是鼓勵災難性的做法,而是倡導聖人的做法,「如是,則知其所為,知其所不為矣,則天地官而萬物役

矣」（〈天論〉）。

　　明於天人之分，荀子要求制天命而用之。「大天而思之，孰與物畜而制之？從天而頌之，孰與制天命而用之？望時而待之，孰與應時而使之？因物而多之，孰與騁能而化之？思物而物之，孰與理物而勿失之也？願於物之所以生，孰與有物之所以成？」這是荀子天人觀中最光輝耀眼的內容，既是天人相分的邏輯必然，又是對人及理性的謳歌頌揚。面對浩瀚無垠的宇宙，面對神祕莫測的大自然，人確實渺小。同時，人又是偉大的，雖然人的身體和生理機能是有限的，但人的精神、心靈和思想卻無遠弗屆。荀子的制天命而用之，不能簡單理解為人定勝天，而是表明在充滿神奇變幻的大自然面前，人不是無能為力的，而是能夠有所作為的，可以用行動為自己造福，用理性掌握自己的命運。在荀子看來，人能否掌握自己的命運，關鍵在於人自身的努力，充分發揮人的理性作用和精神力量，「若夫志意修，德行厚，知慮明，生於今而志乎古，則是其在我者也」。意思是，如果一個人意志端正、德行美好、思慮精明，生活在今天卻嚮往古代聖賢之道，那就是在意自己的努力了。荀子認為，人在天面前，自身是否努力，是區別君子與小人的重要標誌，「君子小人之所以相縣者，在此耳」。君子重視自己的努力，而不簡單地羨慕上天的安排；小人放棄自己的努力，而一味地服從上天的安排，「故君子敬其在己者，而不慕其在天者；小人錯其在己者，而慕其在天者」。因為君子努力小人懶惰，所以君子進步小人退步，「君子敬其在己者，而不慕其在天者，是以日進也；小人錯其在己者，而慕其在天者，是以日退也」。荀子指出，如果人放棄自身努力，那就不能利用客觀規律讓萬物為人類社會服務，「故錯人而思天，則失萬物之情」（〈天論〉）。

　　荀子要求制天命而用之，還提出了知天的思想，「其行曲治，其養曲適，其生不傷，夫是之謂知天」。意思是，人的行動在各方

面都處理得很好，養民之術完全得當，使萬物生長不被傷害，這就叫做知天。荀子一方面不求知天，另一方面卻要知天，看似矛盾，實則統一，即統一於天人之分的思想。所謂不求知天，是對天和天道的尊重，不要妄想去干擾和改變客觀規律；知天是在尊重天和天道的基礎上，順應客觀規律而制天命，努力造福百姓。知天是制天命的前提，制天命是知天的目的，兩者密切相關，共同求助於人的主觀能動性。知天，意指人要認識和把握天地、四時和陰陽的變化規律；制天命則是通過人的作用，讓客觀規律服務於政治統治和社會管理的需要。「所志於天者，已其見象之可以期者矣；所志於地者，已其見宜之可以息者矣；所志於四時者，已其見數之可以事者矣；所志於陰陽者，已其見和之可以治者矣。官人守天，而自為守道也。」（〈天論〉）

　　在知天的過程中，要防止被蒙蔽；一旦被蒙蔽，就難以知天，「凡人之患，蔽於一曲，而暗於大理」。荀子認為，蒙蔽的方式多種多樣，「欲為蔽，惡為蔽，始為蔽，終為蔽，遠為蔽，近為蔽，博為蔽，淺為蔽，古為蔽，今為蔽」。人很容易受到蒙蔽，「凡萬物異則莫不相為蔽，此心術之公患也」。意思是，世界上的事物都有差異，有差異就會互相形成蔽塞，這是人思想方法上的通病。如要防止被蒙蔽，就必須發揮天官的作用，做到虛心、專一、寧靜，「人何以知道？曰：心。心何以知？曰：虛壹而靜」（〈解蔽〉）。荀子指出，知是為了行，知天是為了制天命，「不聞不若聞之，聞之不若見之，見之不若知之，知之不若行之。學至於行之而止矣。行之，明也，明之為聖人」。荀子認為，聖人之所以為聖人，就在於他表裏如一，知行合一，知天與制天命相統一，「聖人也者，本仁義，當是非，齊言行，不失豪厘，無它道焉，已乎行之矣。故聞之而不見，雖博必謬；見之而不知，雖識必妄；知之而不行，雖敦必困」（〈儒效〉）。

三、化性起偽

人性是古今中外思想家普遍關注的問題，迄今為止還沒有統一的認識，今後也難以統一認識。認識難以統一，只能說明人性之複雜，不能否認論辯之必要。論辯永遠是思想進步與學術發展的動力和主要途徑。人性是先秦諸子普遍關注的問題，而形成比較完整系統人性理論的只有儒家，但卻是矛盾對立的雙方，「孟子道性善」（《孟子·滕文公上》），是人性善的代表；荀子言性惡，是人性惡的代表。對於人性認識的一字之差，竟導致了孟子與荀子及其思想在歷史上的不同地位和命運，孟子被捧上了天堂，荀子被打入了地獄。宋儒態度最為鮮明，北宋二程指出：「荀子極偏駁，只一句性惡，大本已失」（《河南程氏遺書》）。朱熹要求弟子「不須理會荀卿，且理會孟子性善……如天下之物，有黑有白，此是黑，彼是白，又何須辨？荀、揚不惟說性不是，從頭到底皆不識。當時未有明道之士，被他說用於世千餘年」（《朱子語類》）。近代學者的評價則比較理性平靜，馮友蘭指出：「荀子以主張『人性惡』而著名。這與孟子所主張的『人性本善』正好相反。表面看來，荀子對人性的評價很低，而事實上，恰恰相反，荀子的理論可以稱之為一種文化哲學。他的理論主旨是認為，一切良善和有價值的事物都是人所創造的。價值來自文化，而文化則是人的創造性成就。」[1]

荀子與孟子的關係「剪不斷，理還亂」，他的人性惡是在批判孟子人性善的過程中建立的觀點。在〈性惡〉一文中，荀子四次直呼孟子其名，批駁其性善論。荀子全方位地對人性善進行批判，是既有內容又有方法的批判，也是既有依據又有結果的批判。在內容方面，「孟子曰：『人之學者，其性善。』曰：是不然」。理由是人

1　馮友蘭著：《中國哲學簡史》，新世界出版社 2004 年版，第 127 頁。

性善沒有真正認識人的本性以及本性與人為之間的區別,「是不及知人之性,而不察乎人之性偽之分者也」。在依據方面,「孟子曰:『今人之性善,將皆失喪其性故也。』曰:若是,則過矣」。理由是「今人之性,生而離其樸,離其資,必失而喪之。用此觀之,然則人之性惡明矣」。意思是,如果人的本性生下來就脫離了它的自然素質,那就一定要喪失本性。由此看來,人之性惡是非常明白的。在結果方面,「孟子曰:『人之性善。』曰:是不然」。理由是如果人的本性是善的,那就不需要聖王治理了,也不需要建立禮義法度了,「凡古今天下之所謂善者,正理平治也;所謂惡者,偏險悖亂也。是善惡之分也已。今誠以人之性固正理平治邪,則有惡用聖王,惡用禮義矣哉!雖有聖王禮義,將曷加於正理平治也哉!今不然,人之性惡」。在方法方面,「今孟子曰:『人之性善。』無辨合符驗,坐而言之,起而不可設,張而不可施行,豈不過甚矣哉!」理由是「故善言古者必有節於今,善言天者必有徵於人。凡論者,貴其有辨合,有符驗。故坐而言之,起而可設,張而可施行」。意思是,善於談論古代的人,一定能在當今得到驗證;善於談論天道的人,一定能在人間得到驗證。大凡建言立說,重要的是要有證明、有根據。所以坐而論道,站起來就應該能夠張設,張設了就要施行實踐。

　　荀子論性惡,首先對人性的基本概念進行了界定,最重要的界定是性與偽。荀子在天人相分的理論架構內對性與偽給予界定,認為性是天生如此,自然而成,沒有人工的雕琢和人為的痕跡;偽是人的努力、環境影響和社會教化的結果,「凡性者,天之就也,不可學,不可事;禮義者,聖人之所生也,人之所學而能,所事而成者也。不可學、不可事而在人者,謂之性;可學而能、可事而成之在人者,謂之偽,是性偽之分也」(〈性惡〉)。在荀子看來,與性密切相關的概念是情,「性之好、惡、喜、怒、哀、樂謂之情」;與

性相聯繫的概念還有欲，「情者，性之質也；欲者，情之應也。以所欲為可得而求之，情之所必不免也」（〈正名〉）。意思是，情是性的實質內容，欲是情的感應。認為自己的意願是可以達到的，而去追求它，這是人之常情所不可避免的。荀子認為，與偽密切相關的概念是善，善是指人的行為合乎禮法規範，社會安定而有秩序。善不是天生的，只能依靠聖王治理和禮義教化，「是聖王之治，而禮義之化也」（〈性惡〉）。荀子指出，連接性與偽是惡的概念。因為人性惡，就要化性起偽，去惡向善。先秦儒家論證人性有着不同路徑，《中庸》以命論性，「天命之謂性，率性之謂道，修道之謂教」。孟子以心論性，「盡其心者，知其性也。知其性，則知天矣。存其心，養其性，所以事天也」（《孟子·盡心上》）。荀子是以生論性，「生之所以然者謂之性。性之和所生，精合感應，不事而自然謂之性」（〈正名〉）。

荀子以生論性，在形式上主要是指人的耳目等身體器官，「今人之性，目可以見，耳可以聽。夫可以見之明不離目，可以聽之聰不離耳，目明而耳聰，不可學明矣」。同時指人的生理慾望，「今人之性，飢而欲飽，寒而欲暖，勞而欲休，此人之情性也」。而在內容上，荀子卻得出了人性惡的結論，認為身體器官和生理慾望本身無所謂善惡，而順着人的慾望發展，不加以約束和規範，就會產生爭奪、混亂和不道德的惡行。人性惡的根源不在於慾望而在於放縱慾望。「今人之性，生而有好利焉，順是，故爭奪生而辭讓亡焉；生而有疾惡焉，順是，故殘賊生而忠信亡焉；生而有耳目之欲，有好聲色焉，順是，故淫亂生而禮義文理亡焉。」荀子擔憂人性惡，天下會不太平，社會將不安寧，「然則從人之性，順人之情，必出於爭奪，合於犯分亂理而歸於暴」（〈性惡〉）。正因為人性惡，荀子將性與偽緊密聯繫在一起，「無性則偽之無所加，無偽則性不能自美。性偽合，然後成聖人之名一，天下之功於是就也」（〈禮論〉）。

荀子明確提出了「化性起偽」的著名論斷,「故聖人化性而起偽,偽起而生禮義,禮義生而制法度」(〈性惡〉)。所謂化性起偽,就是通過聖人、禮義和法度的作用,引導規範人的自然本性,促進人向善行善的社會性,樹立良好的人倫觀念和道德品行。從某種意義上說,荀子人性觀的核心不是人性惡,而是化性起偽。

化性起偽的意義是去惡向善。在荀子看來,去惡是因為人性中有惡,就像樹木中大多數是彎曲的一樣,「直木不待檃栝而直者,其性直也。枸木必將待檃栝、烝、矯然後直者,以其性不直也」。意思是,不依靠檃栝而直的,是因為它天生是直的;曲木必須經過檃栝、加熱矯正之後才直,是因為其天性不直。去惡是糾正人性之惡,即偏險而不正,悖亂而不治。具體而言,要糾正不好的人情,「堯問於舜曰:『人情何如?』舜對曰:『人情甚不美,又何問焉?妻子具而孝衰於親,嗜欲得而信衰於友,爵祿盈而忠衰於君。人之情乎!人之情乎!甚不美,又何問焉?唯賢者為不然。』」而且,還要減少過多的慾望,防止為所欲為,「夫薄願厚,惡願美,狹願廣,貧願富,賤願貴,苟無之中者,必求於外。故富而不願財,貴而不願勢,苟有之中者,必不及於外」。荀子認為,向善是要「正理平治」,培育人的善良品行,促進人的行為合乎禮義法度,遵守社會秩序。向善就像要把彎曲的樹木變成直的樹木,把鈍的刀劍變成鋒利的刀劍,目的是把惡的人性改造為好的人品,「故枸木必將待檃栝、烝、矯然後直,鈍金必將待礱、厲然後利。今人之性惡,必將待師法然後正,得禮義然後治」。向善的目的是要把人培養成聖人,「塗之人可以為禹」(〈性惡〉)。由此可見,無論人性善還是人性惡,都是要人向善行善。清錢大昕說得好:「孟子言性善,欲人之盡性而樂於善;荀子言性惡,欲人之化性而勉於善。言性雖殊,其教人以善則一也。」(《潛研堂文集・跋〈荀子〉》)

化性起偽的前提是聖人之治。在荀子看來,化性起偽的依據以

及倫理道德的起源，既不是自然之天，也不是人的內心世界，而是聖王創造的禮義法正，「問者曰：『人之性惡，則禮義惡生？』應之曰：凡禮義者，是生於聖人之偽，非故生於人之性也」。荀子認為，聖人能夠創造禮義法度，在於聖人有着不同於眾人的資質，「故聖人之所以同於眾，其不異於眾者，性也；所以異而過眾者，偽也」。荀子還以陶人埏埴、工人斵木比喻聖人之偽，說明聖人有着不同於眾人的才能和品質，「故陶人埏埴而為器，然則器生於陶人之偽，非故生於人之性也。故工人斵木而成器，然則器生於工人之偽，非故生於人之性也。聖人積思慮，習偽故，以生禮義而起法度。然則禮義法度者，是生於聖人之偽，非故生於人之性也」。荀子指出，聖人化性起偽，主要作用是立規矩、定標準，「性惡則與聖王，貴禮義矣。故櫽栝之生，為枸木也；繩墨之起，為不直也；立君上，明禮義，為性惡也」。主要內容是禮義和法度，「古者聖王以人之性惡，以為偏險而不正，悖亂而不治，是以為之起禮義、制法度，以矯飾人之情性而正之，以擾化人之情性而導之也。始皆出於治，合於道者也」。主要做法是加強政治統治和禮義教化，「故為之立君上之勢以臨之，明禮義以化之，起法正以治之，重刑罰以禁之，使天下皆出於治，合於善也」（〈性惡〉）。

化性起偽的保障是人為的努力。在荀子看來，化性起偽不僅需要聖人之治，更需要人為的努力。人為的努力是學習和思考禮義，「今人之性，固無禮義，故強學而求有之也；性不知禮義，故思慮而求知之也」。人為的努力既要知道禮義法度，又要實踐禮義法度。是否踐行禮義法度，是區分君子與小人的重要尺度，君子遵守禮義，小人違背禮義，「今之人，化師法，積文學，道禮義者，為君子；縱性情，安恣睢，而違禮義者，為小人」。荀子認為，人為的努力必須堅持不懈，長期積善。荀子之所以認為路上的普通人都可以成為聖人，就在於這些人能夠堅持向善行善的長期努力，

「今使塗之人伏術為學,專心一志,思索孰察,加日縣久,積善而不息,則通於神明,參於天地矣。故聖人者,人之所積而致矣」。意思是,如果讓普通人掌握道術的方法,努力學習,專心致志,認真思索,仔細考察,日積月累,積累善行而不停息,就會達到神明的境界,與天地相參。所以,聖人是通過積累仁義而達到的。荀子指出,除了人為努力,還要重視環境的作用。良好的環境是指賢師良友,更有利於化性起偽,使人向善行善,「夫人雖有性質美而心辯知,必將求賢師而事之,擇良友而友之。得賢師而事之,則所聞者堯舜禹湯之道也;得良友而友之,則所見者忠信敬讓之行也。身日進於仁義而不自知也者,靡使然也」。荀子還引用古代的名言加以證明,「傳曰:『不知其子視其友,不知其君視其左右。』靡而已矣!靡而已矣!」(〈性惡〉)意思是,古書上說,不了解一個人的兒子,看看他兒子的朋友就清楚了;不了解他的君王,看看君王身邊的人就知道了。說的就是環境潛移默化的影響罷了。

四、隆禮重法

禮是傳統文化的重要範疇,具有悠久的歷史。對《禮記》這一標題的疏曰:「禮事起於遂皇,禮名起於黃帝。」遂皇即燧人氏,是中華民族可以考證的第一位祖先。這說明在遠古石器時代就有了禮的行為,而軒轅黃帝時期已有了禮的觀念。西周是禮的制度和文化的鼎盛時期,《周禮》涵蓋了社會政治生活的各個方面,形成了完善而龐大的禮樂文化體系。孔子說:「郁郁乎文哉!吾從周。」(《論語·八佾》)春秋時期則是「禮崩樂壞」,社會動亂,民不聊生。為了拯救春秋亂世,孔子創立儒家學派,建構以仁為核心,仁、義、禮互相關聯的學說。其中,仁是理想,「樊遲問仁。子曰:『愛人。』」(《論語·顏淵》)義是貫通仁與其他道德規範的價值

準則，「君子之於天下也，無適也，無莫也，義之與比」（《論語‧里仁》）。禮是社會秩序和行為規範，「顏淵問仁。子曰：『克己復禮為仁。』」（《論語‧顏淵》）孟子從修身的角度傳承了孔子的學說，建構了仁、義並重的思想體系，「仁，人心也；義，人路也。舍其路而弗由，放其心而不知求，哀哉！」（《孟子‧告子上》）荀子則從外在規範的角度繼承發展了孔子的學說，建構了仁、禮並重的思想體系，「先王之道，仁之隆也，比中而行之。曷謂中？曰：禮義是也。道者，非天之道，非地之道，人之所以道也，君子之所道也」（〈儒效〉）。意思是，古代聖王之道，是仁的最高體現，是按照適中的標準去實行的。什麼叫適中呢？回答是禮義。聖王之道，不是天之道，也不是地之道，而是人們應該遵循的法則，君子應當遵循的法則。如果說，孔子的思想奠定了中華文明發展的方向和社會秩序結構的基礎，那麼，孟子的思想則奠定了傳統倫理道德文化的基礎，荀子的思想奠定了傳統制度規範文化的基礎。孟子與荀子一起，共同建構了外儒內法的古代政治文化傳統。

在儒學發展史上，荀子對禮最大的貢獻是援法入禮，認為治理好國家的關鍵就在於禮義和法制，「治之經，禮與刑，君子以修百姓寧」（〈成相〉）。荀子強調隆禮重法，認為這是治國之道，「隆禮至法，則國有常」（〈君道〉）；又是為君之道，「君人者，隆禮尊賢而王，重法愛民而霸，好利多詐而危」（〈大略〉）。在荀子看來，禮與法的關係是禮高於法，禮不僅是政治秩序和社會運行的基本規範，而且是法的綱領和準則，「禮者，法之大分、類之綱紀也。故學至乎《禮》而止矣。夫是之謂道德之極」（〈勸學〉）。荀子認為，禮與法既密切聯繫，又各自獨立，互相不可替代。無論是禮還是法，都難以單獨承擔治國的重任，只有二者結合，才能相得益彰。而在實踐中，禮與法又有着各自作用的對象和範圍，必須區分清楚，「聽政之大分：以善至者待之以禮，以不善至者待之以刑」。只

有區分禮與法，才能分清是與非以及君子與小人，「兩者分別，則賢不肖不雜，是非不亂」。只有區分禮與法，才能招來英雄豪傑，治平天下，「賢不肖不雜則英傑至，是非不亂則國家治」。只有區分禮與法，才能完成聖王事業，「若是，名聲日聞，天下願，令行禁止，王者之事畢矣」（〈王制〉）。意思是，弄清楚禮與法的不同作用，名聲就會一天天顯赫，天下就會仰慕嚮往，就能做到有令必行，有禁必止，使聖王的事業得以完成。

在荀子看來，人治與法治有着密切聯繫，而且是人治重於法治，治理好國家的要點在人不在法，「有治人，無治法」。人治之重要，在於法是由人制定的，「君子者，法之原也」。人治之重要，還在於好的法律需要人來執行，否則就是一紙空文，「羿之法非亡也，而羿不在世中；禹之法猶存，而夏不世王。故法不能獨立，類不能自行；得其人則存，失其人則亡」。意思是，后羿的射箭方法並沒有失傳，但后羿並不能使世世代代的人都百發百中；大禹的法制仍然存在，但夏后氏並不能世世代代稱王天下。所以法制不可能單獨有所建樹，律例不可能自動被實行。得到了那些善於治國的人才，那麼法制就存在；失去了人才，法制就會滅亡。人治之重要，更在於法律需要人的具體掌握和靈活運用，才能應對非常複雜而又經常變化的國家事務，「故有君子，則法雖省，足以遍矣；無君子，則法雖具，失先後之施，不能應事之變，足以亂矣」（〈君道〉）。荀子援法入禮和隆禮重法是一把雙刃劍，一方面為儒學添加了許多新鮮養料，增強了儒學的活力和生機；另一方面卻為法家打開了方便之門。由於援法入禮，淡化了禮的道德自律，加強了禮的制度他律，必然消解禮原有的內涵，使禮漸失信仰和情感的意蘊，進而混同倫理規範與嚴刑峻法，培養出韓非和李斯兩名法家代表人物，為秦王朝的苛政提供了思想基礎。

儘管荀子經常禮法並提，但他念茲在茲的還是禮的範疇，把禮

提升到道的高度，「禮者，人道之極也」。據統計，《荀子》一書 266
次運用禮的概念，足以顯示荀子對禮的重視。禮是荀子思想的核
心，禮治是荀子政治思想的主要特徵。在荀子看來，禮是天人相分
的產物，禮源自人，而不是源自天。禮源自人，是因為人類的生存
需要。荀子認為，自然的人類羣體是漫無秩序、雜亂無倫的；人性
是惡的，是損人利己的；養生的物質有限，而人的慾望無窮，這些
都需要禮的規範和引導，否則就會引起爭奪廝殺，動亂不已。「禮
起於何也？曰：人生而有欲，欲而不得，則不能無求；求而無度量
分界，則不能不爭；爭則亂，亂則窮。」聖人為了制止社會亂象
而創設了禮義制度，「先王惡其亂也，故制禮義以分之，以養人之
欲，給人之求，使欲必不窮乎物，物必不屈於欲，兩者相持而長，
是禮之所起也」。荀子認為，聖人是依據「三本」來創設禮義制度
的。所謂三本，意謂天地、先祖和君師。天地是指人類生存環境，
人類依天地而生存綿延；先祖是指人的血緣系統，有血緣才有人類
的綿延發展；君師是指政治教化，有君師，社會才會安定，人類才
能生存發展。荀子賦予三本以宗教道德意義，「禮有三本：天地者，
生之本也；先祖者，類之本也；君師者，治之本也。無天地，惡生？
無先祖，惡出？無君師，惡治？三者偏亡，焉無安人。故禮，上事
天，下事地，尊先祖而隆君師，是禮之三本也」（〈禮論〉）。荀子
指出，禮是人之為人的本質規定，是人脫離和超越自然界的標誌。
「然則人之所以為人者，非特以二足而無毛也，以其有辨也。」意思
是，人之所以成為人，不在於他能直立行走和赤體無毛，而在於人
類有禮義制度，即「辨莫大於分，分莫大於禮」（〈非相〉）。歸根
結底，人的本質所在是禮，國之命脈也在禮，「故人無禮則不生，
事無禮則不成，國家無禮則不寧。《詩》曰：『禮儀卒度，笑語卒
獲。』此之謂也」（〈修身〉）。

　　禮的社會功能在養和別，「君子既得其養，又好其別」。在荀

子看來，養是滿足人們正常合理的慾望，包括食物滿足口腹之慾，「芻豢稻粱，五味調香，所以養口也」；芬芳滿足鼻子聞香之慾，「椒蘭芬苾，所以養鼻也」；精美的器皿和華麗的衣服滿足眼睛審美之慾，「雕琢刻鏤，黼黻文章，所以養目也」；鐘聲鼓樂滿足耳朵欣賞音樂之慾，「鐘鼓管磬，琴瑟竽笙，所以養耳也」；高屋大房滿足身體舒適之慾，「疏房檖貌，越席牀第几筵，所以養體也」（〈禮論〉）。荀子認為，既要以禮養慾，更要以禮節慾。只養慾不節慾，就會引來紛爭，難以治平天下。以禮節慾是全方位的，在情感認知方面，「凡用血氣、志意、知慮，由禮則治通，不由禮則勃亂提僈」。在衣食住行方面，「食飲、衣服、居處、動靜，由禮則和節，不由禮則觸陷生疾」。在言行舉止方面，「容貌、態度、進退、趨行，由禮則雅，不由禮則夷固僻違，庸眾而野」（〈修身〉）。意思是，臉色、儀表、進入、退出、疾走、慢行，有禮就雍容儒雅，無禮則倨傲偏邪、庸俗粗野。

在荀子看來，別異是禮重要的社會功能，「樂合同，禮別異」（〈樂論〉）。所謂別異，就是區分人在社會關係中的不同角色、身份和地位，制定出相應的禮儀規範供人們遵循，進而形成和諧的社會之網和人倫秩序。「曷謂別？曰：貴賤有等，長幼有差，貧富輕重皆有稱者也。」（〈禮論〉）荀子所說的別異似乎不是人格意義上的不平等，而是明確社會角色的不同，梁啟超概括為五個方面的別異，「（一）貴賤，（二）貧富，（三）長幼，（四）知愚，（五）能不能」[1]。這些區分別異不是為了拉大人與人之間的距離，疏遠人與人之間的關係，而是為了促進社會和諧，維護人倫秩序。從消極層面而言，別異好像是一種約束，限制人的慾望在合理的範圍得到滿足；

1　梁啟超著：《先秦政治思想史》，天津古籍出版社 2004 年版，第 115—116 頁。

從積極層面而言，別異也是養，以保障和滿足人的合理慾望，「貴賤有等，則令行而不流；親疏有分，則施行而不悖；長幼有序，則事業捷成而有所休」（〈君子〉）。意思是，尊貴卑賤有了區別，那麼政令法規就能暢行無阻；親近疏遠有了區別，那麼施於恩惠就不會違背情理；長幼有了區別，那麼事業就能迅速成功，而老年人就有了休息時間。

禮的政治功能是治國安邦，這就是以禮治國。在荀子看來，禮是治國的基本準則，猶如權衡是輕重的標準，繩墨是曲直的標準一樣，禮是具有普遍規範意義的國家制度，是政治統治和國家管理的標準，「國無禮則不正。禮之所以正國也，譬之猶衡之於輕重也，猶繩墨之於曲直也，猶規矩之於方圓也」（〈王霸〉）。荀子還說：「禮者，治辨之極也，強國之本也，威行之道也，功名之總也。」意思是，禮是治理社會的最高準則，是使國家強大的根本措施，是威力得以擴展的有效辦法，是功業名聲得以成就的總綱領。荀子認為，以禮治國是治國的最高境界，「隆禮效功，上也；重祿貴節，次也；上功賤節，下也；是強弱之凡也」（〈議兵〉）。「故用國者，義立而王，信立而霸，權謀立而亡。」以禮治國要對禮有着堅定的信念，「擽然扶持心國，且若是其固也」。意思是，對待禮儀要像磐石那樣堅定不移，並用來約束自己的思想，治理好國家。要有仁心，決不做不仁不義之事，「挈國以呼禮義，而無以害之，行一不義，殺一無罪，而得天下，仁者不為也」。要君臣一道遵守禮義，共同治平天下，「之所與為之者，之人則舉義士也；之所以為布陳於國家刑法者，則舉義法也；主之所極然帥羣臣而首鄉之者，則舉義志也。如是則下仰上以義矣，是綦定也；綦定而國定，國定而天下定」（〈王霸〉）。

在荀子看來，不以禮治國，則必然是國滅身亡。荀子以春秋時期齊國為例加以說明，當齊國以「信立而霸」時，齊桓公能夠主

持天下會盟，成為春秋五霸之首，「然九合諸侯，一匡天下，為五伯長，是亦無他故焉，知一政於管仲也，是君人者之要守也」。當齊國以權謀治國時，就放棄以禮治國和以信立國，只是不斷勾結別國，向外擴張，「故用強齊，非以修禮義也，非以本政教也，非以一天下也，綿綿常以結引馳外為務」。在齊國強盛的時候，還能有所作為和取得戰功，「故強，南足以破楚，西足以詘秦，北足以敗燕，中足以舉宋」。一旦衰弱，就會國破人亡，「及以燕趙起而攻之，若振槁然，而身死國亡，為天下大戮，後世言惡，則必稽焉」。意思是，當燕趙聯軍攻打齊國的時候，就如同振搖枯樹一般容易，而他們也身死國亡，成為天下的奇恥大辱，後代人講到惡果，就把齊國作為例證和笑料。荀子總結齊國的敗亡，「是無它故焉，唯其不由禮義而由權謀也」（〈王霸〉）。

五、學以致聖

塑造理想人格是文化的終極目的，儒家的理想人格是聖人和君子，都是由孔子創造的。孔子認為聖人高不可攀，是難以企及的做人目標，君子才是現實中的理想人格。孟子和荀子繼承了孔子的人格理想，卻比孔子有信心，認為聖人也是現實能夠達到的理想人格；普通人只要堅持修身，都能夠成為聖人。孟子是「人皆可以為堯舜」（《孟子‧告子下》），荀子是「塗之人可以為禹」。荀子論證了普通人致聖的緣由，指出大禹之所以能夠成為大禹，在於大禹能做到仁義法正，「然則仁義法正有可知可能之理，然而塗之人也，皆有可以知仁義法正之質，皆有可以能仁義法正之具，然則其可以為禹明矣」（〈性惡〉）。意思是，這樣說來，仁義法正就有可以知道、可以做到的道理；這樣說來，普通人都有能夠知道仁義法正的才質，都有能夠做到仁義法正的條件，所以他能夠成為禹，這個道

理是很明顯的。

不過，在成為聖人的方法上，孟子與荀子發生了分歧，孟子主張人性本善，認為道德的根源不能從外部尋找，只能返回生命內部探求，主張思以致聖，「心之官則思。思則得之，不思則不得也」（《孟子·告子上》）。荀子指出人性是惡的，認為生命需要藉助外在的力量才能確立起道德的品性，強調學以致聖，「吾嘗終日而思矣，不如須臾之所學也；吾嘗跂而望之，不如登高之博見也」（〈勸學〉）。荀子著有〈勸學〉篇，專門論證了學以致聖的道理，全面而深刻地闡述了學以致聖的重要意義、主要內容和方式方法。學習的目的主要不是獲得知識，而是學習做人、學以致聖，「學惡乎始？惡乎終？曰：其數則始乎誦經，終乎讀禮；其義則始乎為士，終乎為聖人」。某種意義上說，〈勸學〉凝聚了荀子學以致聖的全部思想，展示了荀子學以致聖的路徑。

〈勸學〉深刻闡述了學習的意義，學習是一個塑造道德生命的過程。人的生命從根本上說有兩種形態，一種是生理形態，即從生到死，從兒童、少年、青年、中年到老年；另一種是道德形態，即人文精神的培育和良好道德的養成。生理形態是人所不可控的，道德形態卻是可控並經過人的努力能夠塑造的。生命的道德形態是生理形態的昇華，沒有道德的生命是沒有質量的生命，甚至無異於動物。荀子從性惡論出發，強調學習是積善化性，培養道德生命，「神莫大於化道，福莫長於無禍」（〈勸學〉）。意思是，學習最大的作用就是把人培養成為有道德的人，最大的幸福就是通過修身避免可能招致的禍害。在荀子看來，學習是為了造就聖人，這是道德生命的最高境界。荀子把人的道德生命區分為士的境界、君子的境界和聖人的境界。「好法而行，士也；篤志而體，君子也；齊明而不竭，聖人也。」（〈修身〉）《荀子》一書是從〈勸學〉篇開始，最後一篇是〈堯問〉，似乎都是在倡導學以致聖。荀子的聖人標準是

非常高的，不能有任何缺憾，就像射箭，只能百發百中；像千里行程，不能差半步；像一生堅守仁義，不能有任何差池，「百發失一，不足謂善射；千里蹞步不至，不足謂善御；倫類不通，仁義不一，不足謂善學」。荀子強調：「天見其明，地見其光，君子貴其全也。」（〈勸學〉）

在荀子看來，學習是為了培育人的良好品格。「君子博學而日參省乎己，則知明而行無過矣。」意思是，君子只有通過廣泛的學習和不斷地自省，才能提升自己的道德生命，在實際行動中少犯錯誤。荀子認為，學習需要日積月累，從而使人的品性發生質的變化，「青，取之於藍，而青於藍；冰，水為之，而寒於水」。對於每個人的生命來說，學習是任何時候都不能忽視和放棄的，如果放棄，那就是禽獸，「故學數有終，若其義則不可須臾舍也。為之，人也；舍之，禽獸也」。荀子指出，學習是為了避免不良環境教育對人的影響。環境教育對人的道德生命影響很大，既可以把人教育成有道德的人，也可以使人成為無良之人，「蓬生麻中，不扶而直；白沙在涅，與之俱黑」。環境教育一旦對人的品性造成影響，就很難改變，「木直中繩，輮以為輪，其曲中規，雖有槁暴，不復挺者，輮使之然也」。意思是，筆直的木頭，用火把它烤煨弄彎後做成車輪，弧度符合圓規畫的圓。即使以後乾枯了，也不能再伸直，這是因為烤煨弄彎的緣故啊。荀子要求人們關注環境教育，選擇好的環境，與好人相處，「故君子居必擇鄉，遊必就士，所以防邪僻而近中正也」（〈勸學〉）。

〈勸學〉深刻揭示了學習的規律，學習是一個堅持不懈、永無止境的過程。荀子認為，學問是無窮無盡的；人是越學習越感到自己的不足，越學習越想更多地學習，「故不登高山，不知天之高也；不臨深溪，不知地之厚也；不聞先王之遺言，不知學問之大也」。在荀子看來，學習的第一條規律是善假於物，「君子生非異也，善

假於物也」。荀子用了四個譬喻說明善假於物的道理，它們是：利用地勢，「登高而招，臂非加長也，而見者遠」；利用風向，「順風而呼，聲非加疾也，而聞者彰」；利用車馬，「假輿馬者，非利足也，而致千里」；利用舟楫，「假舟楫者，非能水也，而絕江河」。從字面上看，善假於物是為了提高人的能力尤其是生理能力，而站在人性高度來分析，其意義就要深刻得多，是指人性之惡決定了生命主體需要藉助於外力來改造和完善自己，善假於物是為了塑造道德生命。學習的第二條規律是長期積累。荀子認為，學習是生命的本質，只能與人的生命相伴終身，「真積力久則入，學至乎沒而後止也」。意思是，一個人只要不斷地學習，自然能夠深入而有所收穫；學習是要學到死才能停止的。學習還是一個循序漸進、逐步積累的過程，只有長期堅持和不懈努力，才會學有所獲、學有所成，「積土成山，風雨興焉；積水成淵，蛟龍生焉；積善成德，而神明自得，聖心備焉」。「神明自得，聖心備焉」，這就是荀子要求人們終身追求的道德生命。荀子還強調學習是漸進的積累過程，而不能靠跳躍、突擊的方式進行，「騏驥一躍，不能十步；駑馬十駕，功在不舍」；學習貴在堅守和持之以恆，「鍥而舍之，朽木不折；鍥而不捨，金石可鏤」。

在荀子看來，學習的第三條規律是專心致志。「是故無冥冥之志者，無昭昭之明；無惛惛之事者，無赫赫之功。」冥冥與惛惛都表明精誠專一。意思是，在學習上沒有刻苦鑽研的志向，就不能取得豁然貫通的成就；在工作上沒有埋頭苦幹的經歷，也就做不出優異的成績。荀子認為，學習最忌三心二意，「行衢道者不至，事兩君者不容。目不能兩視而明，耳不能兩聽而聰」。荀子以蚯蚓和螃蟹的例子加以說明，蚯蚓專心致志，就能上吃塵土、下飲泉水，「蚓無爪牙之利，筋骨之強，上食埃土，下飲黃泉，用心一也」；而螃蟹雖有爪牙之利，卻連寄居的洞穴也沒有，原因是不能專心

致志,「蟹六跪而二螯,非蛇鱔之穴無可寄託者,用心躁也」。荀子進一步引用《詩經》指出:「《詩》曰:『尸鳩在桑,其子七兮。淑人君子,其儀一兮。其儀一兮,心如結兮!』故君子結於一也。」(〈勸學〉)意思是,《詩經》上說:在桑樹上的布穀鳥啊,一心一意哺育着七個小雛兒。善人君子啊,舉止也要專一。舉止專一了,用心就堅固了。所以君子學習要專心致志,做學問要目標集中。

〈勸學〉深刻揭示了學習的態度和方法,學習是一個為了自己、提升自身德性的過程。荀子論述學習的內容十分豐富,除了學習的意義、規律和內容外,還用較大篇幅談論學習的態度和方法。在荀子看來,既然學習是一個塑造道德生命的過程,那麼學習的態度就具有重要意義,良好的態度是塑造道德生命的保證。荀子把學習態度區分為君子之學與小人之學,褒獎君子,貶斥小人。具體表現在君子之學是為了培育德性,小人之學是為了追名逐利。「古之學者為己,今之學者為人。君子之學也,以美其身;小人之學也,以為禽犢。」君子之學是言行一致、躬身實踐,小人之學是言行不一,說一套做一套。「君子之學也,入乎耳,箸乎心,布乎四體,形乎動靜。端而言,蠕而動,一可以為法則。小人之學也,入乎耳,出乎口;口耳之間,則四寸耳,曷足以美七尺之軀哉!」意思是,君子的學習,是聽在耳裏,記在心上,還要以身作則,表現在日常行動中,哪怕最微小的一言一動,都可以供別人效仿。小人的學習,是耳朵聽了,口裏說說而已,口耳之間的距離不過四寸,這怎麼能使自己的七尺之軀得到好處呢!君子之學是謹言慎行,小人之學是誇誇其談。當人們問小人一個問題時,小人就要回答兩個以上的問題,以炫耀自己有學問,「故不問而告謂之傲;問一而告二謂之囋。傲,非也;囋,非也;君子如向矣」。

在荀子看來,學習的方法也是塑造道德生命的重要條件,正確

的學習方法是塑造道德生命的保證。荀子的學習辦法是「近其人」和「好其人」。所謂「近其人」，就是要親近於良師益友、請教於良師益友。「《禮》《樂》法而不說，《詩》《書》故而不切，《春秋》約而不速，方其人之習君子之說，則尊以遍矣，周於世矣。故曰：學莫便乎近其人。」意思是，《禮》和《樂》有一定的法度而無詳細的解釋；《詩》和《書》都記載掌故，未必切合當前的情況；《春秋》詞旨隱約，不容易迅速理解。只有請教良師益友，才能更好地理解這些典籍，進而接受更多的知識，養成高尚的人格，對世事也會有比較全面的了解和把握。因而學習最方便的法門，莫過於親近良師益友。「好其人」，就是要見賢思齊，把聖人和君子當作自己學習的榜樣。荀子把「好其人」與「隆禮」聯繫在一起，從而強調實踐的作用和意義。學習如果不能「好其人」和「隆禮」，則至多不過是一個淺陋的儒生，「學之經莫速乎好其人，隆禮次之。上不能好其人，下不能隆禮，安特將學雜識志順《詩》《書》而已耳。則末世窮年，不免為陋儒而已」。荀子還認為，如果不能「好其人」和「隆禮」，尤其是不能「隆禮」，學習就好像用指頭去測量河水的深淺，用戈矛去舂米，用尖錐到壺中去吃飯，「不道禮憲，以《詩》《書》為之，譬之猶以指測河也，以戈舂黍也，以錐餐壺也，不可以得之矣。故隆禮，雖未明，法士也；不隆禮，雖察辯，散儒也」（〈勸學〉）。陋儒、散儒均為貶義，正確的學習方法，就是要避免成為陋儒、散儒。

對於荀子，心裏總會感覺他委屈，甚至有點為他鳴不平。他尊崇孔子，自認為是儒家傳人，卻被儒門拋棄；他積極入世，希冀建立功勛，卻被世人冷落；他思想深邃，影響傳統深遠，卻被後世誤讀。荀子的歷史影響與社會評價反差之大，令人喟然長歎。這使人想到如何評價歷史人物這一大問題，即評價歷史人物應當把握什麼樣的尺度。陳寅恪認為：「凡著中國古代哲學史者，其對於古人之

學說，應具了解之同情，方可下筆。」[1] 錢穆指出：「（讀此書）必附隨一種對其本國以往歷史之溫情與敬意。」[2] 綜合陳寅恪和錢穆的理念，評價歷史人物應當把握「了解之同情」和「溫情與敬意」的尺度。首先是敬意。任何一位歷史人物，無論是思想家還是政治家，無論是社會科學家還是自然科學家，都對歷史發展和社會進步做出了貢獻，從而在人類文明史上留下了他們的印跡。後人怎麼能對他們不懷有崇敬之情呢？其次是了解。只有全面了解歷史人物的所言所行和所作所為，才能對歷史人物作出正確評價。尤其要深入了解當時的社會環境能夠對歷史人物提出的時代命題以及提供解決問題的基本條件，才會得出比較客觀的結論。最後是同情。任何歷史人物都是人而不是神，是人就會有局限，就會犯錯誤。對於歷史人物的局限和錯誤，不應抱怨指責，而應設身處地，始終堅守同情之心。如此，評價歷史人物就會更加客觀，更加公正，更加溫情和理性；荀子的歷史形象會更加崇高偉大，人們對荀子的歷史記憶會更加美好，荀子會更加受人尊敬。

---

1 陳寅恪：〈馮友蘭中國哲學史上冊審查報告〉，出自《金明館叢稿二編》，上海古籍出版社 1980 年版，第 247 頁。

2 錢穆：《國史大綱》，商務印書館 1994 年版，第 1 頁。

第六章　先秦道家

　　道家是老子創立的思想學術流派。道家以道為宗旨，把道看作是世界的本原，視為人的精神家園和終極存在。無論先秦時期，還是漫長的傳統社會，道家都沒有佔據主流地位。先秦時期的顯學是儒家和墨家；漢武帝之後，儒家歷史地主導着傳統文化的發展。然而，道家在儒家的擠壓和外來佛教的衝擊之下，始終毅然挺立，沒有像墨家及其他諸子百家那樣被歷史所湮沒以至於消失。這說明道家具有強大的生命力，其祕訣是道法自然，「天長地久，天地所以能長且久者，以其不自生，故能長生」（《老子·第七章》）。道家還和儒家、佛家一起成為中國文化的支柱，極大地影響了中華文明的發展流變，合力塑造了中華民族的集體人格。

一、道家源流

　　道家從源頭追溯，可以到軒轅黃帝，所以在漢初稱為「黃老之學」。真正使道家成為一門學問和一家學派的，則是先秦掌管歷史及典籍的官員。傳統社會很重視歷史的記錄，每個朝代都設置記錄歷史的官員，「古之王者世有史官。君舉必書，所以慎言行，昭法式也。左史記言，右史記事，事為《春秋》，言為《尚書》」。意思是，古代帝王世代都有史官。君王的舉動一定加以記錄，其目的是以此使君王言行謹慎，其言行可為民之法則。左側史官記其言，

右側史官記其行。行動記下來就是《春秋》,言論記下來就是《尚書》。史官既記錄帝王的言行,又熟悉歷史典籍,久而久之,就對歷史的發展及其規律有了認識和把握,進而作理論上的思考和形而上的抽象,逐步形成了道家思想和學派,「道家者流,蓋出於史官,歷記成敗存亡禍福古今之道,然後知秉要執本,清虛以自守,卑弱以自持,此君人南面之術也」(《漢書‧藝文志》)。老子本人就是「周守藏室之史也」(《史記‧老子韓非列傳》)。

道字最早出現於西周早期的青銅器銘文,本意是道路,為人行走。段玉裁注釋「道者,人所行」(《說文解字注》)。道字從行從首,行是道路,首是方向,道是按照一定的方向在道路上行走邁進。先秦思想家面對動亂不已的社會現實,苦苦尋覓匡正時弊的仙方,不約而同地把目光投注於道,不斷對道的概念進行改造和加工,逐步從道路的含義演化為事物的本原、規律、境界、方法和途徑,成為各方都認同的思想範疇。《周易‧繫辭上》說「一陰一陽之謂道」,意指事物的基本規律;《管子‧任法》說「故法者,天下之至道也」,意指政治原則;《論語‧里仁》說「朝聞道,夕死可矣」,意指自然界和人世間的大道理。有的思想家還把道與天聯繫起來,稱之為「天之道」,意指日月星辰運行的法則;把道與人聯繫起來,稱之為「人之道」,意指社會運行和人事活動的法則。在先秦思想家中,唯有老子從哲學高度認識道,把道抽象昇華為形而上範疇,建立了完整而嚴密的道家思想體系,以闡述自然界、人類社會和個體生命的終極意義。英國學者李約瑟高度評價道家思想,「中國人性格中有許多最吸引人的因素都來源於道家思想。中國如果沒有道家思想,就像是一株深根已經爛掉的大樹」[1]。

---

1 〔英〕李約瑟:《中國科學技術史》(第 2 卷),科學出版社、上海古籍出版社 1990 年版,第 178 頁。

　　道家思想資源不僅有豐富的史官經驗，而且有遙遠上古時代的回憶。老子不吝筆墨描繪了一幅安寧平和的上古社會圖景，政治是小國寡民，經濟是自耕自種、自養自息，社會場景是人性自然流露，其樂融融，「小國寡民，使有什佰人之器而不用，使民重死而不遠徙。雖有舟輿，無所乘之；雖有甲兵，無所陳之；使民復結繩而用之。甘其食，美其服，安其居，樂其俗。鄰國相望，雞犬之聲相聞，民至老死不相往來」（《老子·第八十章》）。老子的回憶不是寬泛的原始社會，而是母系氏族社會。老子從母系社會汲取哲思的靈感和源泉，還以女性為喻象闡述其玄思妙想。《老子》通篇充滿了母系主題和女性特點，無論是母、雌、谷、陰、牝、玄牝等表現女性性別的詞語，還是水、靜、柔、弱、韌等表現女性特徵的詞語，都能形象化地闡明和論證道的思想。老子的哲思與女性的特質有着高度契合，「我有三寶，持而保之：一曰慈，二曰儉，三曰不敢為天下先。慈，故能勇；儉，故能廣；不敢為天下先，故能成器長」（《老子·第六十七章》）。在這段話中，我們彷彿看到了一位母系氏族女首領的生動形象和全部美德。所謂「慈」，是氏族女首領贏得人們愛戴的基本美德，既有母性的呵護備至、細緻入微的柔情，又有女性忍辱負重、無私曲成的寬容。慈愛並非軟弱，故慈能勇。「儉」是女性重要的美德，也是氏族女首領善於持家、管理氏族經濟社會生活的基本手段。母系氏族社會生產力低下，沒有節儉，原始人類就難以生存；只有節儉，才能用得更多、用得長久，維繫人類的生存。千百年來，女性總是節儉持家，節儉是女性的象徵。節儉並非吝嗇，故儉能廣。「不敢為天下先」，意指女性的陰柔之美，表現出氏族女首領寬容謙和、溫良忍讓的高尚品德。謙卑並非軟弱，「故能成器長」。成器，指的是成就器具，造就萬物；意指所以能成為造就萬物的母體。

　　先秦時期，道家有着重要影響，陣容也不小。老子之後，比較

著名的道家代表人物有關尹、列子和楊朱。《呂氏春秋》認為「關尹貴清」;《莊子‧天下》記載了關尹崇尚清寂的言論,「在己無居,形物自著。其動若水,其靜若鏡,其應若響。芴乎若無,寂乎若清,同焉者和,得焉者失。未嘗先人而常隨人」。「列子貴虛」,《莊子‧逍遙遊》認為列子能夠淡然對待世俗的幸福,「夫列子御風而行,泠然善也,旬有五日而後反。彼於致福者,未數數然也」。「楊朱貴己」,貴己也就是為我,《孟子‧盡心上》認為「楊子取為我,拔一毛而利天下,不為也」。戰國時期,道家內部分化為不同學派,除老莊學派外,還有楊朱學派、黃老學派、彭蒙田駢慎到學派、老子學派和宋尹學派,其中黃老學派最為興盛。黃老學派不僅成了稷下學宮的主導思想,而且成了田齊治國的指導思想。黃老學派尊奉黃帝和老子為創始人,思想主旨為「貴清靜而民自定」。在社會政治領域,主張君王「無為而治」,讓民眾自發組織,不要過多干預民眾生活,還主張省苛事,薄賦斂,毋奪民時。特別是不貴治人貴治己,因俗簡禮、與時遷變、除衍存簡、休養生息的思想,成了中國歷史上大亂之後統治者必然採取的救世良方。黃老學派通過稷下學宮和百家爭鳴,一枝獨秀而艷壓羣芳,極大地重塑了戰國末期的思想格局。當然,先秦時期,真正對道家思想集大成的是莊子。莊子從本體論、認識論、政治論和人生論各個角度,全面繼承發展了老子的思想,將老子以道治國為主旨的政治思想轉變為以道佑人為主旨的生命哲學。「道之真以治身,其緒餘以為國家,其土苴以治天下」(《莊子‧讓王》),由此開始了道家對人的價值和存在方式的追問與探討。道家思想及其學派能夠在中華文明歷史長河中綿延不絕,莊子功不可沒。

　　《四庫全書》合道家與道教為一,所收典籍只有 44 部,共 430卷。正宗道家的經典更少,元典只有《老子》和《莊子》,勉強可加上《淮南子》及《黃帝四經》。《淮南子》是漢淮南王劉安召集賓

客所著，計有〈內書〉二十篇，〈外書〉若干，〈中篇〉八卷，言神仙、黃白之術，約 20 萬餘言。現存《淮南子》只有〈內書〉，思想十分駁雜，以黃老為主，混合着儒家及其他學派的思想，《萬曆續道藏》收入此書。《漢書・藝文志》有《黃帝四經》的記載，後失傳。1973 年，長沙馬王堆考古發現了四篇古佚書，有的專家認為是《黃帝四經》，用韻文寫成，分別是〈經法〉〈十六經〉〈稱〉和〈道原〉。《黃帝四經》的歷史影響甚微，但對於認識起於戰國盛於西漢時期的黃老之學卻有幫助。此外，《列子》《文子》《鶡冠子》雖然真偽難辨，也可算是道家的典籍。道家典籍不多，而道教的典籍甚多，內容廣泛而複雜，可謂浩如煙海。明代編輯的《正統道藏》和《萬曆續道藏》，按照三洞四輔十二類的分類方法，收集匯總各類道書 1476 種，分裝成 512 函，共 5485 卷。《道藏》所收重要典籍，除《老子》《莊子》外，還有《老子化胡經》《黃庭經》《大洞真經》《度人經》《三皇經》《陰符經》《清靜經》《玉皇經》《心印經》《太上感應篇》等。道士則主要誦讀《老子》《莊子》《清靜經》《玉皇經》《黃庭經》《陰符經》和《太上感應篇》。

　　道家發展堅持「唯道是從」，卻有其自身的演變軌跡。先秦時期，道家思想經歷了由形上之道向形下之術的轉變。稷下道家慎到、田駢、宋鈃、尹文，把道家哲學與政治結合起來，將深藏於老子之道中的「君人南面之術」加以發揮，引申為一套清醒冷峻的政治權術，實現了道家思想由「學」向「術」的轉變。「慎到，趙人。田駢、接子，齊人。環淵，楚人。皆學黃老道德之術，因發明序其指意。故慎到著十二論，環淵著上下篇，而田駢、接子皆有所論焉……於是齊王嘉之，自如淳于髡以下，皆命曰列大夫，為開第康莊之衢，高門大屋，尊寵之。」（《史記・孟子荀卿列傳》）西漢初期，黃老之學轉變為黃老之治。從最高統治者到身居要職的重臣，都崇尚黃老之學，奉行「無為而治」。《風俗通義》記載：「文

帝本修黃老之言，不甚好儒術，其治尚清淨無為。」《史記·孝景本紀》「索隱述讚」記載：「景帝即位，因修靜默，勉人於農，率下以德。」曹參曾為先秦齊國丞相，拜人為師，學習黃老之術；相齊九年，齊國大治，人稱賢相，「聞膠西有蓋公，善治黃老言，使人厚幣請之」（《史記·曹相國世家》）。後來他為漢丞相，蕭規曹隨，因循而治。由於君臣同心協力推行清淨無為、與民休息的黃老之學，催生了傳統社會第一個盛世「文景之治」。「文景之治」證實了老子思想的社會政治價值和積極意義，為後世王朝所重視並加以實踐。南懷瑾認為：「細讀中國幾千年歷史，會發現一個祕密。每一個朝代，在其最盛的時候，在政事的治理上，都有一個共同的祕訣，簡言之，就是『內用黃老，外示儒術』。自漢、唐開始，接下來宋、元、明、清的創建時期，都是如此。內在真正實際的領導思想，是黃老之學，即是中國傳統文化中的道家思想。」[1] 誠哉斯言，美哉斯言！

　　漢武帝確立儒家獨尊的地位後，道家發展受到了限制，但沒有成為絕學。道家退出殿堂，走入民間，作為精神寄託，與讀書人和高人隱士相伴，不願為政治權力所羈束。在漫長的歷史進程中，道家發生了兩次重要轉型，一次轉型是魏晉玄學，以老莊思想為主幹，促進儒道結合。魏晉玄學關注的問題可歸納為「三辯」，即本體論是有無之辯，認識論是言意之辯，文化價值觀是自然與名教之辯。何晏、王弼是魏晉玄學的奠基者，「魏正始中，何晏、王弼等祖述老莊，立論以為：天地萬物皆以無為本。無也者，開物成務，無往不存者也。陰陽恃以化生，萬物恃以成形，賢者恃以成德，不肖恃以免身。故無之為用，無爵而貴矣」（《晉書·王衍傳》）。王

---

1 《南懷瑾選集》（第二卷），復旦大學出版社 2013 年版，第 6—7 頁。

弼是魏晉玄學的標誌性人物，著有《老子注》《老子指略》和《周易注》《周易略例》以及《論語釋疑》。在本體論上，王弼主張「以無為本」，「天下之物，皆以有為生；有之所始，以無為本」。而且，王弼認為：「《老子》之書，其幾乎可一言而蔽之。噫！崇本息末而已矣。」在認識論上，王弼主張「得意忘言」，「然則，忘象者，乃得意者也。忘言者，乃得象者也。得意在忘象，得象在忘言。故立象以盡意，而象可忘也。重畫以盡情，而畫可忘也」。在政治論上，王弼主張「靜為躁君，安為動主」，要求統治者以靜制動，「息亂以靜」，反之「離其清靜，行其躁欲」，則必然造成天下大亂。在王弼思想影響下，魏晉名士打破漢朝經學的束縛，援道入儒，融合儒道，不僅促進了道家文化的活躍和轉型，而且推動了古代哲學、文化、思想學術的發展。

另一次轉型是道教。道教是中國本土產生的宗教，與道家關係密切。西漢儒家獨尊後，道家與讀書人和高人隱士相結合的同時，則與民間流行的方術和巫術相結合，逐漸演繹出道教。道教奉老子為教主，以黃老思想為理論基礎，以《老子》《莊子》為基本教義，崇拜諸多神明，主要宗旨是追求長生不死，得道成仙和濟世救人。道教內容遠承戰國時期的神仙方術，道教組織則源於東漢末年的太平道、五斗米道。至魏晉南北朝，道教的宗教形式得以完善成熟，北魏太武帝時期，道教成為國教，寇謙之被皇帝承認為天師，對北朝道教進行改造；南朝宋文帝時期，上清派傳人陸修靜對南朝道教進行改造。經過寇謙之和陸修靜的改革，全面系統地建立了道教的規章制度，使道教的教規教戒、齋醮儀範基本定型。隋唐時期，則是道教發展的頂峰。唐朝尊老子為祖先，奉道教為國教，封老子為「太上玄元皇帝」，採取「道大佛小，先老後釋」的宗教政策。唐玄宗積極推動道教內部改革，剔除巫術迷信成分，弘揚道家義理，讓道教回歸道家，回歸黃老之治的輝煌時代。明清時期，道教失去了

官方的支持，在停滯中走向衰微。今天，以道士和宮觀為載體的道教仍有着一定影響。道家不是宗教，道家學者也不一定承認道教，而道教有助於道家思想的傳播及其學派的生存發展，卻是不爭的事實。某種意義上說，沒有道教，可能就沒有道家的發展生存，這就是歷史的弔詭之處。

二、老子貴柔

眾所周知，老子思想的核心範疇是道。老子認為，道在創生宇宙萬事萬物的過程中，主要依靠兩種力量，一種力量是「反」，另一種力量是「弱」。「反者，道之動。」（《老子・第四十章》）在老子看來，反是矛盾和物極必反，事物是在對立統一中發展變化的，從而形成了豐富多彩的世界，「天下皆知美之為美，斯惡已；皆知善之為善，斯不善已。故有無相生，難易相成，長短相較，高下相傾，音聲相和，前後相隨」（《老子・第二章》）。反還有循環往復的意思，事物的發展變化無窮無盡，是在「否定之否定」中螺旋式前行的。「吾不知其名，字之曰道，強為之名曰大。大曰逝，逝曰遠，遠曰反」（《老子・第二十五章》），強調道大到無邊而又無所不至，無所不至即運行遙遠，運行遙遠而又回歸本原。「弱者，道之用。」（《老子・第四十章》）在老子看來，弱即柔弱，是道的基本品質。道創生萬物是一個自然而然的過程，不勉強、不造作、不作秀，不以人的意志為轉移，即「人法地，地法天，天法道，道法自然」（《老子・第二十五章》）。自然就是柔弱，而不是剛愎自用，不是強制規範和強力而為。柔弱還有生命力的含義，是天下萬事萬物生存發展的基礎，「柔弱者生之徒」（《老子・第七十六章》）。老子把柔弱和矛盾並列，既看成是道的內在規定，又看成道的外在形式，賦予了形而上的意義，這使得柔弱具有了崇高而神祕的色彩。

　　《呂氏春秋·不二》認為「老子貴柔」，指明了老子之道的真諦。老子對於柔弱可謂偏愛之至，不僅給予理論的說明，而且賦予形象的比喻。老子哲學善用比喻來闡述其深奧的思想，最重要的喻體是水、女性和嬰兒。這三個喻體都和柔弱有着千絲萬縷、密不可分的聯繫。我們在閱讀《老子》時，經常會感到恍惚，這是在說柔弱呢，還是在說水、女性和嬰兒呢？彷彿柔弱就是水、女性和嬰兒，反之亦然。「天下莫柔弱於水。」（《老子·第七十八章》）水是柔弱最好的形象，柔弱是水的本質規定。水之柔弱表現在經常變化自身的形態，升為雲霞，降為雨露；在山間是溪流，在平地是長河，在窪處是大海。無論哪一種形態，水都在澤被萬物、施而不爭。水又表現在喜歡往低處走，常常居於下游，卻在滋潤養育萬物。任何生命無論是燦爛輝煌，還是高大巍峨，都離不開水的滋養。水還表現在因物就形、能圓能方，隨物易形、無所不成，絕不會要求外物與自己保持一致，而是自己主動適應外物，在塑造自身形態的同時，也在改造着外物。這是水最明顯的柔弱表現形式，也是柔弱對於自然界和人類社會最大的作用。

　　女性是柔弱的重要形象，而且是生命的形象。《老子》一書多處讚美女性，不僅用女性喻道，而且把女性與道等同起來。有時，老子運用女性的生殖特點讚美道，雖然虛無柔弱卻有綿延不絕的創造力，「穀神不死，是謂玄牝。玄牝之門，是謂天地根。綿綿若存，用之不勤」（《老子·第六章》）。王弼從字形出發，認為穀似山谷之穀，意為虛無，穀神就是道；牝是指女性的重要特徵（《老子道德經注》）。這段話的大意是，道是那樣神妙而永恆，它就像深妙莫測的母體。深妙莫測的母體，就是天地的本根。母體綿密不斷而又川流不息，它的功用無窮無盡。清魏源指出：「《老子》主柔賓剛，而取牝、取雌、取母、取水之善下，其體用皆出於陰。」（《老子本義》）嬰兒是柔弱的另一個生命形象，「專氣致柔，能嬰兒

乎？」（《老子‧第十章》）王弼注云：「言任自然之氣，致至柔之和，能若嬰兒之無所欲乎？則物全而性得矣。」（《老子道德經注》）這段話是從政治和修身角度闡述柔弱的意義，也說明嬰兒是柔弱的重要形象，柔弱是嬰兒的最大特點。在人的一生中，嬰兒時期是最為柔弱的，卻蘊含着一個人成長為少年、青年、中年、壯年、老年的所有因子。所以，柔弱中有本根、有生機、有活力，這正是老子推崇柔弱的重要原因。

　　謙卑是柔弱的本質規定。《老子》從矛盾的對立統一中賦予柔弱的內容；大與小、貴與賤、上與下都是相對而言的，二者之間既互相依存，又互相轉化；老子給予柔弱最根本的規定是謙卑。安小是謙卑的首要規定。任何事物都是從微小開始，由小到大，微小意味着新生和希望。這在水和嬰兒上表現得更為明顯。水之多來源於微小。當水剛形成時，是很微小的，晨露是微小的，雨水是微小的，泉眼是微小的，而江河湖海都是由這些微小的水源匯聚而成的。人之壯來源於微小。當嬰兒剛來到人間時是很微小的，而人的成長壯大卻是從嬰兒開始的。嬰兒是生命之始基，即使在赤裸裸的新生時，也有着健壯的表現，即「骨弱筋柔而握固」，因而「蜂蠆虺蛇不螫，猛獸不據，攫鳥不搏」（《老子‧第五十五章》）。

　　處下是謙卑的重要規定。人往高處走，水往低處流。一般認為，高貴為榮、卑賤為恥，位高為榮、位低為恥，老子卻認為，貴以賤為根本，高以下為基礎，有道之士不願像美玉那樣精美，寧願像石頭一樣質樸，「故貴以賤為本，高以下為基。是以侯王自謂孤、寡、不穀。此非以賤為本邪？非乎？故致數輿無輿。不欲琭琭如玉，珞珞如石」（《老子‧第三十九章》）。孤為孤兒，寡為無夫或無妻之人，不穀為父母亡故而不能終養，皆為古代君主的自謙之詞。處下還表現在能大就小、能高就低，保持謙卑態度，「常無欲，可名於小；萬物歸焉而不為主，可名為大。以其終不自為大，

故能成其大」（《老子・第三十四章》）。這段話闡述了大與小的辯證關係。意思是，它沒有任何慾望，可以說是很渺小；萬物都歸附於它，它卻不當萬物的主宰，可以說真是偉大。所以聖人能成就偉業，是因為他不承認自己偉大，才成為真正的偉大。居後是謙卑的又一規定。對於居後而言，水是榜樣，江河湖海是典範，「江海所以能為百谷王者，以其善下之，故能為百谷王。是以欲上民，必以言下之；欲先民，必以身後之」（《老子・第六十六章》）。這段話說明江海能容納百川，在於其自甘處下居後，聖人欲養育萬民、治理天下，也應像江海那樣處下居後，而不給老百姓造成負擔和損害。居後就是謙卑，管子認為「卑也者，道之室，王者之器也」（《管子・水地》）。

　　無為不爭是柔弱的具體運用。老子之柔弱在政治和人生實踐中的推論就是無為不爭，相對而言，無為更多地用於政治領域，不爭更多地用於人生領域。無為不爭理論的基點是「道法自然」。老子倡導無為，並不是無所作為，而是根據自然之道，順應事物變化之規律，促進其自然發展，以達到無不為之的目的。「道常無為而無不為，侯王若能守之，萬物將自化。化而欲作，吾將鎮之以無名之樸。無名之樸，夫亦將無欲。不欲以靜，天下將自定。」（《老子・第三十七章》）意思是，道經常不作為，卻又無所不為。侯王如能得到它，萬物將自然化育成長。化育生長過程中會產生貪慾，我將用道的真樸來鎮服。這個道的無名真樸，就能根絕貪慾。根絕貪慾就能安靜，天下將會自然安定。在這段話中，老子希望統治者採納無為而治的思想，達到「天下將自定」的效果。老子把古往今來的統治狀態分為四類，即「太上，不知有之。其次，親而譽之。其次，畏之。其次，侮之」（《老子・第十七章》）。在老子看來，理想的政治境界是「太上，不知有之」。意思是，最好的統治者，是把國家治理好了，老百姓卻不知他的存在。老子認為，最好的統

治者是不以私情臨物，不以私意處事，不以私慾統政，而要循理舉事，因勢利導，任民自為，「是以聖人處無為之事，行不言之教，萬物作焉而不辭，生而不有，為而不恃，功成而弗居。夫唯弗居，是以不去」（《老子・第二章》）。

老子高度重視不爭。《老子》最後一章最後一句話就是「天之道，利而不害。聖人之道，為而不爭」。老子倡導不爭，既是為人處世的策略，也是避免過錯、消解矛盾的重要手段，「夫唯不爭，故天下莫能與之爭」（《老子・第二十二章》）。老子的不爭也不是無所作為，不是無原則的遷就忍讓，而是以退為進的處事謀略，「天之道，不爭而善勝，不言而善應，不召而自來，然而善謀。天網恢恢，疏而不失」（《老子・第七十三章》）。意思是，天之道，不爭而善於取勝，不說話而善於回應，不召喚而使萬物自來歸附，坦蕩無私而善於謀劃。天網廣大無邊，稀疏卻無所漏失。老子認為，不爭的關鍵是無私無慾，知足常樂，「故知足不辱，知止不殆，可以長久」（《老子・第四十四章》）。反之，就是「禍莫大於不知足，咎莫大於欲得」（《老子・第四十六章》）。

柔弱勝剛強是柔弱的價值取向。柔弱與剛強是一對矛盾，在經驗世界裏，人們偏愛剛強，認為剛強是雄健、有力量的象徵；輕視柔弱，認為柔弱是怯懦無能的表現。老子卻認為：「強大處下，柔弱處上。」（《老子・第七十六章》）進而認為：「弱之勝強，柔之勝剛。」（《老子・第七十八章》）一定意義上說，柔弱勝剛強是老子之柔弱最深刻的思想，包含着老子辯證法的全部因素。在老子看來，柔弱比剛強更具有本體論色彩。道是有與無的統一，「天下萬物生於有，有生於無」（《老子・第四十章》）。對於創生萬物來說，無比有更重要；剛強與柔弱類似於有與無的關係，柔弱比剛強更重要。這是因為柔弱比剛強更充滿生機和活力，是生命力的象徵，「人之生也柔弱，其死也堅強。萬物草木之生也柔脆，其死也枯槁」

（《老子·第七十六章》）。柔弱不是軟弱、虛弱，而是柔中有剛、弱中有強，從而使柔弱有了戰勝剛強的內因和基礎。否則，柔弱勝剛強，就是鏡中花月、空中樓閣。

老子認為，柔弱勝剛強是自然界和人類社會各種矛盾對立統一關係的縮影。矛盾是普遍存在的，「曲則全，枉則直，窪則盈，敝則新，少則得，多則惑」（《老子·第二十二章》）。柔弱與剛強是其中的一對矛盾，之所以引起老子的特別重視，是因為這對矛盾具有本體論、認識論和實踐論的意義。矛盾是在運動的，都在向它的對立面轉化，「故物，或損之而益，或益之而損」（《老子·第四十二章》）。意思是，對於事物而言，有時減損它卻反而使它得到增益，有時增益它卻反而使它受到減損。柔弱勝剛強也是如此，看似弱者，卻能戰勝強者，正像水一樣，「天下莫柔弱於水，而攻堅強者莫之能勝，其無以易之」（《老子·第七十八章》）。矛盾轉化是有條件的，這就需要人的因素和人的努力，創造或改變一些條件，促進事物從剛強向着柔弱的方向轉化，實現柔弱勝剛強。《老子·第三十六章》以排比方式提出了歙與張、強與弱、廢與興、奪與與的矛盾，並指明了互相轉化的原因和條件，「將欲歙之，必固張之；將欲弱之，必固強之；將欲廢之，必固興之；將欲奪之，必固與之，是謂微明」。老子把柔弱勝剛強看成是治國之利器，強調「魚不可脫於淵，國之利器不可以示人」。

三、莊子跟進

莊子繼承發展老子思想，是道家的集大成者。莊子敬重老子，沒有直接證據，而有間接證明。儘管莊子「作〈漁父〉〈盜跖〉〈胠篋〉，以詆訾孔子之徒」（《史記·老子韓非列傳》），卻對孔子保持了尊重，多次稱頌孔子。清吳世尚指出：「莊子之說，所見極高，

其尊信孔子，亦在千古諸儒未開口之前。觀篇中稱孔子為聖人、至人。夫至人無己，神人無功，聖人不名。不離於宗，謂之天人。不離於精，謂之神人。不離於真，謂之至人。以天為宗，以德為本，以道為門，兆於變化，謂之聖人。聖人、天人、神人、至人，總一人也。此老從不肯以此名許人，此老徒不肯以此名許人，獨以之稱孔子，此是何等見地。」（《莊子解》）

　　莊子將孔子與老子描述為請教的關係，間接證明了莊子對老子的敬重，超過了對孔子的尊重。「孔子謂老聃曰：『丘治《詩》《書》《禮》《樂》《易》《春秋》六經，自以為久矣。孰知其故矣，以奸者七十二君，論先王之道而明周、召之跡，一君無所鈎用。甚矣夫！人之難說也？道之難明邪？』老子曰：『幸矣，子之不遇治世之君也！夫六經，先王之陳跡也，豈其所以跡哉！今子之所言，猶跡也。夫跡，履之所出，而跡豈履哉！夫白鶂之相視，眸子不運而風化；蟲，雄鳴於上風，雌應於下風而風化。類自為雌雄，故風化。性不可易，命不可變，時不可止，道不可壅。苟得於道，無自而不可；失焉者，無自而可。』孔子不出三月，復見，曰：『丘得之矣。烏鵲孺，魚傅沫，細要者化，有弟而兄啼。久矣夫，丘不與化為人！不與化為人，安能化人。』老子曰：『可，丘得之矣！』」從這一資料可知，老子與孔子像老師與學生的關係，似乎有一次長時間的相處和集中討論，老子之論深邃而飄逸，孔子所得欣然而竊喜。更重要的是，莊子記載了孔子對老子的讚譽，實質是莊子對老子由衷的稱頌。孔子見老子回來後，三天不說話。弟子不解地問孔子對老子有什麼規勸，孔子回答：「吾乃今於是乎見龍。龍合而成體，散而成章，乘乎雲氣而養乎陰陽。予口張而不能嗋，予又何規老聃哉！」（《莊子・天運》）意思是，我現在才見到真正的龍。龍，合在一起是一個整體，分散開來又呈現華美的紋彩，乘着雲氣，翱翔於天地之間。我張着嘴不能合攏，又哪能對老子有什麼規勸呢！

　　莊子繼承了老子之道，認為道是天地萬物的本體和起源，「夫道，有情有信，無為無形；可傳而不可受，可得而不可見；自本自根，未有天地，自古以固存。神鬼神帝，生天生地；在太極之先而不為高，在六極之下而不為深；先天地生而不為久，長於上古而不為老」（《莊子・大宗師》）。道視之不見，聽之不聞，搏知不得，且無形無象，「道不可聞，聞而非也；道不可見，見而非也；道不可言，言而非也。知形形之不形乎！道不當名」（《莊子・知北遊》）。而且，道就是無，天地萬物也是生於無，「天門者，無有也。萬物出乎無有。有不能以有為有，必出乎無有，而無有一無有」（《莊子・庚桑楚》）。莊子發展了老子之道。老子言道是論斷性的，沒有作什麼論證，莊子對道生萬物作了論證。在莊子看來，包括天地在內的東西都是物，物之前必有一個產生物的東西。這個東西不能是物，否則，物還是物，就無所謂產生物。莊子稱之為「非物」，也就是道，「有先天地生者物邪？物物者非物。物出，不得先物也，猶其有物也。猶其有物也，無已」。莊子對道與萬物的關係作了論證，認為道具有普遍性，與萬物不可分割，就存在於萬物之中，「東郭子問於莊子曰：『所謂道，惡乎在？』莊子曰：『無所不在。』東郭子曰：『期而後可。』莊子曰：『在螻蟻。』曰：『何其下邪？』曰：『在稊稗。』曰：『何其愈下邪？』曰：『在瓦甓。』曰：『何其愈甚邪？』曰：『在屎溺。』」（《莊子・知北遊》）莊子對「有生於無」作了論證，追問宇宙之有始與無始的關係，「有始也者，有未始有始也者，有未始有夫未始有始也者；有有也者，有無也者，有未始有無也者，有未始有夫未始有無也者」（《莊子・齊物論》）。莊子進而得出有出於無的無中生有結論，「泰初有無，無有無名」（《莊子・天地》）。

　　莊子對老子之道的最大貢獻是對氣作了論證。老子只有一處提到了氣，「萬物負陰而抱陽，沖氣以為和」（《老子・第四十二

章》）。莊子則全面闡述了氣的概念，某種程度上溝通了道與天下萬事萬物的聯繫，即道通過陰陽兩氣而創生萬事萬物。莊子認為，宇宙充滿着氣，氣是構成萬物的最初元素，「通天下一氣耳」（《莊子·知北遊》）。氣分陰陽，「是故天地者，形之大者也；陰陽者，氣之大者也；道者為之公」（《莊子·則陽》）。陰陽兩氣和則萬物生，「至陰肅肅，至陽赫赫；肅肅出乎天，赫赫發乎地；兩者交通成和而物生焉，或為之紀而莫見其形」（《莊子·田子方》）。意思是，至陰之氣十分寒冷，至陽之氣異常酷熱；寒冷之氣出於蒼天，炎熱之氣發自大地。陰陽二氣相互融合就產生萬物，似乎有什麼東西在安排秩序，卻又看不見其形跡。陰陽兩氣錯亂則會發生天災人禍，「陰陽錯行，則天地大絯，於是乎有雷有霆，水中有火，乃焚大槐。有甚憂兩陷而無所逃，蜂蜳不得成，心若懸於天地之間，慰暋沈屯，利害相摩，生火甚多，眾人焚和，月固不勝火，於是乎有僓然而道盡」（《莊子·外物》）。作為萬物之靈，人的生死不過是氣的聚散而已，「生也死之徒，死也生之始，孰知其紀！人之生，氣之聚也；聚則為生，散則為死。若死生為徒，吾又何患！」（《莊子·知北遊》）人的喜怒哀樂也與陰陽兩氣相關，「人大喜邪，毗於陽；大怒邪，毗於陰。陰陽並毗，四時不至，寒暑之和不成，其反傷人之形乎」（《莊子·在宥》）。

　　莊子繼承了老子的認識論，強調認識的目的就是悟道。莊子細化了人的認識層次，最高是無物境界，悟道者順隨事物自身，不作主觀區分，「古之人，其知有所至矣。惡乎至？有以為未始有物者，至矣，盡矣，不可以加矣」。意思是，古代的悟道者，他們的見識達到了極致的境地。達到了什麼樣的境地呢？他們認為根本不曾有物存在。這就到了極致，到了盡頭，無以復加了。次則為無封境界，即人與物之間有了區分，而物與物之間沒有區分，「其次以為有物矣，而未始有封也」。再則為有封境界，既區分了人與物，

又區分了物與物，卻不執着，也不辨是非好壞，「其次以為有封焉，而未始有是非也」。最後是有是有非，固執己見，損害大道，「是非之彰也，道之所以虧也。道之所以虧，愛之所以成」。莊子認為，無物是認識的最高境界，是真正的悟道，「知止其所不知，至矣。孰知不言之辯，不道之道？若有能知，此之謂天府。注焉而不滿，酌焉而不竭，而不知其所由來，此之謂葆光」（《莊子‧齊物論》）。意思是，知道在其不知道的地方停止，見識就達到了極點。誰能知道無須語言辯論、不用言說的大道？如果知道，那他的心胸就像天然的寶庫。注入水不會滿溢，取出水也不會枯竭，但又不知道源流在哪裏，這就叫做潛藏之光。

　　莊子和老子一樣，認為感官不可能認識大道，只有理性直覺才能體悟大道，進而全面闡述論證理性直覺的具體方式。這就是心齋、坐忘、懸解和攖寧，四者是理性直覺逐步升級的過程，也是心理體驗不斷深化的過程，最後悟道得道，走向精神自由。心齋，意指虛靜自己的心靈，凝聚起精神，「若一志，無聽之以耳而聽之以心，無聽之以心而聽之以氣！聽止於耳，心止於符。氣也者，虛而待物者也。唯道集虛。虛者，心齋也」（《莊子‧人間世》）。坐忘，意指安詳自我的神情，忘卻已經掌握的種種知識，「墮肢體，黜聰明，離形去知，同於大通，此謂坐忘」。懸解，意指因任自然，清空自身的一切雜念和慾望，解除現實痛苦而走向心靈的自由，「且夫得者，時也；失者，順也。安時而處順，哀樂不能入也。此古之所謂縣解也，而不能自解者，物有結之」。攖寧，意指經過朝徹、見獨等修煉而形成的寧靜自如的心態和天人合一的境界。朝徹是清空自身的雜念和慾望後，由黑暗走向光明的心靈感受，「已外生矣，而後能朝徹；朝徹，而後能見獨」。見獨是在想像中體驗到與道和宇宙本體的融合混一，「見獨，而後能無古今；無古今，而後能入於不死不生，殺生者不死，生生者不生」。最後臻於攖寧，「其為

物無不將也，無不迎也，無不毀也，無不成也。其名為攖寧。攖寧也者，攖而後成者也」（《莊子・大宗師》）。意思是，道對於萬物，無不相送，無不相迎，無不損壞，無不成全，這就叫作攖寧。所謂攖寧，就是在這些紛紜的變化中保持寧靜，悟道得道。

莊子繼承了老子的聖人人格，「見素抱樸，少私寡欲」（《老子・第十九章》）。聖人是道家的理想人格，莊子將其幻化為至人、神人、聖人等多個形象。所謂至人，「潛行不窒，蹈火不熱，行乎萬物之上而不慄」。原因在於「彼將處乎不淫之度，而藏乎無端之紀，遊乎萬物之所終始。壹其性，養其氣，合其德，以通乎物之所造。夫若是者，其天守全，其神無隙，物奚自入焉！」（《莊子・達生》）意思是，至人將自然的分寸，藏於無首無尾的大道中，遨遊在無終無始的萬物裏。專一其本性，保持其元氣，使德性與自然相通。像這樣的人，自然天性不失，精神凝聚，外物又怎麼能侵害他呢！神人「肌膚若冰雪，淖約若處子；不食五穀，吸風飲露。乘雲氣，御飛龍，而遊乎四海之外。其神凝，使物不疵癘而年穀熟」。對於神人的存在，有人不相信，莊子認為這就像盲人看不見美麗的花紋，聾人聽不見鐘鼓的樂聲，「瞽者無以與乎文章之觀，聾者無以與乎鐘鼓之聲。豈唯形骸有聾盲哉！夫知亦有之」。神人與萬物混為一體，不會勞心費力於世間的俗事，「之人也，之德也，將磅礴萬物以為一，世蘄乎亂，孰弊弊焉以天下為事！之人也，物莫之傷，大浸稽天而不溺，大旱金石流、土山焦而不熱」。神人有着偉大的本領和崇高的境界，「是其塵垢秕糠，將猶陶鑄堯舜者也，孰肯分分然以物為事」（《莊子・逍遙遊》）。莊子的聖人，否定仁義道德等人為的事物，「故聖人有所遊，而知為孽，約為膠，德為接，工為商」。意思是，聖人棲息於世，視智巧為禍根，視人為的約束如漆膠，視施惠為收買人的手段。聖人否定知、約、德和工，原因在於聖人不需要它們，「聖人不謀，惡用知？不斫，惡用膠？

無喪，惡用德？不貨，惡用商？」聖人的本性是自然的，「四者，天鬻也。天鬻者，天食也。既受食於天，又惡用人」（《莊子·德充符》）。意思是，聖人不謀、不斵、無喪、不貨的四種德性，是天賦予的，而天賦予的就是自然的，既然是自然而然，哪裏還需要人為的手段呢。

老子把他的聖人引向了政治領域，「以正治國，以奇用兵，以無事取天下。吾何以知其然哉？以此。天下多忌諱，而民彌貧；民多利器，國家滋昏；人多伎巧，奇物滋起；法令滋彰，盜賊多有。故聖人云，我無為而民自化，我好靜而民自正，我無事而民自富，我無欲而民自樸」（《老子·第五十七章》）。莊子卻把他的理想人格引向人生領域，推崇人的自然本性，渴慕心靈的自由，那就是「至人無己，神人無功，聖人無名」（《莊子·逍遙遊》）。如果說老子服務統治者，提供的是「君人南面之術」，那麼，莊子就是服務普通人，開出的是「精神的解蔽」藥方，醫治的是心靈創傷，綻放的是人生大智慧。在莊子看來，無己無功無名是要返璞歸真，順應人的本性生活，反對人為的枷鎖，「牛馬四足，是謂天；落馬首，穿牛鼻，是謂人。故曰：無以人滅天，無以故滅命，無以得殉名。謹守而勿失，是謂反其真」（《莊子·秋水》）。無己無功無名是要無待，不為世俗的毀譽所動，超越世俗的道德束縛。《逍遙遊》描述鯤鵬「背若泰山，翼若垂天之雲，摶扶搖羊角而上者九萬里，絕雲氣，負青天，然後圖南，且適南冥也」；列子「御風而行，泠然善也，旬有五日而後反」。一般人看來，鯤鵬和列子已十分自由了，莊子卻認為他們還不是真正的自由，原因在於有待，「猶有所待者也」。無論鯤鵬還是列子，都有待於風，不藉助風，就無法飛行。而真正的自由是無待的，「若夫乘天地之正，而御六氣之辯，以遊無窮者，彼且惡乎待哉」（《莊子·逍遙遊》）。無己無功無名是要像魚一樣，與其相呴以濕、相濡以沫於陸地，不如相忘於江湖，

「魚相造乎水，人相造乎道。相造乎水者，穿池而養給；相造乎道者，無事而生定。故曰：『魚相忘乎江湖，人相忘乎道術。』」（《莊子‧大宗師》）人得道如同魚兒得水一樣，各適其性，各得其是。魚在江湖裏自由自在，無憂無慮，忘乎萬物；人得道後，也會忘乎他人和天下，自由自在、無拘無束地生活。

四、老子與孔子

老子是智慧大師，創立了道家學派，孔子是道德大師，創立了儒家學派。道家與儒家是中華文明的基因密碼，共同繪製了中國文化的基本面貌、主要特質和深層結構。自古及今，中國人都在儒道兩種不同的文化模式中選擇自己的人生道路，出老子道家則入孔子儒家，出孔子儒家則入老子道家。比較老子與孔子，實質是比較道家與儒家，有利於更好地認識中華文明的基因密碼，更加正確地把握中國文化的基本特徵和內在品質。從思想淵源和演變過程分析，老子與孔子既有同一性又有差異性，但差異是主要的，從而形成了不同的思想體系，建構起各具特色的思想大廈。

老子與孔子的差異是多方面的，首先是道與仁的差異。老子是道，由此形成了思辨哲學；孔子是仁，由此形成了倫理哲學。《老子》一書 74 次論及道的概念，老子從道出發，窮近自然界、人類社會和個體生命的本原及終極目的，進而構築起道家思想體系。在老子那裏，道無聲無形，渾然一體，是天地萬物的本原，先於天地生成，「有物混成，先天地生。寂兮寥兮，獨立不改，周行而不殆，可以為天下母。吾不知其名，字之曰道，強為之名曰大」（《老子‧第二十五章》）。老子認為，道是天地萬物的起源，「道生一，一生二，二生三，三生萬物」（《老子‧第四十二章》）。老子指出，道是天地萬物運行的動力和規律，「故有無相生，難易相成，長短相

較，高下相傾，音聲相和，前後相隨」（《老子·第二章》）。

《論語》一書 109 次論及仁的概念，孔子從仁出發，深究人世間和社會中各種關係，尤其是人與人關係的準則，進而構築起儒家思想體系。在孔子那裏，愛人是仁的首要含義，「樊遲問仁。子曰：『愛人。』」（《論語·顏淵》）愛人是以孝悌為基礎，從血緣親情出發的，「其為人也孝弟，而好犯上者，鮮矣；不好犯上，而好作亂者，未之有也。君子務本，本立而道生。孝弟也者，其為仁之本與！」（《論語·學而》）孔子認為，克己是仁的主要內容，「顏淵問仁。子曰：『克己復禮為仁。』」（《論語·顏淵》）孔子從正反兩個方面闡述克己的內容，正的方面是幫助人、關愛人，「夫仁者，己欲立而立人，己欲達而達人。能近取譬，可謂仁之方也已」（《論語·雍也》）。意思是，仁是只要自己想站得住，便也幫助人能站得住；自己想過得好，便也幫助人能過得好。凡事能推己及人，這就是仁的方法了。反的方面是不強加意志於人，「子貢問曰：『有一言而可以終身行之者乎？』子曰：『其恕乎！己所不欲，勿施於人。』」（《論語·衞靈公》）

無為與有為的差異。老子與孔子生活在禮崩樂壞的春秋末期，兩人都關心時政，都在為匡正時弊尋找辦法，而開出的藥方卻大相徑庭。老子依據「道法自然」原則，提出無為而治的主張，表現出超凡脫俗的人生智慧，「故道生之，德畜之，長之，育之，亭之，毒之，養之，覆之。生而不有，為而不恃，長而不宰，是謂玄德」（《老子·第五十一章》）。孔子依據「仁者愛人」原則，提倡積極有為的人生態度，表現出高度的社會責任感，「士不可以不弘毅，任重而道遠。仁以為己任，不亦重乎？死而後已，不亦遠乎？」（《論語·泰伯》）具體表現在政治路徑不同。老子尊自然，強調政治統治和社會管理要依據人和物自身的性質，讓其獨立自主、率性而為，自己成就自己，而不要外在人為因素的無端干擾和任意審

判，「是以聖人欲不欲，不貴難得之貨。學不學，復眾人之所過。以輔萬物之自然而不敢為」（《老子‧第六十四章》）。孔子貴仁政，強調人為的作用，積極推行德治，「為政以德，譬如北辰，居其所而眾星共之」（《論語‧為政》）。同時要求建立禮制，形成等級分明的和諧秩序，「禮之用，和為貴」（《論語‧學而》）；形成統治者內部的和諧秩序，「君使臣以禮，臣事君以忠」（《論語‧八佾》）；形成統治者與被統治者之間的和諧秩序，「上好禮，則民莫敢不敬」（《論語‧子路》）。

聖人與君子的差異。老子與孔子都有自己的人格理想，也是他們的道德主張。老子的人格理想是聖人，孔子的人格理想是君子，兩人人格理想的交集是應該由人格完善、精神高尚的人來治理國家。儘管如此，老子之聖人和孔子之君子有着很多差異，最大的差異在於聖人守道，「故道大，天大，地大，王亦大。域中有四大，而王居其一焉。人法地，地法天，天法道，道法自然」（《老子‧第二十五章》）；君子守仁，「君子去仁，惡乎成名？君子無終食之間違仁，造次必於是，顛沛必於是」（《論語‧里仁》）。具體而言，聖人願意處下，君子勇於爭先。老子認為，聖人治理天下，不張揚，不居功，「是以聖人為而不恃，功成而不處，其不欲見賢」（《老子‧第七十七章》）。孔子則認為，君子為了崇高的理想，必須意志堅定、百折不撓，「三軍可奪帥也，匹夫不可奪志也」（《論語‧子罕》）；願意付出重大犧牲，甚至獻出生命，「志士仁人，無求生以害仁，有殺身以成仁」（《論語‧衛靈公》）。聖人憑直覺，君子靠好學。老子重視智慧，推崇理性直覺，「不出戶，知天下；不窺牖，見天道。其出彌遠，其知彌少。是以聖人不行而知，不見而名，不為而成」（《老子‧第四十七章》）。孔子則重視知識，重視感性認識和經驗積累，《論語》開篇就說：「學而時習之，不亦說乎？」聖人純真，君子優秀。老子注重原始純樸的人生品質，希望

人們無論在哪個年齡段都要返璞歸真，保持嬰兒般的心態，「含德之厚，比於赤子」（《老子·第五十五章》），孔子則強調人生品質的後天養成，最重要的品質是仁、智、勇，「君子道者三，我無能焉：仁者不憂，知者不惑，勇者不懼」（《論語·憲問》）。

老子與孔子、道家與儒家，差異是基本的。但是，差異並不否認同一，更不意味着涇渭分明的對立。最大的同一是背景相同。孔子生於公元前 551 年，老子約長孔子二十餘歲，他們生活在大動亂、大變革的春秋時代。面對同樣的歷史趨勢，即春秋的社會形態由奴隸制向封建制轉變，政治體制由君主、貴族等級分封制走向君主專制、中央集權和官僚體制，全國局勢由分裂趨於統一，華夏族與周邊族羣以政治認同和文化認同為紐帶而日趨融合。身處同樣的生存環境，一言以蔽之就是亂。西周滅亡，都城東遷，周王室衰微而愈加潰敗，統治秩序日益敗壞；諸侯爭霸不已，征戰討伐、攻城略地；諸侯國內部是弒君殺父、內亂不止；舊的價值觀念和行為準則失效了，舊的政治經濟秩序瓦解了，新生的思想觀念和體制機制還沒有建立起來，老百姓不僅朝不保夕，而且無所適從。面對春秋亂世，有識之士試圖從理論上探索戰亂的根源，尋求實現和平相處的社會方案；思想家進而探究人世的哲理，抒發自己的理想抱負，由此形成了百家爭鳴的局面。老子與孔子是同時代出類拔萃的思想偉人，他們提出了不同的社會政治思想，卻生長在同一土壤中，懷抱着同一志向。

目標趨同。諸子百家都離不開為政治服務，他們著書立說的根本緣由，就是要消除社會動亂；他們共同的政治理想和目標，就是要治國安邦，實現天下太平，百姓安居樂業。老子與孔子都有入仕從政的經歷，這使他們熟知統治階級內部的各種關係，有着豐富的政治經驗，又使他們對周王朝及諸侯國的典章制度，有着廣博的認識。老子生於楚苦縣厲鄉曲仁里，成年後任周之守藏史，因「見周

之衰，乃遂去」，辭官歸隱；孔子曾任魯國司空、大司寇，因不滿統治者聲色犬馬，毅然辭魯周遊列國。兩人集一生經驗和學問之大成，以批判的眼光審視現實，各自提出了內容雖有差異而目標實為同一的政治主張。

老子思想表面上是無為，是柔弱虛靜、謙退避世，實質卻是入世的，這和孔子有了交集和同一。在老子看來，無為不是目的，只不過是實現治國安邦目標的方略；無為不是無所作為，而是效法天道、順應自然，反對妄為和勉強，從而實現民化、民正、民富、民樸的治世目的。老子認為，政治統治和治國安邦是必須的，只不過要遵守無為之道和不爭之德，「是以欲上民，必以言下之；欲先民，必以身後之。是以聖人處上而民不重，處前而民不害，是以天下樂推而不厭。以其不爭，故天下莫能與之爭」（《老子·第六十六章》）。孔子則毫不掩飾自己的入世精神和為政慾望，「如有用我者，吾其為東周乎！」（《論語·陽貨》）孔子認為，要修明政治，統治者必須做到身正，「政者，正也。子帥以正，孰敢不正」（《論語·顏淵》）。統治者身不正，就不能正人，「苟正其身矣，於從政乎何有？不能正其身，如正人何？」（《論語·子路》）要修明政治，必須推行德治，「道之以政，齊之以刑，民免而無恥。道之以德，齊之以禮，有恥且格」（《論語·為政》）。要修明政治，必須重視民生和教化，「子適衛，冉有僕。子曰：『庶矣哉！』冉有曰：『既庶矣，又何加焉？』曰：『富之。』曰：『既富矣，又何加焉？』曰：『教之。』」（《論語·子路》）

異中有同。令人感興趣的是，在老子與孔子思想的最大差異之處，往往隱藏着同一性。道是老子思想的最高範疇和邏輯基礎，也是區別老子與孔子思想的顯著標誌。然而，就在道這一範疇中，可以找到老子與孔子思想的共同因子。道是老子與孔子共同使用的主要概念，存在同一性是必然的，集中表現在道的人文內容。老子

之道不僅是形而上本體，而且是人間世的基本準則，「持而盈之，不如其已。揣而銳之，不可長保。金玉滿堂，莫之能守。富貴而驕，自遺其咎。功遂身退，天之道也」（《老子·第九章》）孔子之道就是人道，兩人思想就有了同一。老子與孔子都把道看成是事物的本質和規律，在老子那裏，道是本體、本原和規律的統一體；孔子也把道看成是事物的本質，「篤信好學，守死善道」（《論語·泰伯》）。意思是，篤實地信仰道，好好地學習道，誓死守衛道。老子與孔子都要求人們尊道守道、順道而行，老子說：「孔德之容，惟道是從。」（《老子·第二十一章》）孔子則說：「君子謀道不謀食，……君子憂道不憂貧。」（《論語·衛靈公》）老子與孔子的政治之道都是推崇百姓安居樂業，老子依據道提出的理想社會是「甘其食，美其服，安其居，樂其俗」（《老子·第八十章》）；孔子是「志於道，據於德，依於仁，游於藝」（《論語·述而》），當弟子問孔子志向時，孔子回答：「老者安之，朋友信之，少者懷之。」（《論語·公冶長》）

互補協同。老子與孔子、道家與儒家互補協同，鑄造了中華民族之魂，凝聚成整體人格，使得中國人既表現出道家精神──崇尚自然、知足常樂、追求個性自由，又表現出儒家精神──重家庭、重倫理、重信義。互補協同，是陰陽互補。中國哲學的主流是陰陽哲學，老子卻沒有發展陽剛思想，而是崇尚陰柔，稱頌水德，「上善若水。水善利萬物而不爭，處眾人之所惡，故幾於道」（《老子·第八章》）。孔子則不然，他崇尚「天行健，君子以自強不息」（《周易·象傳》），要求君子「可以託六尺之孤，可以寄百里之命，臨大節而不可奪也」（《論語·泰伯》）。老子尚陰，孔子重陽，一陰一陽，剛柔相濟。互補協同，是隱顯互補。中國傳統思想文化是儒顯道隱、外儒內道，道中有儒、儒中有道。道家是隱的，講逍遙，講道法自然，主張從容地生活，保留可進可退的靈活；儒家是顯的，

講參與，講社會責任感，主張以天下為己任，治國平天下。范文瀾認為，儒家是一個顯流，看得清楚，道家是一個隱流，不能小看，它的影響是巨大的，一顯一隱形成互補。[1] 互補協同，是虛實互補。中國理性思辨和抽象思維最發達的是老子及道家思想。老子之道是具有無限生機的宇宙之源和價值之本，它把人的精神從世俗的日常生活解脫出來，甚至要超越社會道德，從形而上本體的高度看待自然、社會和個體生命。孔子則專注於「內聖外王」，着力闡述政治主張和倫理思想，對終極價值採取存而不論的態度，抽象思辨比較貧乏，「季路問事鬼神。子曰：『未能事人，焉能事鬼？』『敢問死。』曰：『未知生，焉知死。』」（《論語·先進》）馮友蘭把老子與孔子的思想概括為「極高明而道中庸」，認為極高明即玄虛精神，主要來自道家，道中庸即入世精神，主要來自儒家，兩者的統一便是中國哲學精神。[2]

五、道家與道教

道教是中國本土產生的宗教，是在漢初黃老道家理論基礎上，吸收古代神仙家的方術和民間巫術鬼神信仰而形成的宗教。道家的哲學理念，神仙家的養生方術，古代民間的巫術和鬼神崇拜活動，是道教構造其宗教神學、修煉方術和宗教儀式的三個重要來源。道教始於東漢末年張角創立的太平道和張陵的五斗米道，成熟定型於魏晉南北朝寇謙之的天師道和陸修靜的上清派。道教的宗旨是「仙道貴生，無量度人」（《度人經》），相信人通過修煉，身形生命可

1　參見范文瀾著：《中國通史簡編》（修訂本　第一編），人民出版社 1964 年版，第 273—274 頁。

2　參見馮友蘭著：《新原道》，生活·讀書·新知三聯書店 2007 年版，第 3 頁。

以得到延續，精神生命可以得到昇華，最後得道成仙。在道教看來，神仙是可學而實有的；神仙住在一個與現實社會相對立的彼岸仙界，無憂無慮，以金玉為宮室，伴隨着不死之藥和奇花異草。得道成仙之人可進入仙界，老而不死，或竦身入雲，無翅而飛；或駕龍乘雲，上造天階；或化鳥成獸，浮遊青山。道教是多神教，尊奉的神靈眾多，天神、地祇、人鬼皆受奉祀，主要神靈是三清。所謂三清，指道教的最高神與教主，皆為道的化身，即玉清元始天尊、上清靈寶天尊和太清道德天尊。元始天尊造化天地，象徵「天地未形，萬物未生」的無極狀態；靈寶天尊度化萬物，象徵「混沌始判，陰陽初分」的太極狀態；道德天尊也稱太上老君，老子是他的第十八個化身，其功能是教化世人，象徵「沖氣為和，萬物化生」的沖和狀態。

　　「道無術不行」，道寓於術中，由術而行道。道術雜而多端，主要有占卜、符籙、內丹、外丹、內觀、守靜、存思、守一、服氣、行氣、胎息、導引、辟穀、服餌、沐浴、按摩、武功、望氣、觀星、扶乩等。其中符籙，是指依憑天神所授的信符，按照諸神名冊所定的職責，命令某神去執行；服氣，也叫吐納、食氣，是吸收天地間的生氣；胎息，就是像嬰兒在母體胞胎之中，不以口鼻呼吸；辟谷，也叫斷穀、絕糧、卻粒，就是不吃五穀雜糧；服餌，也叫服食，意指服食丹藥和草木藥物以達到長生的一種方法。與道術相聯繫的，還有一定的儀範。譬如齋醮儀範，也稱道場、法事，就是道士們在宮觀中身着道袍、手持法器，演奏仙樂、吟唱道曲和翩翩起舞。齋為齋戒潔靜，醮為祭祀祈禱。齋醮即供齋醮神，其法為清心潔身、築壇設供，書表章以禱神靈，求福免災。無論道術還是儀範，其功能不外乎消災祛病、修身養性和長生成仙。消災祛病屬於基本功能，長生成仙則是最高境界，而修身養性為中間層次，進而實現長生成仙。除修身養性外，道教的消災祛病和長生成仙都有怪

誕惑世的嫌疑。

　　道教與世界幾大宗教有着不同特點，道教發展及其教義信仰、修持方術和制度儀式烙上了鮮明的中國文化印跡。道教的思想教義，融合自然法則與神聖法則、二元論宇宙觀與多神信仰、出世精神與在世功德，符合中國哲學天人合一、內聖與外王相結合的傳統。道教的修持方術，主張性命雙修，煉形養生與心性修養並重，巫術道法與科學技術混融不分，具有東方文化神祕主義的特色。道教的組織形式則是上下兼備，民間性的非法教團與官方化的合法宗派交替發展，宮觀管理制度形式多樣，體現了傳統文化專制集權的特點。尤其是道教各派，不管採取何種方式修煉，都是要追求肉身成仙、長生不死，更是不同於世界幾大宗教。基督教、佛教、伊斯蘭教都是鼓勵人們追求死後天國樂園的生活，現實人生則是通往天國生活的橋樑。道教則不然，它既不像佛教認為人生為苦，也不像基督教認為人有原罪，而是認為人活着的時候就可以脫胎換骨，超凡入仙。某種意義上說，宗教是人生苦難的產物。道教不是沒有看到人生的苦難困惑，而是看到了人生的種種不幸，卻以樂觀的態度來迎接不幸和苦難，以永生和成仙來擺脫不幸和苦難，進而永享此生的快樂。

　　道家與道教是個說不盡的關係。道家一詞始見於司馬談《論六家要旨》，其中將先秦諸子百家提煉概括為儒、道、法、墨、名、陰陽等六家。道家是指先秦時期以老莊為代表的思想學派，以及盛行於秦漢之際的黃老之學。司馬談崇尚道家，評價明顯高於其餘五家，認為「道家無為，又曰無不為，其實易行，其辭難知。其術以虛無為本，以因循為用。無成勢，無常形，故能究萬物之情。不為物先，不為物後，故能為萬物主」。道教一詞始見於漢末《老子想爾注》，當時並不專指道教，而是以道教人怎麼做而已，即「道教人結精成神」，後來才演變為專有名詞。顧名思義，道教就是道的

教化或說教，企圖通過精神形體的修煉而成仙得道。道教不僅有其獨特的經典教義、神仙信仰和儀式活動，而且有宗派傳承、教團組織、科戒制度和活動場所。這與先秦道家思想學派有着明顯的差異。馮友蘭指出：「有趣的是，道教也是在漢末興起，這種道家思想的普及形式也被有些人稱為『新道家』。古文學派把陰陽家的思想從儒家清除出去，陰陽家此後與道家思想結合形成了道教。這個過程固然使孔子由神還原為人，卻又使老子成為道教創始人。道教後來模仿佛教，發展出道觀（寺廟）、道士（僧人）和道場法事（儀式）。這種有組織的宗教雖以老子為祖師，卻與早期的道家哲學毫無相似之處，因此而稱為『道教』。」[1]

　　道家與道教雖然有差別，卻不能說沒有聯繫。最大的聯繫是老子，老子是道家的創始人，卻被道教尊為教主；《老子》一書被尊為道教的主要經典，是教徒必須習誦的功課。莊子沒有被奉為教主，其書卻是道教的主要經典，稱為《南華經》。老子創立了道的思想，否定了上帝和天命，也否定了宗教，而老子本人卻成了道教的始祖，這真是「天命靡常」和絕妙的諷刺。道家與道教真正的聯繫在於思想資源，道家思想確實是道教的理論基礎，道是道家和道教共同的核心範疇。《魏書·釋老志》在談到道教的本原和宗旨時指出，老子之道與道教之道有着密切關係，「道家之原，出於老子。其自言也，先天地生，以資萬類。上處玉京，為神王之宗；下在紫微，為飛仙之主。千變萬化，有德不德，隨感應物，厥跡無常」。老子之道深邃幽遠，是不可捉摸而又確實的存在，「道之為物，惟恍惟惚。惚兮恍兮，其中有象；恍兮惚兮，其中有物。窈兮冥兮，其中有精；其精甚真，其中有信」（《老子·第二十一章》）。同時，

1　馮友蘭著：《中國哲學史》，生活·讀書·新知三聯書店 2009 年版，第 231 頁。

道是「視之不見名曰夷，聽之不聞名曰希，搏之不得名曰微。此三者不可致詰，故混而為一」（《老子·第十四章》），老子把道作為天地萬事萬物的根源，且是看不見、聽不到、摸不着的超越時空的存在，具有濃厚的神祕色彩，這就接近了宗教思想，為道教從宗教角度進行解釋提供了基礎。老子之道玄而又玄，為道教進行發揮創造了可能。老莊思想的超凡脫俗，追求永恆之境，直接引申出了追求長生，提倡守神保精、養氣全真的道教宗旨。因而老子之道被道教所吸收運用，有其內在的邏輯必然性；老子被奉為道教始祖和教主，並不冤枉。但道教沒有原封不動地照搬老子之道，而是做出了創新性改造，給予了宗教性闡述。在道教看來，道是「神祕之信，靈而有信」；道「為一切之祖首，萬物之父母」。

　　道家與道教雖有聯繫，差異卻是主要的。道家不是道教，道家與道教並沒有直接的理論繼承和發展，而是道教利用和發揮了道家思想，道家為道教發展提供了一個文化背景。道家與道教的差異實質是哲學與宗教的差別。哲學與宗教都是對宇宙和生命終極意義的追問與認知，但卻是人類精神文明兩種不同的表現形式。從世界觀分析，哲學思考的對象是一種邏輯上的宇宙觀，所反映的客體是經驗世界加可能性世界。這個世界是一種建構在思辨理性之上的邏輯本體，中國哲學稱為道，西方哲學稱為「反思的思想」。而宗教信仰的對象具有較多的想像成分，而且多半是幻象或扭曲的想像。宗教所反映的客體基本上是經驗世界，只不過在描述經驗世界時加進了許多缺乏或扭曲經驗世界真實性的成分，相信世界上存在着超自然的神明和神祕力量。就方法論而言，哲學與宗教有着很大的差異，甚至是互相排斥的。哲學在於思，注重建立在理性基礎上的思辨，着力在滿足人的理性需要。哲學也有信仰，卻是先理解後信仰，強調人的理性主體地位，其結果可能完全排斥宗教式的信仰。德國詩人海涅稱讚康德的《純粹理性批判》，認為康德作為一個鐵

面無私的哲學家，用理性思辨的匠斧砍下了神學上帝的頭顱。[1] 而宗教在於信，注重建立在體驗式幻象基礎上的信仰，重點是為了滿足人的情感需要。宗教也有思辨，卻是以信仰為基礎的思辨，思辨只限於已經被信仰的客體，其結果只能加深對超自然力量的思辨，進而可能陷入迷信的境地。據人文價值考察，哲學與宗教雖然都有人生論的共同議題，都關注生與死、善與惡、美與醜、自由與秩序的意義，但兩者的差異也是明顯的，哲學的追求是人的自由而全面發展，宗教關注的是「天國」的外在救贖。英國哲學家羅素對哲學與宗教、科學的關係有一個十分睿智的說法：「一切確切的知識 —— 我是這樣主張的 —— 都屬於科學；一切涉及超乎確切知識之外的教條都屬於神學。但介乎神學與科學之間還有一片受到雙方攻擊的無人之域，這片無人之域就是哲學。」[2]

　　道家與道教不僅具有一般意義上的哲學與宗教的差異，而且有其自身特殊的差異。在時間方面，宗教早於哲學而產生，哲學是從宗教中分化出來的，而道家與道教則反之，是先產生道家思想，後產生道教。在理念方面，道家與道教都以道為基本理念，兩者卻有着明顯差異，道家之道是形上的存在和邏輯的預設，目的是探討宇宙的起源及其運行規律，宇宙是從無到有、從虛到實的自然發展過程，要求人們堅持「道法自然」，順應客觀發展規律，用以治國，用以養生，用以盡其天年。而道教之道是人格神，元始天尊、靈寶天尊、道德天尊都是道的化身，「老君者，乃元氣道真，造化自然者也，強為之容，則老子也。以虛無為道，自然為性也」（《雲笈七籤·紀》）。道教認為神主宰着宇宙，安排了禍福，要求人們敬天

---

1 〔德〕亨利希·海涅著，海安譯：《論德國宗教和哲學的歷史》，商務印書館 1974 年版，第 101 — 103 頁。
2 〔英〕羅素著，何兆武譯：《西方哲學史》，商務印書館 2015 年版，第 7 頁。

事神、求仙問藥，追求得道成仙和長生之術。在對付儒家方面，道家通常是非議批判，「大道廢，有仁義；慧智出，有大偽；六親不和，有孝慈；國家昏亂，有忠臣」（《老子・第十八章》）。道教則持肯定的態度，認同綱紀和人君，「故天之法，常使君臣民都同，命同，吉凶同；一職一事失正，即為大凶矣。中古以來，多失治之綱紀，遂相承負，後生者遂得其流災尤劇，實由君臣民失計」（《太平經》卷四十八）。在體制機制方面，道家以思想和智慧吸引人們，沒有任何組織體系；而道教則是以信仰聚集信徒，有固定場所、有神職人員、有教規儀範的宗教組織。因此，我們既要看到道家與道教的聯繫，更要看到兩者之間的本質差異，絕不能混為一談。

　　溯源先秦道家，不能不重點研讀老子；而研讀老子，不能不想到孔子。老子和孔子是中國歷史上最偉大的思想家，他們對於建構中華民族的人格模式起到了決定性作用，尤其是對於傳統的知識分子，更是影響深遠，積澱為儒道互補的人格結構。傳統知識分子用道家逍遙、以儒家進取，把道的玄妙空靈與仁的積極入世緊密結合起來，既能適應順境又能適應逆境，使生命富有彈性、保持張力。人生無常，世事難料。儒道互補的人格體現在人生的不同階段，逆境或處江湖之遠時，以老子為依歸、淡泊名利、獨善其身、灑脫自在，不改變天真純樸之性；順境或居廟堂之高時，則以孔子為嚮導，堅守良知、兼濟天下、勤勉敬業，爭做忠臣良將。人是身體與心靈的統一體，兩者既可合一又可分離。儒道互補的人格調節着身體與心靈的平衡，那些受到傳統文化嚴格訓練、深受老子與孔子思想薰陶的讀書人，即使為官從政、春風得意，也要在心靈上保留一片綠洲，與那些恩恩怨怨、是是非非拉開距離，在做生活主人的同時也做生活的旁觀者，身不為形體所役，心不為外物所使，漫遊在精神的自由王國中。即使人生遭遇挫折、身在山林，也可做到心存魏闕，促進身心的和諧。無論從政、經商還是做學問，最後都會

成為平民，無論成功還是不成功，最後都會走向平淡。儒道互補的人格有助於人們物我兩忘，在平民中感悟生命真諦，在平淡中追求永恆無限。中國歷史上儒道互補的典範是蘇東坡，他的《定風波》一詞真是寫盡了優秀知識分子的悠悠情韻和瀟灑人生，錄於此以共享：

> 莫聽穿林打葉聲，何妨吟嘯且徐行。竹杖芒鞋輕勝馬，誰怕？一蓑煙雨任平生。　料峭春風吹酒醒，微冷。山頭斜照卻相迎。回首向來蕭瑟處，歸去，也無風雨也無晴。

第七章　老子之道

　　老子（約前 571—前 471）是道家創始人，是中國古代最偉大的思想家。在先秦諸子中，老子是唯一一個比較自覺探索研究哲學本體論的思想家。《老子》一書又稱《道德經》，是中國古代最早的哲學著作，文意深奧玄遠，內容包羅萬象，被傳統社會譽為萬經之王，尊為治國修身的寶典。老子及其思想在國外也有很大影響，黑格爾認為：「中國哲學中另有一個特異的宗派，這派是以思辨作為它的特性」；「這派的主要概念是『道』，這就是『理性』」；「這一派的哲學和與哲學密切相關的生活方式的創始人是老子。」[1]美國學者蒲克明認為：「當人類隔閡泯除，四海成為一家時，《老子》將是一本家傳戶誦的書。」[2]據聯合國教科文組織統計，除了《聖經》，《老子》是被譯為外國文字最多的文化經典。

一、老子其人

　　老子其人其書，近代以來爭議頗多。了解老子其人，繞不開司馬遷。司馬遷提供了最早的有關老子的信息，也為老子其人的爭論

---

1 〔德〕黑格爾著，賀麟、王太慶譯：《哲學史講演錄》（第一卷），商務印書館 1959 年版，第 124—126 頁。
2 李世東、陳應發、楊國榮著：《老子文化與現代文明》，中國社會科學出版社 2008 年版，第 249 頁。

埋下了伏筆。《史記・老子韓非列傳》記載如下：

> 老子者，楚苦縣厲鄉曲仁里人也，姓李氏，名耳，字聃，周守藏室之史也。孔子適周，將問禮於老子。老子曰：「子所言者，其人與骨皆已朽矣，獨其言在耳。且君子得其時則駕，不得其時則蓬累而行。吾聞之，良賈深藏若虛，君子盛德，容貌若愚。去子之驕氣與多欲，態色與淫志，是皆無益於子之身。吾所以告子，若是而已。」孔子去，謂弟子曰：「鳥，吾知其能飛；魚，吾知其能游；獸，吾知其能走。走者可以為罔，游者可以為綸，飛者可以為矰。至於龍，吾不能知，其乘風雲而上天。吾今日見老子，其猶龍邪！」老子修道德，其學以自隱無名為務。居周久之，見周之衰，乃遂去。至關，關令尹喜曰：「子將隱矣，強為我著書。」於是老子乃著書上下篇，言道德之意五千餘言而去，莫知其所終。或曰：老萊子亦楚人也，著書十五篇，言道家之用，與孔子同時云。蓋老子百有六十餘歲，或言二百餘歲，以其修道而養壽也。自孔子死之後百二十九年，而史記周太史儋見秦獻公曰：「始秦與周合，合五百歲而離，離七十歲而霸王者出焉。」或曰儋即老子，或曰非也，世莫知其然否。老子，隱君子也。老子之子名宗，宗為魏將，封於段干。宗子注，注子宮，宮玄孫假，假仕於漢孝文帝。而假之子解為膠西王卬太傅，因家於齊焉。世之學老子者則絀儒學，儒學亦絀老子。「道不同不相為謀」，豈謂是邪？李耳無為自化，清靜自正。

從《史記》記載分析，司馬遷明確表達了以下幾層意思：春秋時期有老子其人，姓李名耳字聃，為周守藏室之史；老子曾著書上下篇，言道德之意五千餘言；老子崇尚無為自化，清靜自正；孔子曾問禮於老子；漢初道家與儒家已形成不同學派，相互排斥。關於老子和老萊子，應為兩人是無疑的，卻同是春秋時期人，同為孔子的老師。老子是史官，著書言「道德」，而老萊子是位隱者，終身不仕，著書十五篇。所以，《史記・仲尼弟子列傳》寫道：「孔子之

所嚴事：於周則老子；於衞，蘧伯玉；於齊，晏平仲；於楚，老萊子；於鄭，子產；於魯，孟公綽。」關於老子與太史儋，由於兩人都是周朝史官，且名中「聃」與「儋」的古音相同而字義相通，容易引起混淆。但是，老子與太史儋應為兩個人，也是無疑的。太史儋見秦獻公的時間是公元前 374 年，此時老子仍在世的話應有 200餘歲，這是不可能的。而且，兩人的處世原則和理念截然不同，老子雖為史官，關心政治，卻不願直接為官從政，最後西出函谷關，不知所終；太子儋則志於入仕，積極為秦獻公獻計獻策。司馬遷在記載兩人時持謹慎態度，用了「或曰」「蓋」等存疑之詞。

　　關於老子生活的年代，老子的年齡大於孔子，應為春秋末期，這可以從兩方面得到證明，一方面，孔子問禮於老子，這不僅在《史記》中多有記載，而且在《莊子》《禮記》《左傳》等戰國時期的史料中也有記載。另一方面，1993 年湖北郭店竹簡本的發現，據科學技術測定，竹簡本形成的時間大約在公元前 300 年之前，說明在戰國中期《老子》一書已存在並流傳，那麼，作為著者的老子就應生活在更早的年代。

　　儘管《老子》一書聲名遠播、歷久傳誦，卻像老子其人一樣，也是爭議不斷、認識不一，主要問題是作者是誰和成書時間。關於此書作者，大體有三種觀點，基本的觀點認為歷史上確有老子其人，《老子》一書應為老子所作；另一種認為，「《老子》，戰國好事者，剽竊莊周書作也」；還有一種認為，「《老子》一書實非一人所能作，今傳本《老子》如果把他看作是絕對完整的一人之言，則矛盾百出，若認為是纂輯成書，則《老子》作者顯然不止一人」。[1]關於成書時間，也有三種觀點，基本的觀點認為老子早於孔子，

1　朱謙之：《老子史料學》，載《世界宗教研究》2002 年第 2 期。

《老子》成書於春秋末期；另一種認為，《老子》成書於戰國時期；還有一種認為，《老子》成書於秦漢之際或漢文帝時。無論如何，《老子》的作者及成書時間，或許是「煙濤微茫信難求」，而《老子》一書卻是歷史上真實的存在，「雲霓明滅或可睹」。本文依從《老子》作者及其成書時間的基本觀點，並將其作為研讀的邏輯前提。傳統社會流傳的《老子》版本，是魏晉時期王弼的注本。《老子》一書言簡而意豐，疏朗而渾融，雋永而透達，邏輯而系統，是一本專著而不是纂輯；《老子》理論前後一貫，層層推論演進，自成一家之言，這樣嚴謹而連貫的著作，一般應出於一人的手筆，即可認為是老子自著。

在先秦諸子百家中，老子是真正的哲學家，甚至可以說是唯一的哲學家。他創立了「道」的學說，建構了中華民族抽象思維和理性思辨的整體框架。黑格爾在《哲學史講演錄》一書中，對老子的思辨哲學作出較高評價，對孔子卻頗有微詞。他認為，孔子「只是一個實際的世間智者」，其著作不過是「一些善良的、老練的、道德的教訓」，「在他那裏思辨的哲學是一點也沒有的」[1]。在黑格爾的評價中，既可以體會到中西哲學的差別，又可以感悟儒道學說的差別。西方哲學以古希臘為代表，以自然為出發點，以實驗為主要方法，着力研究人與自然的關係。本體研究和形上思維是西方哲學的主流。而中國哲學以先秦為代表，以社會為出發點，着力研究人與社會的關係，比較關注政治和人生問題，且局限於社會領域探討人生和政治問題，帶有濃重的倫理道德色彩。總體而言，倫理道德思想是中國哲學的主流。

孔子創立的儒家學說與老子創立的道家學說還是有着明顯差

---

1 〔德〕黑格爾著，賀麟、王太慶譯：《哲學史講演錄》（第一卷），商務印書館1959 年版，第 119 頁。

別的，孔子學說只有倫理內容，老子學說卻具有思辨色彩。孔子學說的主題是人，是人生而不是人的存在。孔子提倡人道有為，關注的是人倫秩序而不是人存在的根據和終極價值，他努力從宗教制度和血緣紐帶中探尋政治統治和道德生活的普遍原則，這就是仁者愛人的倫理學說，「夫仁者，己欲立而立人，己欲達而達人。能近取譬，可謂仁之方也已」（《論語·雍也》）。老子學說的主題也是人，卻是人的生存而不僅僅是人生。所謂生存，相當於西方哲學的「存在」範疇，並非簡單地指「生命的存活」，而是指「生成着的存在」。老子提倡天道無為，關注的是人存在的根據及其終極價值，這就是人作為有生命的存在根據何在，其生命的根源在哪裏，人應當如何生存、怎樣生存才符合人之存在的本性等高度抽象的形上問題。老子通過批判反思和抽象思辨，最後概括昇華為道這一哲學範疇。康德指出，哲學是關於可能性的科學的某種純粹觀念，並不以某種具體的方式存在。老子之道正是康德所說的某種純粹觀念，這是老子作為哲學家的重要標誌。道是天下萬事萬物的根源，是事物運動變化的規律。道是老子思想的理論基礎和邏輯前提。老子以道為核心範疇，注釋拓展，創建了道家思想體系，構築起古代中國哲學的宏偉大廈，從而對天下萬事萬物的存在、生長和歸宿作出了本原性思考，為人的生存和社會的發展提供了形而上根據。

由於道是老子思想的最高範疇，無形中消解了「上帝」「天命」等宗教和迷信觀念，實現了古代思想史上的革命。在古代社會，統治者為了證明統治的合法性和權威性，需要藉助宗教和超自然的力量，這就是天命觀。天命觀的本質是神祕主義，認為宇宙間有個至高無上的神；主要內容是相信神靈經常關心並干預包括自然界和人類社會在內的各種事務，相信神靈具有一定的智慧，知道通過什麼樣的方式來顯示他的意願，相信神靈具有實現其意圖的權能和超自然力量。不過，古代殷商王朝和周王朝的天命觀有着明顯差異。殷

商時期的天命觀帶有濃厚的原始社會巫術傳統，核心概念是「帝」或上帝。殷商的帝與祖先合二為一，它是殷商族羣專有的守護神，而不是所有族羣的守護神，更不是普遍的裁判者。「周雖舊邦，其命維新。」（《詩經·大雅·文王》）周王朝天命觀的核心概念是「天」，比起殷商的「帝」有了明顯進步，主要表現在周朝的天是所有族羣的保護神，具有普遍性、公正性和人文性。同時，周朝為了說明取代商朝的合理性，提出了「天命靡常」的觀念，認為「非我小國敢弋殷命，惟天不畀，允罔固亂，弼我」（《尚書·多士》）。意思是，不是我們周朝敢違背殷商王朝的命令，是天不保佑商朝，而輔助我們。周朝還把天與祖先分離為二，賦予天以倫理意義和道德內容，提出「以德配天」，認為君王只有敬德保民，才能實現天人合一，得到上天的保佑。儘管周朝的天命觀有了進步，但春秋末世的戰亂、苛政、重賦、酷刑，不僅意味着社會混亂和價值失序，而且意味着「天命搖墜」和精神世界的危機。老子對當時的社會生存狀況進行了哲學反思，對統治者的天命觀進行了思想批判，提出以道的觀念取代「帝」和「天」的概念，以哲學取代宗教。在老子看來，道是「有物混成，先天地生」（《老子·第二十五章》，本章凡引用《老子》一書，只注章名）；「吾不知誰之子，象帝之先」（〈第四章〉）。這實質是中國古代思想史上的一場深刻革命，砍掉了天、帝和天命的頭，為中華文明減少宗教色彩、增進理性光芒開闢了道路。

梳理和探究老子思想，還應該認識老子思想的特點。老子思想的最大特點是玄而又玄思維。中國哲學一般關心社會而不關心自然領域，具有濃重的倫理道德色彩，以致學界有人認為中國沒有哲學，先秦時代沒有像古希臘那樣的哲學。老子是個異數，他雖然從政治和人生問題出發進行研究，卻沒有局限於社會領域，而是拓展到宇宙範圍來研究社會問題，從而把先秦思想提升到形

而上高度，抽象昇華為道的範疇。這是老子對中華文明最大的貢獻，也是老子被稱為中國哲學之父的主要根據。道是老子思想的根基，創生天地萬物而又內在於萬物之中。道不能被感覺知覺，只能通過理性直覺的思維方式進行把握，「玄之又玄，眾妙之門」（〈第一章〉）。

　　老子思想的主要特點是批判反省思維。面對春秋末年周王室衰微和禮崩樂壞的形勢，老子對文明基本持一種批判的態度。古今許多思想家批判過文明，但只有老子把整個文明都拿來批判，「大道廢，有仁義；慧智出，有大偽；六親不和，有孝慈；國家昏亂，有忠臣」（〈第十八章〉）。在老子看來，當時倡導和力圖恢復的仁義禮教，都是統治者積極有為的結果，不僅不是解決問題的手段，而且還是造成問題的根源。仁義是一套宣傳說辭，讓人變得虛偽無恥；禮教成了一套乾癟僵硬的桎梏，似乎在強制地拉着人們前行；知識和巧智造就了更多的麻煩，似乎變成了互相之間的算計關係。為此，老子明確提出了「無為」和「自然」的主張。批判性思維並不是否定一切，而是在接受已有的各種觀點之前必須進行審查和質疑，這是人類應具備的健康的思維能力。

　　老子思想的重要特點是「正言若反」思維。錢鍾書認為：「夫『正言若反』，乃老子立言之方，五千言中觸處彌望。」[1]老子的正言若反，主要是對事物本質和規律的認識，這就是矛盾，「反者，道之動」（〈第四十章〉）。矛盾是老子最具原創性和穿透力的思想，具有強大的輻射能力，滲透於宇宙、社會和政治等諸多方面，形成了一種運用得非常普遍、通達和經得起闡釋的語言方式。在宇宙方面，矛盾由觀念推衍到宇宙時空，演化為相反相成的認知視境；在社會方面，矛盾由宇宙時空轉變為人生社會，演化為以曲求全的

---

[1] 錢鍾書著：《管錐編》（二），生活·讀書·新知三聯書店 2001 年版，第 717 頁。

生存原則；在政治方面，矛盾由人生社會集中於政治領域，演化為柔弱勝剛強的謀略方針。同時，正言若反是一種語言風格和修辭手法，將一些對立的概念組織在一起，以說明相互之間的聯繫、區別、轉化和流動。這不僅增添了老子思想的內涵，而且加強了表達效果，使研讀《老子》更加耐人尋味。正言若反與批判性思維密切關聯，批判性思維是正言若反的本質內容，正言若反是批判性思維的最好表達方式。

　　老子思想的另一個特點是善用比喻。中國哲學不善於定義概念和範疇，卻善於運用故事或比喻來闡述深奧的道理。思想家的比喻，總是建立在想像的基礎上，產生出某種感覺效果，使抽象化的思辨獲得形象生動的間接表達。老子是比喻高手，所用喻體卓然不羣、個性鮮明，老子思想最主要的喻體是水、女性和嬰兒。以水喻道，是生命源泉的形象追索；以女性喻道，是生命原始力量的深情回憶；以嬰兒喻道，是生命原初狀態的天真體驗。在第六十四章中，老子一連用了三個比喻，可謂密集之至，說明事物從微小發展至壯大以及防患於未然、治之於未亂的道理，「其安易持，其未兆易謀，其脆易泮，其微易散。為之於未有，治之於未亂。合抱之木，生於毫末；九層之台，起於累土；千里之行，始於足下」（〈第六十四章〉）。

二、道法自然

　　雅斯貝斯在《大哲學家》一書中將老子列為「原創性形而上學家」。為什麼稱老子為形而上學家呢？這就需要弄清楚哲學與形而上學兩個概念及其相互關係。哲學一詞源於古希臘，意為「熱愛智慧、追求真理」，19 世紀由日本學者翻譯並進入中國；哲在漢字中有「善於思辨、學問精深」的含義，因而哲學一詞既符合古希臘的

原意，又有中國的文化基礎，從而被廣泛接受和運用。但是，中國哲學傳統與西方哲學傳統有着明顯差異，中國哲學側重於探究「人與人」的關係，以「有知探索未知」的方式歸納提煉政治道理和倫理準則；西方哲學側重於探究「人與物」的關係，以「有知驗證未知」的方式提煉昇華為科學道理和自然法則。對於哲學的概念，古今中外一直存有爭議，卻普遍認為哲學是研究整個世界一切事物、現象的共同本質和普遍規律；哲學研究的基本範圍還是由古希臘學者奠定的，主要是形而上學、知識論和倫理學。由此可見，哲學與形而上學是主從關係，形而上學屬於哲學範疇，是哲學的重要組成部分。所謂形而上學，是指哲學中探究宇宙萬物根本原理的那一部分內容。在西方，形而上學又形成了本體論、宇宙論和生命科學。本體論，研究宇宙萬物之上、一切現象之外的終極實在；宇宙論，研究宇宙的生成、變化和時空結構；生命科學，研究生命的起源、進化和本質及其與宇宙、終極實在的關係。老子提煉昇華道這一概念，把道作為宇宙的根源和終極實在，建立起以道為最高範疇的哲學體系，較好地解釋了宇宙萬物的共同本質和基本規律。

　　老子之道首先是天道，闡述了人與自然的關係。對於中國思想史的發展而言，老子之道具有里程碑意義，否定了天命和神的存在。任何民族的文化都是從宗教開始的，都有天命和鬼神的觀念。在中國古代思想史上有一條不成文的規則，就是統治者都是以天命神權來詮釋皇朝、皇權的合法性；思想家都把天命作為解釋一切社會、政治和歷史現象的重要依據。先秦時期雖然是天命鬼神逐步衰落的時期，但當時的思想家大都保留着天命鬼神的觀念，即使像孔子這樣比較理性的思想家，仍強調要「畏天命」；認為「祭如在，祭神如神在」（《論語·八佾》）。唯有老子徹底拋棄了天命鬼神觀念，強調「道法自然」，道是「象帝之先」。與此同時，老子之道奠定

了中國古代一元本體論哲學的理論基礎。先秦思想家在論及世界本原時，大都還是多元本體論者，他們認為世界的本質和起源是多元的，而不是一元的，「八卦」說、「五行」說以及「陰陽」說就是多元本體論的理論形式。唯有老子創造出以「道」為天地萬物本原和起源的本體論哲學，取代以往的多元本體論。此外，老子之道決定了中國古代兩種互相對立的哲學路線的發展方向。老子之後，一些哲學家把道解釋為無或無有，建構起精神本體論的哲學路線，宋明理學就是精神本體論的代表；另一些哲學家則把道解釋為精氣、元氣，建構起物質本體論的哲學路線，稷下道家的精氣說和黃老學者的元氣說就是物質本體論的代表。當然，老子之道的貢獻不僅在於思想發展史中的地位和作用，更在於它深刻的思想內涵和耀眼的智慧結晶。

老子之道是本體論。老子以抽象思維方式探究回答了世界本原問題，認為道就是世界的本原。作為世界本原，老子之道超越了天地萬物的現象和表徵，具有永恆性和普適性。永恆性是從時間維度思考的，只要人類社會存在，道都是對世界本原和起源的一種解釋；普適性則是從空間維度思考的，只要是人類能夠感覺感知的事物，大至宇宙深空，小至基本粒子，道都能夠給予說明和論證。

老子之道不可能被感覺感知，只能通過理性直覺來把握，這是因為道無形無物。道的無形表現在「視之不見名曰夷，聽之不聞名曰希，搏之不得名曰微。此三者不可致詰，故混而為一」。有人注解「致詰，猶言思議」。道的無物表現在「其上不皦，其下不昧，繩繩不可名，復歸於無物。是謂無狀之狀、無物之象。是謂惚恍。迎之不見其首，隨之不見其後」（〈第十四章〉）。意思是，道的上面不顯得光亮，下面也不顯得陰暗。道綿綿不絕而不可名狀，一切的運動都會回到不見物體的狀態。這是沒有形狀的形狀，不見物體

的形象，稱為惚恍。迎着它，看不見它的前頭；隨着它，卻看不見它的後面。這是因為道不可名狀，《老子》第一章開篇就指出，「道可道，非常道；名可名，非常名」。這是本體論的表述，思想非常深刻，意指那些可說可名的東西都不是永恆的，因而也不可能成為世界的本原。管子也說：「物固有形，形固有名。」（《管子·心術上》）名隨形而定，既然道為無形，那就不可名了。有趣的是，老子還是命名了自己理解的世界本原叫做道。老子似乎感到了自我矛盾，無奈地說：「吾不知其名，字之曰道，強為之名曰大」。（〈第二十五章〉）這是因為道並非絕對和靜止的虛無。老子之道是實存而不是實有，實存就是空無所有，「道之為物，惟恍惟惚。惚兮恍兮，其中有象；恍兮惚兮，其中有物。窈兮冥兮，其中有精；其精甚真，其中有信」（〈第二十一章〉）。意思是，道是恍恍惚惚的。那樣的惚惚恍恍，其中卻有跡象；那樣的恍恍惚惚，其中卻有實物；那樣的深遠暗昧，其中卻有物質；那樣的暗昧深遠，其中卻是可信驗的。有的學者根據這段話，將老子之道理解為似無實有、似有實無，這是不符合原意的。比較合理的解釋，老子之道應是似無非無、似有非有。

老子之道是宇宙論。哲學不僅要探究世界的本原，而且要探究宇宙萬物的起源和發展變化。作為宇宙論，老子之道是超越宇宙萬物的具體存在而又內在於萬物的形而上本體，具有無窮的創造力，蘊涵着無限的可能性，「道沖而用之或不盈」（〈第四章〉）。沖為盅，比喻道的空虛。意思是，道有着無窮無盡的空間，因而能夠無窮無盡地使用。宇宙萬物的蓬勃生長，都是道的創造力的具體表現。從萬物生生不息、欣欣向榮的過程中，可以體悟到道的勃勃生機和無窮活力。

老子之道與宇宙萬物的關係，在時序上是先後關係。道不受時間和空間的限制，不會因宇宙萬物的生滅變化而有所影響，「有物

混成，先天地生」（〈第二十五章〉）。〈第四章〉也表達了類似的思想，「吾不知誰之子，象帝之先」。王安石注云：「『象』者，有形之始也；『帝』者，生物之祖也。故〈繫辭〉曰：『見乃謂之象。』『帝出乎震。』其道乃在天地之先。」（《老子注》）在本質上是母與子關係。道創生宇宙萬物類似於母親孕育生命。老子經常用母親來比喻道，循環運行創生萬物，既形象又傳神，「寂兮寥兮，獨立不改，周行而不殆，可以為天下母」（〈第二十五章〉）。王弼注云：「寂寥，無形體也。」（《老子道德經注》）〈第五十二章〉更是明確用母與子的關係比喻道與萬物的關係，「天下有始，以為天下母。既得其母，以知其子；既知其子，復守其母，沒身不殆」。意思是，天下萬物有其本始，這個本始是天下萬物之母。得到了母親，就知道孩子；知道了孩子，又能守住母親，那就終身無憂了。在演化上是有與無的關係。道創生宇宙萬物是個運動變化的過程，而有與無就是道的運動方式，就是道由形而上轉入形而下、由無形質落向有形質的過程。「無，名萬物之始；有，名萬物之母。故常無，欲以觀其妙；常有，欲以觀其徼。此兩者同出而異名，同謂之玄。」（〈第一章〉）意思是，無，是形成天地的本始；有，是創生萬物的根源。所以常從無中，去觀照道的奧妙；常從有中，去觀照道的端倪。無與有同一來源而不同名稱，都可說是很幽深的。老子認為，道就是無，無中生有，進而開始有與無的運動，「道生一，一生二，二生三，三生萬物」（〈第四十二章〉）。

老子之道是辯證法。這是老子哲學最深刻的思想，也是老子給中外思想史留下最鮮明的印記。老子是辯證法大師，《老子》有着無比豐富而深刻的辯證法思想。老子之道根本的生命力在於「反者，道之動」（〈第四十章〉），道運動的根源在於矛盾，在於對立面的存在。老子認為，相反相成是道運動的基本內容。天地萬事萬物都有它的對立面，由於有對立面，才能形成宇宙及其發展變化。〈第

二章〉首先指出，人類社會關於美醜、善惡的價值是在對立面統一中形成的，「天下皆知美之為美，斯惡已；皆知善之為善，斯不善已」。繼而指出天下萬事萬物也是相反相成的，「故有無相生，難易相成，長短相較，高下相傾，音聲相和，前後相隨」。相反相成，必然走向物極必反。任何事物都包含着否定性因素，事物的發展總是由肯定向否定方向運行；當否定性成為主導因素，事物也就走向了自己的反面。這就好比月盈則缺、花盛則衰，「禍兮福之所倚，福兮禍之所伏。孰知其極？其無正？正復為奇，善復為妖」（〈第五十八章〉）。奇為邪，妖為不善。意思是，禍啊，是福所依憑的東西；福啊，是禍所隱藏的地方。誰知道它們變化的究竟？是沒有定準嗎？正又變為邪，吉又變為凶。

老子認為，正像若反是道運動的重要標誌。任何事物的本質與現象既可能是統一的，也可能是矛盾的，〈第二十二章〉從六個方面闡明事物正像若反的道理，提醒人們要從反面關係中觀看正面，這比只看到正面更有積極意義，「曲則全，枉則直，窪則盈，敝則新，少則得，多則惑。是以聖人抱一為天下式」。同時提醒人們要重視相反對立面的作用，說明反面作用比正面作用更大，「大成若缺，其用不弊。大盈若沖，其用不窮。大直若屈，大巧若拙，大辯若訥」（〈第四十五章〉）。意思是，最完滿的東西好像有欠缺一樣，但它的作用是不會衰竭的；最充盈的東西好像是空虛一樣，但它的作用是不會窮盡的。最正直的好像是歪曲一樣，最靈巧的東西好像是笨拙一樣，最卓越的辯才好像是口訥一樣。老子認為，循環運行是道運動的必然現象。任何事物運動都會復歸，回到原初狀態和原來的出發點。《老子》充滿了返本思想，認為道與歷史的運行，都是依照循環的方式，「大曰逝，逝曰遠，遠曰反」（〈第二十五章〉）。王弼注云：「逝，行也。」（《老子道德經注》）張岱年認為：「大即道，是所以逝之理，由大而有逝，由逝而愈遠，宇宙乃是逝逝不已的無

窮的歷程。」[1]老子明確指出復歸返本是永恆規律，「夫物芸芸，各復歸其根。歸根曰靜，是謂覆命。覆命曰常，知常曰明。不知常，妄作，凶」（〈第十六章〉）。意思是，萬物紛紛芸芸，各自返回到它的本根。返回本根叫做靜，靜叫做回歸本原。回歸本原是永恆的規律。認識永恆的規律，叫做明智；不認識永恆的規律，輕舉妄動，就會出亂子。

　　老子之道是認識論。所謂認識論，是指研究人類認識的本質及其發展過程的哲學理論。老子沒有更多地探究人的認識問題；《老子》一書涉及認識論的篇章也不多，這並不表明老子哲學中沒有認識論因素。從老子談論常道與非常道、常名與非常名來分析，老子在一定程度上意識到了思維與存在的差異性，認為道是不能言說的，能夠言說的就不是常道，實質是說明人的認識不可能與客體完全同一，人們不可能完全認識道，只能不斷地趨近於道。老子認為，道不能靠感性經驗和理性思維去認識，而要靠理性直覺去體悟。老子的認識論十分重視人的抽象思辨和直覺思維，更加關注主體自我的心靈作用。

　　由於重視心靈的體悟，老子強調理性直觀自省，「不出戶，知天下；不窺牖，見天道。其出彌遠，其知彌少。是以聖人不行而知，不見而名，不為而成」（〈第四十七章〉）。意思是，不出門外，能夠推知天下的事理；不望窗外，能夠了解自然的法則。越向外奔逐，對道的認識就越少。所以聖人不出行卻能感知，不察看卻能明曉，無為而能成功。由於重視心靈的體悟，老子對學習知識和學道悟道作了區分，「為學日益，為道日損。損之又損，以至於無為，無為而無不為」（〈第四十八章〉）。為學指的是一般的求知活動，

1　張岱年著：《中國哲學大綱》，中國社會科學出版社 1982 年版，第 94 頁。

而知識要通過學習才能不斷增加和豐富，所以是「日益」。為道指的是認識道、體悟道，這是一種內心的精神修煉，與為學相反，要減少知識，拋棄成見，袪除心靈的遮蔽，以達到清靜無為的悟道之境。由於重視心靈的體悟，老子要求達到空明清靜的最佳心態，進而認識事物的本質和規律，「致虛極，守靜篤，萬物並作，吾以觀復」（〈第十六章〉）。馮友蘭認為，老子所講的認識方法，主要是「觀」，「『觀』要照事物的本來面貌，不要受情感慾望的影響，所以說『致虛極，守靜篤』，這就是說，必須保持內心的安靜，才能認識事物的真相」[1]。

三、無為而治

　　南懷瑾在講解《老子》之前，做過一個意味深長的比喻：「儒家像糧食店，絕不能打。否則，打倒了儒家，我們就沒有飯吃——沒有精神食糧；佛家是百貨店，像大都市的百貨公司，各式各樣的日用品俱備，隨時可以去逛逛，有錢就選購一些回來，沒有錢則觀光一番，無人阻攔，但裏面所有，都是人生必需的東西，也是不可缺少的；道家則是藥店，如果不生病，一生也可以不必去理會它，要是一生病，就非自動找上門去不可。」[2] 人吃五穀雜糧，哪有不得病的道理，所以在社會生活中，藥店是絕對不可缺少的。當然，南懷瑾所說的「生病」，主要不是指人的身體生病，而是指人的心靈生病；主要不是指個體生病，而是指社會生病，指統治者治理國家出了問題，造成了社會動亂。因此，老子開的藥店是政治藥店，老子之道的本質是治道。所謂治道，就是政治之道，就是闡述以及處

1　馮友蘭著：《三松堂全集》（第七卷），河南人民出版社 2000 年版，第 266 頁。
2　《南懷瑾選集》（第二卷），復旦大學出版社 2013 年版，第 6 頁。

理人與人、人與社會之間的關係。老子的政治思考既有天道的理論構想，又有治道的實踐模式。《老子》從頭到尾講的都是統治術；研讀《老子》，就會感到有一種指點帝王、激揚文字的氣勢。

作為治道，老子之道具有強烈的批判性。老子經常站在老百姓和弱勢羣體的立場，揭露社會制度的弊端，抨擊統治階級的腐朽。面對統治者的剝削和厚斂重稅，老子批判：「民之飢，以其上食稅之多，是以飢。民之難治，以其上之有為，是以難治。民之輕死，以其求生之厚，是以輕死。夫唯無以生為者，是賢於貴生。」（〈第七十五章〉）意思是，人民之所以飢餓，就是由於統治者吞吃稅賦太多，因此陷於飢餓。人民之所以難治，就是由於統治者強作妄為，因此難以管治。人民之所以輕死，就是由於統治者奉養奢厚，因此輕於犯死。只有清靜恬淡的人，勝於奉養奢厚的人。面對統治者的嚴刑峻法，〈第七十四章〉開篇就對濫刑殺人提出抗議，「民不畏死，奈何以死懼之！」語出反詰，振聾發聵。接着指出：「若使民常畏死，而為奇者吾得執而殺之，孰敢？」王弼注云：「詭異亂羣，謂之奇也。」（《老子道德經注》）最後指出：「常有司殺者殺，夫代司殺者殺，是謂代大匠斲。夫代大匠斲者，希有不傷其手矣。」司殺者、大匠，意指天道，即警告統治者不要代替天道去殺人，不要越權殺人，這就如同代替木匠去砍木頭一樣。那些代替木匠砍木頭的人，很少有不砍傷自己手的。面對統治者的不公和社會貧富差距過大，老子將自然規律與社會運行狀況進行對比，強調天道的公平，「天之道，其猶張弓與！高者抑之，下者舉之；有餘者損之，不足者補之」。同時激烈批判人道的不公平，「天之道，損有餘而補不足。人之道則不然，損不足以奉有餘」（〈第七十七章〉）。

老子批判社會現實最精彩的部分是強烈地反對戰爭，反對戰爭的實質是尊重生命，防止濫殺民眾，充滿着人性光輝和人道主義溫情。〈第三十章〉開篇就指出統治者不能靠軍力和戰爭逞強天下，

「以道佐人主者，不以兵強天下，其事好還」。意思是，用道輔助君主的人，不靠軍事逞強於天下。用兵這件事會遭到報應。接着指出戰爭的殘酷性，「師之所處，荊棘生焉。大軍之後，必有凶年」。繼而指出明智的統治者是如何用兵的，「善有果而已，不敢以取強。果而勿矜，果而勿伐，果而勿驕，果而不得已，果而勿強」。意思是，善用兵者達到目的就行，不敢用兵力來逞強。戰勝了不要自滿，戰勝了不要自誇，戰勝了不要驕傲，戰勝了也是出於不得已，戰勝了千萬不能逞強。

　　老子在批判春秋亂世和統治無道的過程中，建構起道家的政治學說，後人一般稱之為「君人南面之術」。這是有道理的，因為老子之治道主要是說給統治者聽的，是對統治者提出要求，概言之就是統治術。但是，老子之治道是政治原理而不是具體的統治權謀和官僚技術；老子之治道的理論基礎是天道，天道是形而上的，闡述道與天地萬物的關係，形而下入政治共同體後，就是治道，重點是君王與百姓的關係。天道效法自然，治道效法天道，就是奉行無為而治，「道常無為而無不為，侯王若能守之，萬物將自化」（〈第三十七章〉）。無為而治是對統治者的基本要求，是治道的根本原則。圍繞無為而治，老子提出了系統完整的政治構想。

　　「小國寡民」，是老子之道對統治者治國圖景的理想要求。任何思想家都要設計理想的政治圖景和治理目的，這既為統治者提供奮鬥目標，又為統治者注入行為動力。〈第八十章〉集中描述了老子的政治理想圖景，這就是「小國寡民」。在這樣的社會生活中，先進的器械以及交通工具，甚至連文字都可以棄而不用，更沒有戰爭和殺戮，「使有什伯之器而不用，使民重死而不遠徙。雖有舟輿，無所乘之；雖有甲兵，無所陳之；使人復結繩而用之」。什伯之器，意指十倍百倍於人力的器械。在這樣的社會生活中，自給自足，人民過着純樸自然的古代村社生活，「鄰國相望，雞犬之聲相聞，民

至老死不相往來」。在這樣的社會生活中，人民安居樂業，生活幸福，即「甘其食，美其服，安其居，樂其俗」。如果說小國寡民帶有桃花源的虛幻和小農經濟的濃厚色彩，那麼，這四句話、十二個字則是老子理想社會的價值所在，具有時空超越性。古今中外，只要是正常的統治者，都會追求這「四句話、十二個字」的政治圖景。

對於小國寡民社會，老子還強調絕聖棄智和絕仁棄義。我們知道，老子思維注重正言若反。一般人觀察分析事物，往往注意正面形象而忽視反面作用，而老子更多關注的是事物的反面作用和負面影響。老子認為，智慧和仁義都有着反面作用。在智慧方面，老子主要不是指知識智慧，而是指心智，即虛偽狡詐的心智。老子既看到了智慧與大偽的區別，又看到了兩者之間的聯繫。智慧的出現和不斷發展，一方面增強了人們認識和改造世界的能力，另一方面也隨之出現了陰謀詭計和狡詐虛偽，這正是智慧的反面作用，是智慧給人類社會帶來的負面影響。〈第六十五章〉明確反對以智治國，一開篇就讚頌古代優秀治國者，「古之善為道者，非以明民，將以愚之」。河上公注云：「不以道教民明，智巧詐也。」愚為「使質樸不詐偽」（《老子道德經河上公章句》）。接着猛烈抨擊以智治國的禍害，「民之難治，以其智多。故以智治國，國之賊；不以智治國，國之福」。最後指出：「知此兩者，亦稽式。常知稽式，是謂玄德。玄德深矣，遠矣，與物反矣，然後乃至大順」。稽為法則，這幾句話的意思是，認識以智治國和不以智治國的差別，這就是治國的法則。常守住這個法則，就是玄德。玄德深啊遠啊，與萬物復歸於大道，然後就達到太平之治。

在仁義方面，老子看到了大道之廢與仁義興起之間的密切關係，提倡仁義往往是因為社會上存在着大量的不仁不義行為，兩者總是相反相成、互相依存的。而且還看到了仁義的負面作用，仁義既可用來提高人們的道德水平，維持社會秩序，也可以成為野心家

和陰謀家文飾自己、沽名釣譽的手段以及攻擊他人的武器，「故失道而後德，失德而後仁，失仁而後義，失義而后禮。夫禮者，忠信之薄而亂之首」（〈第三十八章〉）。因此，老子憧憬小國寡民社會，「絕聖棄智，民利百倍；絕仁棄義，民復孝慈；絕巧棄利，盜賊無有。此三者，以為文不足，故令有所屬，見素抱樸，少私寡欲」（〈第十九章〉）。意思是，拋棄聰明與智巧，民眾才能獲利百倍；拋棄仁與義的法則，民眾才能回歸孝慈；拋棄機巧與貨利的誘惑，盜賊才能消失。以上三種巧飾之物，不足以治理天下，因此要讓民心有所歸屬，就要外表單純而內心淳樸，少有私心而降低慾望。

「不知有之」，是老子之道對統治者治國水平的理想要求。《老子》一書實質是帝王之學，教導帝王如何治國安邦。按照自然無為原則，老子將統治者的治國水平分為四個層次，核心是要誠實、誠信地對待百姓。「太上，不知有之。其次，親而譽之。其次，畏之。其次，侮之。信不足，焉有不信焉。」（〈第十七章〉）意思是，最好的國君，百姓都不知道他的存在。次一等的國君，有百姓親近他讚揚他。再次一等的國君，百姓都畏懼他。最下等的國君，百姓都敢蔑視侮辱他。所以，缺乏誠信的統治者，也就得不到百姓的信任。王弼對「太上」注云：「太上，謂大人也。大人在上，故曰太上。大人在上，居無為之事，行不言之教，萬物作焉而不為始，故下知有之而已，言從上也。」（《老子道德經注》）林語堂對最下等的國君作出解釋：「最末等的國君，以權術愚弄人民，以詭詐欺騙人民，法令不行，人民輕侮他。這是什麼緣故呢？因為這種國君本身誠信不足，人民當然不相信他。」[1]對於「太上，不知有之」，有的

1　林語堂著：《老子的智慧》，陝西師範大學出版社 2006 年版，第 86 頁。

版本作「下知有之」，王弼也是如此，意義大體相同，即指老百姓僅僅知道國君的存在。老子認為，統治者治國的最高境界是讓老百姓「不知有之」或僅僅是「下知有之」。

那麼，統治者如何做到「不知有之」呢？這就涉及君王與臣屬的關係。君王治理天下一般是通過臣屬的行為間接實現的。君王要達到「不知有之」的目的，首先要效法天道的「不自生」，真正做到「無私」，即「天長地久。天地所以能長且久者，以其不自生，故能長生。是以聖人後其身而身先，外其身而身存。非以其無私邪？故能成其私」（〈第七章〉）。這是君王駕馭臣屬的前提和贏得臣屬信任的基礎。關鍵是秉要執本，清虛以自守，卑弱以自恃。具體來說，君無為而臣有為，莊子作了全面闡述，認為上有為或下無為，都不是君臣的正常關係，「上無為也，下亦無為也，是下與上同德；下與上同德，則不臣。下有為也，上亦有為也，是上與下同道；上與下同道，則不主。上必無為而用天下，下必有為為天下用。此不易之道也」（《莊子·天道》）。君要愚而臣要智，「我愚人之心也哉！沌沌兮！俗人昭昭，我獨昏昏；俗人察察，我獨悶悶。兮其若海，飂兮若無止。眾人皆有以，而我獨頑似鄙。我獨異於人，而貴食母」（〈第二十章〉）。如果從君王與臣屬的關係來理解，意思是，君王真是愚人的心胸啊，終日混混沌沌。臣屬都自我炫耀，君王卻糊裏糊塗。臣屬都工於算計，君王獨茫然無知。心是那樣遼闊，就像大海無邊無垠；思緒像疾風勁吹，飄揚萬里沒有盡頭。臣屬都各有所用，君王獨顯得鄙劣無能。君王是這樣的與臣屬不同，君王尋求道的滋養。君要靜而臣要動，「得道者必靜，靜者無知，知乃無知，可以言君道也」（《呂氏春秋·君守》）。老子認為，君王治理國家要做到虛靜，在處理事情時，自己不動聲色，讓臣屬紛紛議論；自己不直接動手，讓臣屬去處置。即使君王要有所作為，也要儘量減少動作，「治大國若烹小鮮」（〈第六十章〉）。法

家吸取了老子這一思想，認為君王不動聲色，可以使羣臣不知道君王的喜好，從而更有利於駕馭臣屬。老子的政治學說容易被誤解為陰謀權術，其原因大概在於此，卻不符合老子治道無為的本意。

「聖人之治」，是老子之道對統治者治國品格的理想要求。聖人是老子為世俗統治者樹立的執政和治國安邦的榜樣，也是實現老子政治理想的人事保證。任何事都是人做的，沒有人什麼事也做不成，沒有合適的人什麼事也做不好，這是最基本的政治道理。對於政治而言，好的政治需要好的統治者。在老子看來，他的小國寡民圖景和無為而治原則，只有具備聖人品格的統治者才能擔當和組織實施。這是因為聖人能夠忍辱負重，「是以聖人云：『受國之垢，是謂社稷主；受國不祥，是為天下王。』正言若反」（〈第七十八章〉）。社稷是古代帝王祭祀的土神和穀神，後指稱國家。意思是，所以聖人說，能夠承受一國的恥辱，就可以成為國家的君王；能夠承受一國的災禍，就可以成為天下的君王。這正話聽起來好像是反話。這是因為聖人能夠守道不爭。世人都喜歡追逐事物的顯相和正面現象，喜歡求全求盈求多，從而容易引起社會紛爭；聖人則不然。〈第二十二章〉以聖人為例闡述不爭之道理，「是以聖人抱一為天下式。不自見故明，不自是故彰，不自伐故有功，不自矜故長」。意思是，因此聖人守道，作為天下事理的範式，不自我表揚，所以是非分明；不自以為是，所以聲名昭彰；不自我誇耀，所以能建立功勳；不自高自大，所以能領導眾人。接着指明不爭的效果，「夫唯不爭，故天下莫能與之爭。古之所謂曲則全者，豈虛言哉！誠全而歸之」。

這是因為聖人能夠尊重百姓，能夠摒棄主觀意志和慾望，不以自我成見作為判斷是非好惡的標準，能寬容待人、和光同塵，以百姓意願為意願，「聖人無常心，以百姓心為心。善者，吾善之；不善者，吾亦善之，德善。信者，吾信之；不信者，吾亦信之，德信」。

同時，聖人之治是渾厚真樸的，「聖人在天下，歙歙焉，為天下渾其心。百姓皆注其耳目，聖人皆孩之」（〈第四十九章〉）。意思是，聖人治理天下，顯得安詳和合，讓天下人的心歸於渾樸。百姓都運用自己的聰明，耳目各有所關注，聖人卻孩童般地看待他們。這是因為聖人能夠無為而無不為。無為不是無所作為，而是無為而治，統治者儘量減少強制性的作為，充分尊重老百姓的權利和能力，達到治理好百姓的目的，「故聖人云，我無為而民自化，我好靜而民自正，我無事而民自富，我無欲而民自樸」（〈第五十七章〉）。統治者的無為、好靜、無事、無欲，歸根結底是無為而治，是要有作為，即讓老百姓自化、自正、自富和自樸。這是多麼美好的治理圖景以及統治者與老百姓的良好關係啊！

四、見素抱樸

希臘德爾斐神廟的門楣上刻着一句名言，叫做「認識你自己」。古希臘哲學家蘇格拉底將這一名言作為哲學的基本原則，與青年尤蘇戴莫斯就道德與非道德話題進行了機智的談話。尤蘇戴莫斯把欺騙、虛偽、奴役、偷竊等列入非道德範疇，蘇格拉底則用相反的事例加以引導，「作戰時，潛入敵方軍營，偷竊其作戰地圖，是非道德行為嗎？為防絕望中的朋友自殺，把他藏在枕頭下的刀偷走，難道不應該嗎？生病時兒子不肯吃藥，父親欺騙他，把藥當作飯給他吃，很快就治好了病，這種行為是非道德的嗎？」[1]蘇格拉底認為，趨善避惡是人的本性，關鍵取決於他的知識。每個人在他有知識的事情上是善的，在沒有知識的事情上則是惡的。道德也是如

1　陳志堅編著：《哲學簡史》（歐洲卷），線裝書局 2006 年版，第 36 頁。

此，即不知何為道德，就不能做到道德；知道了什麼是道德，才能做到道德。當尤蘇戴莫斯接受這些看法時，蘇格拉底進而指出，對於人而言，什麼樣的知識最為重要呢？這就是「認識你自己」。在蘇格拉底看來，善是萬物的內在原因和目的，具體到人身上則表現為德性，是指人的本性。「認識你自己」，就是認識德性，認識人的本性。偉大智者的心靈總是相通的，作為軸心時代同等重要的思想家，老子與蘇格拉底雖遠隔千山萬水，卻是「心有靈犀」，他提出了同樣的哲學命題，這就是「知人者智，自知者明」。有趣的是，老子和蘇格拉底雖然用了道和善兩個不同的概念論述世界的本原，但對於道和善在人身上的具體表現，卻不約而同地使用了德的概念。

中國哲學與西方哲學不同，一向不為知識而求知識，而是為人生而求做人，道德色彩比較濃厚，倫理思想比較豐富。先秦思想家們雖然都以拯救亂世、匡正時弊為宗旨，但其出發點和落腳點卻在人生。他們都在思考生命的意義和價值，都在着力建立與其基本理論相符合的理想人格理論。馮友蘭指出：「由於哲學探究的主題是內聖外王之道，所以學哲學不單是要獲得這種知識，而且是要養成這種人格。」[1] 先秦思想家都有自己的理想人格，其哲學底蘊和思想內涵卻有着很大差異。孔子貴仁，「仁者愛人」，依據仁建立了君子的理想人格。君子主要是一個倫理範疇，核心是智、仁、勇的統一，目的是品德和功業，即不僅要品德高尚，而且要建功立業，不僅要自己的道德高尚，而且要推己及人、惠及百姓，「子路問君子。子曰：『修己以敬。』曰：『如斯而已乎？』曰：『修己以安人。』曰：『如斯而已乎？』曰：『修己以安百姓。修己以安百姓，堯舜其猶病

1　馮友蘭著：《三松堂全集》（第六卷），河南人民出版社 2000 年版，第 12 頁。

諸？』」（《論語‧憲問》）墨家貴兼，倡導「兼相愛，交相利」，在此基礎上建立了賢人的理想人格。先秦時期，賢人是輔佐君主統一天下的有才能和有德行的人。墨家最推崇賢人，認為賢人是政治的根本，「國有賢良之士眾，則國家之治厚；賢良之士寡，則國家之治薄」（《墨子‧尚賢上》）。法家貴法，力主法治，其理想人格是尊主卑臣；「信賞必罰，以輔禮制」（《漢書‧藝文志》）；「不別親疏，不殊貴賤，一斷於法，則親親尊尊之恩絕矣」（《史記‧太史公自序》）。老子貴柔，主張無為，建構起聖人的理想人格。圍繞聖人，他提出了柔、愚、嗇、樸、慈、儉、靜、弱等人格規範，形成了理想人格的思想體系。

老子的理想人格，迥異於孔子、墨家、法家的理想人格，最大的差異在於理論基礎不同。老子思想的理論基礎是道，道與其說是一個倫理範疇，不如說是一個哲學範疇。老子依據道建構的理想人格，具有本體論意義，因而思想更深刻，邏輯更徹底；其他先秦思想家的理想人格只有倫理學意義。研究先秦思想家的理想人格，不能不涉及道德範疇，先秦思想家一般是在倫理學意義上使用道德範疇的，而且道與德是合併使用的。在老子哲學中，道與德是分開使用的，道更多地表達本體論的內容，德更多地表達價值論的內容。《老子》一書分為上下篇，上篇第一章至第三十七章為「道經」，主要闡述道的原旨；下篇第三十八章至第八十一章為「德經」，主要說明道的作用，全書渾然一體，貫穿着尊道貴德的思想。所謂德，王弼注云：「德者，得也。常得而無喪，利而無害，故以德為名焉。何以得德？由乎道也」（《老子道德經注》）。道與德的關係是道為體、德為用，德是道與天地萬物的聯繫和轉化機制，道通過德落實於天地萬物，內化到每一個個體事物中，成為每一個個體事物的本質和特性，「道生之，德畜之，物形之，勢成之。是以萬物莫不尊道而貴德。道之尊，德之貴，夫莫之命而常自然」（〈第五十一

章〉）。意思是，道化生萬物，德蓄養萬物，物賦予形體，勢促使完成。所以萬物沒有不尊崇道而珍視德的。沒有給道和德加封，道和德的尊貴在於自然。對於人生而言，德既是道的實現，也是道的主體化。道實際上是生命的源泉和根本，是一種潛能或潛在性存在；德則是主體實現的原則，是一個價值範疇，由修德而復道，說明道也是一個價值本體。

老子之道形而下到人生層面，其所顯現的特性而為人類所體驗所效法者，都是屬於德的活動範圍，這就是人道。人道思考的是人與自身的關係，研究人的德性問題。老子之人道既是道德哲學，又是德性之學。在人道那裏，德雖然源於道，但不再是本體論範疇，而是一個主體的實現原則，變成了人生修養或修身的問題。修身的本質是處理人與道的關係，修身的水平不同，導致人與道的不同關係。有的人修身好，與道就接近，甚至能夠合一；有的人修身不夠，則與道不合一，甚至遠離。老子把他們區分為上德與下德、有德與無德之人，「上德不德，是以有德；下德不失德，是以無德。上德無為而無以為，下德為之而有以為。上仁為之而無以為，上義為之而有以為，上禮為之而莫之應，則攘臂而扔之」（〈第三十八章〉）。老子所謂的上德，是無為之德，不自知有德，不自居有德，卻能成就德的最高境界；下德是有為之德，以德自居，孜孜以求，最後歸於無德。老子推崇的是上德，上德之人就是聖人，就是有道之士，就是具有高尚道德修養的人。如何通過修身，達到上德境界，老子之人道提供了思路和方法。

復歸嬰兒，保持精神上的純真，這是老子之人道的內修本領。嬰兒是生命的象徵，無知無欲、自然天真、純潔樸實，而嬰兒卻有着無限發展的潛力和可能。老子從嬰兒身上看到了人生心靈修養的本質和途徑，他運用嬰兒的比喻，具體闡述了主體內在的道德和性情修養。老子認為，上德之人必然如嬰兒般純潔天真，「含德之

厚，比於赤子」（〈第五十五章〉）。嬰兒的心靈與肉體是統一的，具有旺盛的生命力。這種生命力不僅表現在每個人的人生都是從嬰兒開始的，逐步走向少年、青年、中年和老年；更表現在嬰兒尚處在本能狀態，沒有是非心，沒有苦樂感，無所畏懼，十分強壯，「蜂蠆虺蛇不螫，猛獸不據，攫鳥不搏。骨弱筋柔而握固，未知牝牡之合而全作，精之至也。終日號而不嗄，和之至也」（〈第五十五章〉）。意思是，蜂蝎毒蛇不會螫他，鷙鳥猛獸不會傷害他。筋骨柔弱，拳頭卻握得緊緊的。還不知男女之事，男性性徵卻很有力量，這是精氣充足的緣故。整日號哭，喉嚨卻不會沙啞，這是元氣醇和的緣故。當然，嬰兒強壯不是身體的強壯，而是精神的強壯。嬰兒在天真無邪中充滿着生機和活力，整個身體都處在積極的正面狀態。

在老子看來，人生離開嬰兒之後，心靈與肉體逐步分化，就難以在精神上保持嬰兒狀態、在心靈上保持本真品質了。隨着年齡的增長，人生逐步遠離嬰兒狀態，不可避免地產生慾望和知性。有了慾望，必然出現各種技巧，以滿足慾望；有了知性，必然發生對象認識，以求獲得知識。人的慾望和知性過分膨脹，就會失掉人的本真，導致異化，即人創造的物質和精神產品不為人所駕馭，反過來奴役和支配人的身心和言行。老子認為，保持本真就是明白道理，貪圖慾望就會加速衰老和死亡，「知和曰常，知常曰明，益生曰祥，心使氣曰強。物壯則老，謂之不道，不道早已」（〈第五十五章〉）。意思是，認識元氣醇和的道理叫做常，認識常叫做明。貪生縱慾就會有災殃，心機主使和氣就是逞強。過分強壯就趨於衰老，這叫做不合於道；不合於道，很快就會死亡。

老子指出，人的一生要想保持心靈與肉體的統一，實現人與道的合一，就要不斷修身，具體路徑是復歸於嬰兒。修身不是為學而是為道，為學是增進知識，主要通過求知活動逐漸積累和不斷增

多。老子並不反對知識，而是反對功利性的求知活動。為道是提升道德品質，主要通過內省，減少心計、拋棄成見。為學屬於知識論，為道屬於修身範疇，兩者有着不同功能，不能互相代替。復歸於嬰兒，並不是人的肉體回歸到嬰兒時期。時間的單向性和生命的唯一性，決定了人離開嬰兒時期之後，只能走向老年和死亡，不可能回到生機勃勃的嬰兒狀態。肉體不能回歸，心靈卻能回歸，精神就能永遠保持嬰兒般的純樸和本真。老子正是從心靈和精神的角度，闡述人生復歸於嬰兒的道理，「知其雄，守其雌，為天下谿。為天下谿，常德不離，復歸於嬰兒。知其白，守其黑，為天下式。為天下式，常德不忒，復歸於無極。知其榮，守其辱，為天下谷。為天下谷，常德乃足，復歸於樸」（〈第二十八章〉）。這段話所說的「復歸」，都是一個意思，是指人的德性復歸，如嬰兒般純真，摒棄一切雜念，遵從道的運行和規律。

向水學習，堅守行為上的柔弱，這是老子之人道的處世方法。如果說復歸嬰兒是人生修養對內的心靈指導，那麼，向水學習則是人生修養對外的行為指導。人的對內修養是主體內在的道德與性情修養，對外修養則是應對社會和人際關係的方法總和，二者圓融自洽地形成了老子之人道的全部實踐內容。老子之人道的主要特質是柔弱，即為人處世要謙虛內斂、低調居下。老子是從形而上的角度認識柔弱的，柔弱是道的重要組成部分，與矛盾一起促成了道的運動。老子認為，天地萬物中最能體現柔弱品格的就是水，世上沒有比水更柔弱的事物了，「天下莫柔弱於水，而攻堅強者莫之能勝，其無以易之」。然而，老子感歎「天下莫不知，莫能行」（〈第七十八章〉）。意思是，天下都知道水的好處和柔弱的作用，卻沒有人能實行。老子之人道希望人們向水學習，以柔弱的態度和方法立身處世。

在老子看來，水的柔弱表現在不爭。我們知道，無論動物還是

植物，一切生命形式都離不開水，而水卻流向低處，安居低窪，不爭高於天下，不爭寵於自然。老子對水這一看似簡單而平常的自然現象，作出了全新的人文解釋，這是一種與世無爭的高貴品質，不僅反映了精神上的謙卑，而且體現了為人處世的低調態度。老子不禁讚歎，水就是道啊！「上善若水。水善利萬物而不爭，處眾人之所惡，故幾於道。」（〈第八章〉）河上公注云：「上善之人，如水之性。」（《老子道德經河上公章句》）王弼注云：「道無水有，故曰『幾』也。」（《老子道德經注》）不爭就是水滋養萬物而不居功自傲，不佔有和主宰它們，這是最高的道德，「故道生之，德畜之；長之，育之，亭之，毒之，養之，覆之。生而不有，為而不恃，長而不宰，是謂玄德」（〈第五十一章〉）。老子認為，水的柔弱表現在處下。處下實際上也是不爭的一種表現，更是謙卑精神的具體展示。謙卑處下的實質是包容寬容，胸懷博大，能夠隨物賦形。水沒有固定的形狀，也不刻意塑造某種形狀，而是自然給予什麼形狀，水就成為什麼形狀。謙卑處下能夠隨遇而安，水遇到高山，就繞道而行；遇到低窪，就安居積蓄，不計較、不逞強，不自傲、不邀寵。更重要的是，無論在高處還是在低窪，水都不擇細流，不計清濁，不避污泥，有容乃大、無私奉獻。老子讚美水的謙卑處下，「江海所以能為百谷王者，以其善下之，故能為百谷王」（〈第六十六章〉）。老子指出，水的柔弱還表現在以柔克剛。水看似柔弱，卻有着異乎尋常的力量。水滴石穿，水既可以潤物無聲、滋潤心靈，又可以毀傷利劍、穿透頑石。老子從中會意到了一種人文力量，那就是頑強的韌性和堅定的意志；辯證地看到了柔弱與剛強的關係，那就是柔弱勝剛強，「天下之至柔，馳騁天下之至堅，無有入無間，吾是以知無為之有益」。意思是，天下最柔弱的水，縱橫出入於天下最堅硬的東西，無形的力量穿透沒有間隙的東西之間。我因此知道無為是有益的。不過，老子仍然感歎「不言之教，無為

之益，天下希及之」（〈第四十三章〉）。這說明人向水學習，修身養性，並不是一件容易的事情。

聖人標準，超越自我，完善人生，這是老子之人道的理想目標。無論內修心靈，還是外修立身，都需要有一個目標指引，這不僅可以明確修身的努力方向，而且可以為修身提供前進的動力。老子之人道設定的修身目標就是聖人，聖人是老子理想人格的具體化形象。有趣的是，老子熟悉先秦及以前的歷史和歷史人物，而翻遍《老子》全書，卻沒有提到一個歷史上的人物，更沒有拿任何一個歷史人物來比附聖人。好在《老子》一書多處議論聖人，使得聖人形象呼之欲出，臻於完美。老子認為，聖人是與道合一的人。聖人是道的完美化身，不僅在本體論上得到道的全部內容，而且通過致虛靜的內省方法，在認識論的意義上也把握了蘊含在他們自身中的道的全部內容。老子之人道，某種意義上可說是聖人之道。這是因為普通人常常為貪慾所誘惑，失去了道的本性；唯有聖人，才能尊天道、法自然和明人事。《老子》經常將天之道與聖人之道對應起來加以闡述，譬如，「天之道，利而不害。聖人之道，為而不爭」（〈第八十一章〉）。又如，「天之道，不爭而善勝」（〈第七十三章〉）；聖人「以其不爭，故天下莫能與之爭」（〈第六十六章〉）。再如，天之道「不言而善應，不召而自來」（〈第七十三章〉）；「是以聖人處無為之事，行不言之教」（〈第二章〉）。

在老子看來，聖人在政治上是無為而治的，「為者敗之，執者失之。是以聖人無為，故無敗；無執，故無失。民之從事，常於幾成而敗之。慎終如始，則無敗事。是以聖人欲不欲，不貴難得之貨。學不學，復眾人之所過。以輔萬物之自然而不敢為」（〈第六十四章〉）。意思是，有所作為就會失敗，有所把持就會失去。所以聖人無所作為就不會有失敗，無所把持就不會失去。人們做事，常常在快要成功的時候失敗了。慎重對待事情的終結，就像對

待開始一樣，就不會有失敗之事。所以聖人以不欲為欲，不看重難得的奇物；以不學為學，拋棄眾人的過失而復歸於根本，輔助萬物自然成長而不敢作為。老子認為，聖人在立身上是無知無欲的。貪婪、驕奢淫逸、縱情聲色犬馬，必然導致人的心靈與肉體的矛盾，使得精神發狂，「五色令人目盲，五音令人耳聾，五味令人口爽，馳騁畋獵令人心發狂，難得之貨令人行妨」（〈第十二章〉）。畋獵指打獵，難得之貨為稀世珍品。聖人守住內心的平靜，不貪圖物質享樂和感官享受，「是以聖人為腹不為目，故去彼取此」（〈第十二章〉）。王弼注云：「為腹者以物養己，為目者以物役己，故聖人不為目也。」（《老子道德經注》）老子指出，聖人在處世上是樂於助人的，「聖人不積，既以為人，己愈有；既以與人，己愈多」（〈第八十一章〉）。意思是，聖人不私自積藏財貨，他儘量幫助別人，自己反而更充足；他儘量給予別人，自己反而更豐富。

　　生活腳步匆匆，世事表像紛繁。在月明星稀的夜晚，伴隨溫暖如染的燈光，細細品讀《老子》一書，認真尋覓老子思想的寶藏，誠如同一位睿智的老人對話，真是一種無上的精神享受，讓人的心靈寧靜和美好。品讀《老子》，似乎看到函谷關的上空仍然盤旋着紫氣，彷彿看到一位老人騎着青牛在孤獨前行。品讀《老子》，似乎站在巨人的肩膀，讓你從高處往下觀望，擦亮雙眼，超越世俗，則有心曠神怡，寵辱皆忘，把酒臨風，其喜洋洋者矣；思接千載，視通萬里，猶如神遊在思辨王國，自由自在地沐浴着思維的陽光。品讀《老子》，似乎在聆聽大師的教誨，世事滄桑，人生百態，盡收眼底；悲歡離合，陰晴圓缺，湧上心頭，在大師的點撥下一一化解、步步登高，逐漸進入化境，達到無己、無功、無名的狀態。品讀《老子》，似乎在打開一幅歷史長卷，既有秦漢的冷月、唐宋的樂舞、明清的悲歌，又有孔子的儒雅、孟子的好辯、莊子的灑脫、陶令的隱逸、李白的豪邁、杜甫的憂鬱、岳飛的壯懷。在長卷背

後，好像看到老子在頻頻點頭頷首，認為這些都是人生，卻不給予品頭論足。品讀《老子》，似乎在擁抱整個宇宙，觀滄海、望星空，日月星辰、四季運行，黃山黃石、黃河長江，明月清風、杏花春雨，金戈鐵馬、大江東去，滄海橫流、桑田變動，暗香浮動、殘荷冷菊。面對浩瀚的宇宙、風雲的歷史、紛擾的社會和清冷的人生，彷彿聽到老子在輕聲對我們說：這就是道！

第八章　莊子之遊

　　莊子（約前 355—前 275）[1]是道家代表人物，是中國古代偉大的思想家。莊子思想上承老子，與老子並稱「老莊」，他以道為核心闡述自己的思想主張，從生命哲學和精神自由的角度發展了老子的思想，「天不得不高，地不得不廣，日月不得不行，萬物不得不昌，此其道與」（《莊子·知北遊》。本章凡引用《莊子》一書，只注篇名）。莊子在道家的地位，類似於孟子在儒家的地位。儒家沒有孟子，恐怕難以形成儒家文化傳統；道家沒有莊子，恐怕也難以形成道家文化傳統。如果說老子是道家思想的始祖，那麼，莊子就是道家思想的集大成者，從而使道家思想和學派匯流成河，與儒家一起共同建構了中華文明。

一、莊子其人

　　莊子約生活於戰國中期，早年擔任過宋國蒙地之「漆園吏」，不久即隱居不仕，靠「織履」等勞動維持生計，生活艱難，常陷於貧窮之中，而莊子卻貧而不餒，清高達觀，寧願過窮困的生活，也

1　關於莊子的生卒年，學術界有着不同看法，有的認為是公元前 369 年—前 286 年；有的認為是公元前 323 年—前 286 年；有的認為是公元前 375 年—前 295 年。

不赴相國之位。《史記·老子韓非列傳》記載如下：

> 莊子者，蒙人也，名周。周嘗為蒙漆園吏，與梁惠王、
> 齊宣王同時。其學無所不窺，然其要本歸於老子之言。故其
> 著書十餘萬言，大抵率寓言也。作〈漁父〉〈盜跖〉〈胠篋〉，
> 以詆訿孔子之徒，以明老子之術。〈畏累虛〉〈亢桑子〉之屬，
> 皆空語無事實。然善屬書離辭，指事類情，用剽剝儒、墨，雖
> 當世宿學不能自解免也。其言洸洋自恣以適己，故自王公大人
> 不能器之。楚威王聞莊周賢，使使厚幣迎之，許以為相。莊周
> 笑謂楚使者曰：「千金，重利；卿相，尊位也。子獨不見郊祭
> 之犧牛乎？養食之數歲，衣以文繡，以入大廟。當是之時，雖
> 欲為孤豚，豈可得乎？子亟去，無污我。我寧遊戲污瀆之中自
> 快，無為有國者所羈，終身不仕，以快吾志焉。」

　　《史記》的記載只有 230 多字，基本刻畫出莊子的狀貌和境況。
莊子與孟子是同時代人，「與梁惠王、齊宣王同時」。孟子與梁惠
王、齊宣王都有交往，著有〈梁惠王〉篇，遺憾的是，莊子與孟子
並無交往。莊子的思想宏富，屬於道家範疇，「其學無所不窺，然
其要本歸於老子之言」。莊子作文批判儒家和墨家思想，「作〈漁
父〉〈盜跖〉〈胠篋〉，以詆訿孔子之徒，以明老子之術」；寫作〈畏
累虛〉〈亢桑子〉，「指事類情，用剽剝儒、墨，雖當世宿學不能自
解免也」。莊子的文章善用寓言說理，運筆汪洋恣肆，境界瑰麗高
遠，卻不受王公大人歡迎，「其著書十餘萬言，大抵率寓言也」；「其
言洸洋自恣以適己，故自王公大人不能器之」。莊子的志向是遊戲
人間，絕意仕途。楚威王聽說莊子有才幹，派了兩名使者，帶着貴
重的禮物，許以卿相的尊位。莊子卻對楚國使者說：「子亟去，無污
我。我寧遊戲污瀆之中自快，無為有國者所羈，終身不仕，以快吾
志焉。」讀罷莊子志向，不僅快慰莊子自己，更是大快傳統社會讀
書人的心靈。

　　《莊子》一書是莊子及其後學所著的道家經典，全面反映了莊子的哲學、人生、政治、社會、藝術和美學思想。魏晉玄學家稱《莊子》為「三玄」之一，「洎於梁世，茲風復闡。《莊》《老》《周易》，總謂三玄」（《顏氏家訓·勉學》）。《漢書·藝文志》記載有52篇，接近於司馬遷所說的「十餘萬言」，而晉郭象經過取捨，只選了33篇進行注釋，約65000餘字，「莊子閎才命世，誠多英文偉詞。正言若反……今沉滯失乎流，豈所求莊子之意哉？故皆略而不存。今唯哉取其長，達致全乎大體者為卅三篇者」（《莊子注》）。由於郭象的注釋精準，在唐之後成為社會流傳的通行本，即今本《莊子》。《莊子》分為內篇七、外篇十五和雜篇十一。內篇與外、雜篇在標題上有着明顯區別，內篇的標題均為3個字，且都是以意命篇，為文章的主題詞；外、雜篇的標題一般取文章開頭一句中的兩字或三字為之，與內容聯繫並不緊密。學界一般認為，內篇為莊子自著，外、雜篇為莊子後學所著，「內七篇是有題目之文，為莊子所手定者；外篇、雜篇各取篇首兩字名篇，是無題目之文，乃後人取莊子雜著而編次之者……然則或曰外，或曰雜，何也？當日訂《莊》之意，以文義易曉，一意單行者，列之於前而名外，以詞意難解、眾意兼發者置之於後而名雜，故其錯綜無次如此」（林雲銘《莊子因·莊子總論》）。有學者認為，應把《莊子》看作是一個有機聯繫的整體，從源與流關係研讀內篇與外、雜篇，其中內篇是源，思想連貫，語言風格相近，為莊子思想的核心；外、雜篇是流，內容紛雜，文字風格不一，為莊子思想的繼承和發揮。為了揭示內篇與外、雜篇的關係，清周金然把〈寓言〉〈天下〉兩篇看成是莊子的自序，其餘外、雜篇分為七類，與內七篇一一對應，說明它們之間的源流關係。具體列表如下[1]：

1　參見王利鎖著：《智通莊子》，九州出版社2007年版，第9頁。

內篇	外篇、雜篇
〈逍遙遊〉第一篇	〈秋水〉〈馬蹄〉〈山木〉
〈齊物論〉第二篇	〈徐無鬼〉〈則陽〉〈外物〉
〈養生主〉第三篇	〈刻意〉〈繕性〉〈至樂〉〈達生〉〈讓王〉
〈人間世〉第四篇	〈庚桑楚〉〈漁父〉
〈德充符〉第五篇	〈駢拇〉〈列禦寇〉
〈大宗師〉第六篇	〈田子方〉〈盜跖〉〈天道〉〈天運〉〈知北遊〉
〈應帝王〉第七篇	〈胠篋〉〈說劍〉〈在宥〉〈天地〉

　　莊子思想的理論基礎是道,「所謂道,惡乎在?莊子曰:『無所不在。』」(〈知北遊〉)運用道的重點是人生領域,「道之真以治身,其緒餘以為國家,其土苴以治天下。由此觀之,帝王之功,聖人之餘事也,非所以完身養生也」(〈讓王〉)。意思是,道的真諦用來修身養性,它的剩餘部分用來治理國家,它的糟粕用來教化天下。這樣看來,帝王的功業不過是聖人的餘事,不能用來養生。莊子思想的主題是人生哲學,其靈魂是遊和遊世,「人能虛己以遊世,其孰能害之」(〈山木〉)。在《莊子》一書中,遊字出現了109次,開篇就是「逍遙遊」,中間各篇遊字頻繁出現,最後還在闡述遊的意義,「上與造物者遊,而下與外死生、無終始者為友」(〈天下〉)。莊子之遊不是身遊,而是心遊,「且夫乘物以遊心,託不得已以養中,至矣」(〈人間世〉)。心遊,也就是精神之遊,既遊於天地又超越天地,既遊於世俗又超越世俗,既遊於人間又超越人間。用莊子的語言表達,就是既遊於方內更遊於方外。〈大宗師〉記載:孟子反、子琴張和子桑戶是朋友。子桑戶死了,孔子派子貢去悼念,子貢看到孟子反和子琴張要麼在編曲,要麼在鼓琴,回來告訴孔子,認為這不合禮儀,「彼何人者邪?修行無有,而外其形骸,臨屍而歌,顏色不變,無以命之。彼何人者邪?」孔子倒很通

達，認為他們是方外之人，心無哀樂，不像方內之人受到世間的禮俗拘牽。「孔子曰：『彼遊方之外者也，而丘遊方之內者也。外內不相及。』」唐成玄英注疏：「方，區域也。彼之二人，齊一死生，不為教跡所拘，故遊心寰宇之外；而仲尼子貢，命世大儒，行裁非之義，服節文之禮，銳意哀樂之中，遊心區域之內，所以為異也。」（《南華真經注疏》）莊子致力於心遊，實際是無限嚮往方外之遊，即「遊乎塵垢之外」（〈齊物論〉）。只有方外之遊，莊子才會心靈平靜，才能獲得精神的自由和解放。

莊子的方外之遊通天心而入人心，結晶為藐姑射山神人，「藐姑射之山有神人居焉，肌膚若冰雪，淖約若處子，不食五穀，吸風飲露。乘雲氣，御飛龍，而遊乎四海之外。其神凝，使物不疵癘而年穀熟」（〈逍遙遊〉）。方外之地美輪美奐，既有美景，又有美人，更有意境。莊子之遊不僅把形而下和形而上的時空推向混沌蒼茫的宇宙本原，而且激活了人們對自然美和人間美的審美潛能。歷代文人從姑射仙姿中獲得靈感，啟發了對女性美的思慕，並且將之滲透到自然和人間的美景之中。秦觀的「瞳人剪水腰如束，一幅烏紗裹寒玉。飄然自有姑射姿，回看粉黛皆塵俗」（《贈女冠暢師》），將姑射仙姿投射到出家美女，玉質清凉，超凡脫俗；王安石的「肌冰綽約如姑射，膚雪參差是玉真」（《次韻徐仲元詠梅花》）；朱熹的「姑射仙人冰雪容，塵心已共彩雲空。年年一笑相逢處，長在愁煙苦霧中」（《梅》），將姑射仙姿滲透到冰清玉潔的梅花中。劉貢父的「早於桃李晚於梅，冰雪肌膚姑射來。明月寒霜中夜靜，素娥青女共徘徊」（《水仙花》），將姑射仙姿幻化為清純潔白的水仙花。蘇軾的「閒來披氅學王恭，姑射羣仙邂逅逢。只為肌膚酷相似，繞庭無處覓行蹤」（《雪詩（其二）》），將姑射仙姿融入飛舞晶瑩的雪景之中，陶醉到分不清是雪花還是美人。莊子之遊，方外之遊，姑射之遊，多麼令人神往的人生旅程啊！

　　莊子的言說極富個性，誇張大膽，比喻鮮活，寓莊於諧，情趣橫生。按照莊子的說法，他主要運用寓言、重言和卮言三種方式進行表達，闡述自己的思想主張，「寓言十九，重言十七，卮言日出，和以天倪」（〈寓言〉）。清陳壽昌認為：「莊子達以三言：寄之無端，寓言以悟之；假之無忤，重言以倡之；彌之無跡，卮言以蔓衍。亦虛亦實，亦隱亦彰，亦奇亦正，亦諧亦莊。」（《莊子正義》）所謂寓言，寄託人物故事以闡明道理，容易使人理解信服，正像父親稱讚兒子，不如別人稱讚更易為他人接受。《莊子》全書約有 200 則寓言故事。寓言「藉外論之。親父不為其子媒。親父譽之，不若非其父者也；非吾罪也，人之罪也。與己同則應，不與己同則反；同於己為是之，異於己為非之」。重言是藉助精通世事的長者言語來闡明道理，增強說服力。重言「所以已言也，是為耆艾。年先矣，而無經緯本末以期年耆者，是非先也。人而無以先人，無人道也；人而無人道，是之謂陳人」（〈寓言〉）。意思是，重言是為了終止爭論，因為這是長者的言論。如果年齡雖長，但對世事沒有與其年歲相符的見識，也不能算是長者。一個長者如果見識沒有過人之處，就沒有盡其為人之道；沒有盡其為人之道，就叫做老朽。卮言是穿插在寓言與重言之中，隨其自然而經常出現的一些零星之言，漢司馬彪注「謂支離無首尾言也」。在《莊子》一書中，卮言隨處可見，「和以天倪，因以曼衍，所以窮年」。否則，「非卮言日出，和以天倪，孰得其久！萬物皆種也，以不同形相禪，始卒若環，莫得其倫，是謂天均。天均者天倪也」（〈寓言〉）。意思是，如果不能順着自然而言，合乎自然的分際，怎麼能維持長久呢！萬物都是不同的種類，以不同的狀態互相替代，循環終始，不知端倪，這就叫做自然之分，自然之分就是自然的分際。

　　莊子與孔子有着複雜的關係。《莊子》一書提及孔子約 140 次，

其中有 18 篇談論孔子。莊子尊敬孔子，把孔子看作是高尚、賢達的聖人，認為孔子的學問為百家之學的源頭，「其在於《詩》《書》《禮》《樂》者，鄒魯之士、搢紳先生多能明之。《詩》以道志，《書》以道事，《禮》以道行，《樂》以道和，《易》以道陰陽，《春秋》以道名分。其數散於天下而設於中國者，百家之學時或稱而道之」（〈天下〉）。後世儒者因此提出「莊子之學出於儒」的論斷，韓愈指出：「吾常以為孔子之道，大而能博。門弟子不能遍觀而盡識也，故學焉而皆得其性之所近。其後離散分處諸侯之國，又各以其所能授弟子，原遠而末益分。蓋子夏之學，其後有田子方，子方之後，流而為莊周，故周之書喜稱子方之為人。」（《送王塤秀才序》）蘇軾強調「莊子蓋助孔子者」（《莊子祠堂記》）。清黃宗羲認同莊子學於孔子，卻認為不是正統，走偏了方向，「西河之人疑子夏為夫子，而荀況、莊周、吳起、田子方之徒，皆學於孔子，而自為偏見，惟其無以就正之耳」（《明儒學案・南中王門學案三》）。由於莊子思想龐雜，受到孔學影響是完全可能的，就其本質而言，還是傳承了老子的衣缽，屬於道家學派。而且，莊子明確否定儒家的仁義理念，認為倡導仁義，就像人多生了一個腳趾和手指，「是故駢於足者，連無用之肉也；枝於手者，樹無用之指也；多方駢枝於五藏之情者，淫僻於仁義之行，而多方於聰明之用也」。意思是，腳趾相連，是一塊無用的肉；多餘的指頭，是一隻無用的手指；想方設法在五臟的本性之外增添東西，沉溺於仁義的行為，是過分濫用自己的聰明。莊子甚至認為，君子奔命於仁義，如同小人追逐利益和物慾，都是喪失本性的行為，都是在犧牲自身，兩者是沒有區別的，「天下盡殉也。彼其所殉仁義也，則俗謂之君子；其所殉貨財也，則俗謂之小人。其殉一也，則有君子焉，有小人焉」（〈駢拇〉）。

二、東郭問道

〈知北遊〉記載：

> 東郭子問於莊子曰：「所謂道，惡乎在？」莊子曰：「無所不在。」東郭子曰：「期而後可。」莊子曰：「在螻蟻。」曰：「何其下邪？」曰：「在稊稗。」曰：「何其愈下邪？」曰：「在瓦甓。」曰：「何其愈甚邪？」曰：「在屎溺。」東郭子不應。

莊子繼承了老子之道，道是莊子思想的主要範疇和理論基礎。「東郭問道」的寓言故事通過莊子與東郭子的對話，旨在說明道的普遍性及其與萬物的關係。東郭子認為道是非常高貴的東西，不可能存在於螻蟻、稗草、瓦塊和屎溺之中；東郭子還認為，莊子的回答太粗魯下流了。在莊子看來，道具有普遍性，與萬物不可分割；道是萬物存在的根據，萬物離不開道而存在。道物一體，物得道而產生，卻不是道；道在物中，卻不是物，兩者是形上與形下的關係。所以莊子告訴東郭子，學道悟道不能局限於具體事物，而要抓住事物的本質，「夫子之問也，固不及質。正獲之問於監市履狶也，每下愈況。汝唯莫必，無乎逃物。至道若是，大言亦然。周、遍、咸三者，異名同實，其指一也」（〈知北遊〉）。意思是，先生的問題，本來就沒有觸及道的本質。市場監督官向屠夫詢問辨別豬肥瘦的辦法，回答是越往下的部位越能反映豬的肥瘦。你不必局限於某物，物本來就不能逃於道。大道是這樣，有關道的言論也是這樣。周、遍、咸三個詞，雖然名稱不同，但實質相同，含義是一樣的。莊子認為，只有抓住事物的本質，才能認識到道無所不在，「夫道，覆載萬物者也，洋洋乎大哉」。而要抓住事物的本質，就要採取虛無的心態，不抱成見，「君子不可以不刳心焉。無為為之之謂天，無為言之之謂德，愛人利物之謂仁，不同同之之謂大，行不崖異之謂

寬，有萬不同之謂富」（〈天地〉）。

　　道不僅具有普遍性，而且具有永恆性。在時間上，道是長久的，「道無終始，物有死生，不恃其成；一虛一滿，不位乎其形。年不可舉，時不可止；消息盈虛，終則有始」（〈秋水〉）。在空間上，道是無限的，「在太極之先而不為高，在六極之下而不為深，先天地生而不為久，長於上古而不為老」（〈大宗師〉）。在道與萬物的關係上，於空間而言，道無限而物有限，「物物者與物無際，而物有際者，所謂物際者也；不際之際，際之不際者也」。於時間而言，道永恆而物有恆，「謂盈虛衰殺，彼為盈虛非盈虛，彼為衰殺非衰殺，彼為本末非本末，彼為積散非積散也」（〈知北遊〉）。意思是，從盈虛、盛衰來說，道能夠使萬物有盈虛，而自己沒有盈虛；能夠使萬物有盛衰，而自己沒有盛衰；能夠使萬物有始終，而自己沒有始終；能夠使萬物有聚散，而自己沒有聚散。莊子認為，道在無為之中創生萬物；萬物是自然而然產生的，並不是道有意為之。道的無為表現在天亦無為地亦無為，從而化生了天下萬事萬物，「天無為以之清，地無為以之寧，故兩無為相合，萬物皆化生。芒乎芴乎，而無從出乎！芴乎芒乎，而無有象乎！萬物職職，皆從無為殖。故曰：天地無為也而無不為也，人也孰能得無為哉」（〈至樂〉）。

　　在莊子看來，道是本體。道是真實的存在，而不是具體的存在，「夫道，有情有信，無為無形；可傳而不可受，可得而不可見」。道是自身的根據，在它之外沒有任何一個根源可作為道的根據。道不僅為自身建立根據，而且也為天地萬事萬物建立根據，由此而生育天地萬事萬物，「自本自根，未有天地，自古以固存；神鬼神帝，生天生地」（〈大宗師〉）。道是虛無的存在，而不是實體的存在，「有始也者，有未始有始也者，有未始有夫未始有始也者。有有也者，有無也者，有未始有無也者，有未始有夫未始有無也者」（〈齊物論〉）。意思是，事物有「開始」的狀態，有不曾有「開

始」的狀態，還有不曾有「不曾有『開始』」的狀態。事物有「有」的狀態，有「無」的狀態，有不曾有「有」也不曾有「無」的狀態，還有不曾有「不曾有『有』也不曾有『無』」的狀態。無論文言還是白話，這段文字讀起來都非常拗口和難解，旨在說明道不是一般意義上的有與無，甚至是對有與無的否定，道既不是有也不是無，而是更根本的「未始」，卻孕育着自身的開始。莊子認為，道是通過陰陽之氣交合而產生天下萬事萬物，「少知曰：『四方之內，六合之裏，萬物之所生惡起？』大公調曰：『陰陽相照相蓋相治，四時相代相生相殺。欲惡去就於是橋起，雌雄片合於是庸有。』」（〈則陽〉）

　　莊子具體描述從道到物乃至到人的演化過程。道的原初狀態是虛無，「泰初有無，無有無名，一之所起，有一而未形」。漸次產生萬事萬物，稱之為德和命。德是指萬物得到道的本性以作為自身的存在，「物得以生，謂之德」；命是指萬物中生長出有機的生命個體，「未形者有分，且然無間，謂之命」。進而產生具體的事物和人的精神，稱之為形和性。形是指生命的事物在成長過程中形成自身的獨特形體，「留動而生物，物成生理，謂之形」；性是指人的精神，是萬事萬物發展的最高階段，「形體保神，各有儀則，謂之性」。人的精神通過修煉又返於泰初，合於大道，「性修反德，德至同於初。同乃虛，虛乃大。合喙鳴；喙鳴合，與天地為合。其合緡緡，若愚若昏，是謂玄德，同乎大順」（〈天地〉）。意思是，人的精神經過修煉，就返回到德；德達到極致就混同於原初狀態。混同才會虛寂，虛寂則無所不包，這樣就像鳥獸的鳴叫那樣出於無心。這種無心之言，就能與天地融合，沒有任何痕跡，似無心又似昏昧，叫做玄德，完全順從事物的自然狀態。

　　道不僅是本體，而且是宇宙。莊子是中國古代最早探討宇宙哲學的思想家，他已經意識到「宇」是一種實在，而且是所有實在的

總和；「宙」是一種長久，沒有開始和終結，是所有長久的總和，「有實而無乎處者，宇也；有長而無本剽者，宙也」。莊子把宇宙等同於道，對宇宙的描述與對道的描述幾乎如出一轍，「出無本，入無竅。有實而無乎處，有長而無乎本剽，有所出而無竅者有實」。意思是，道和宇宙好像產生時不見根源，消失時不見歸宿。它有實際存在而沒有處所，綿延存在而沒有終始。莊子進一步認為，道和宇宙都是「無有」，即自然而然，不見形跡，「有乎生，有乎死，有乎出，有乎入，入出而無見其形，是謂天門。天門者，無有也，萬物出乎無有。有不能以有為有，必出乎無有，而無有一無有」（〈庚桑楚〉）。在〈秋水〉中，莊子借用北海之神的口吻讚美道和宇宙的無窮無盡。當黃河之神見到北海的時候，不禁感歎自己的渺小和北海的廣闊無垠。北海之神則告訴黃河之神，北海確實是非常廣大的，「天下之水，莫大於海，萬川歸之，不知何時止而不盈；尾閭泄之，不知何時已而不虛；春秋不變，水旱不知，此其過江河之流，不可為量數」。然而，北海之神認為，北海對於天地而言，就像一塊小石、一株小木對於大山而言，「吾在天地之間，猶小石小木之在大山也，方存乎見少，又奚以自多」。北海之神進一步指出，四海和中國都是很渺小的，四海於天地，如同蟻穴在大湖澤；中國於四海，如同一顆米在大糧倉，「計四海之在天地之間也，不似礨空之在大澤乎？計中國之在海內，不似稊米之在大倉乎？」人在天地間就更渺小了，「號物之數謂之萬，人處一焉；人卒九州，穀食之所生，舟車之所通，人處一焉。此其比萬物也，不似豪末之在於馬體乎？」意思是，世間事物的名稱數以萬計，人只是其中之一；人羣聚集在九州之內，以五穀作為食物而生存，以舟車作為交通工具而相互來往；人只是萬物中的一分子，人與萬物相比，就像馬身上的一根毛。

　　在莊子看來，道不可感知。這實際涉及一般與個別、抽象與具

體的哲學命題。人們在生活中所見所聞的都是個別的具體的事物，而從個別和具體事物中抽象出來的共性內容，人們的感覺器官是不可能把握的。〈知北遊〉記載了泰清與無窮、無為和無始的對話，強調道的不可感知和特徵。無窮說道是不可感知的，而無為卻說道是可以感知的，「泰清問乎無窮曰：『子知道乎？』無窮曰：『吾不知。』又問乎無為。無為曰：『吾知道。』」泰清不能判斷無窮與無為的對錯，就去請教無始，「若是，則無窮之弗知與無為之知，孰是而孰非乎？」無始回答，無窮之不知深刻而內行，無為之知淺薄而外行，「不知深矣，知之淺矣；弗知內矣，知之外矣」。原因在於道是不可感知的，「道不可聞，聞而非也；道不可見，見而非也；道不可言，言而非也。知形形之不形乎！道不當名」。無始還指出，關於道的認識，無論問還是答都是對道的無知和沒有意義，「有問道而應之者，不知道也。雖問道者，亦未聞道。道無問，問無應。無問問之，是問窮也；無應應之，是無內也」。無始強調，無論問者還是答者，都是淺薄之人，不可能真正認識道的真諦，「以無內待問窮，若是者，外不觀乎宇宙，內不知乎大初，是以不過乎崑崙，不遊乎太虛」。意思是，以無意義的空答對無意義的空問，像這樣的人，外不能觀察廣闊的宇宙，內不能理解事物的本質，所以不能跨越高遠的崑崙，也不能遨遊清虛之境。

　　道不僅不可感知，而且也不可擁有。舜曾經向他的老師丞請教，能否獲得和擁有道。丞回答說，你的身體都不屬於你所有，你怎麼可能擁有大道呢？「舜問乎丞曰：『道可得而有乎？』曰：『汝身非汝有也，汝何得有夫道？』」成玄英注疏：「丞，古之得道人，舜師也。」（《南華真經注疏》）舜很疑惑，怎麼能說我的身體不屬於我呢？丞加以解釋，人的身體是自然運行的結果，子孫則是自然生命的延續，不可能通過人為地固守而通達事物自身，「是天地之委形也；生非汝有，是天地之委和也；性命非汝有，是天地之委順

也；孫子非汝有，是天地之委蛻也」。丞強調人不可能擁有大道，
「故行不知所往，處不知所持，食不知所味。天地之強陽氣也，又
胡可得而有邪！」意思是，所以，行走時不知去哪裏，居住時不知
固守何處，飲食不知滋味，這都是天地間的聚集之氣而已，又怎麼
可以擁有呢！莊子認為，人雖然不能擁有道，卻可以知道安道得
道，「無思無慮始知道，無處無服始安道，無從無道始得道」（〈知
北遊〉）。主要方法是得意忘言，「荃者所以在魚，得魚而忘荃；蹄
者所以在兔，得兔而忘蹄；言者所以在意，得意而忘言」。道與言
語有關，卻不是言語所能表達的，得道之人只能與得意忘言之人言
道。莊子感歎，得意忘言之人也就是得道之人太少了，「吾安得忘
言之人而與之言哉」（〈外物〉）。莊子還認為，人雖然不能擁有道，
卻可以順道而行，遵道而為，「其來無跡，其往無崖，無門無房，
四達之皇皇也。邀於此者，四肢強，思慮恂達，耳目聰明，其用心
不勞，其應物無方」（〈知北遊〉）。意思是，道來無蹤跡，去無邊
際，沒有門徑，沒有歸宿，廣闊無邊，四通八達。順隨大道的，就
能四肢強健，思慮通達，耳聰目明，用心而不勞累，順應外物而不
守成規。

三、濠梁觀魚

《秋水》記載：

> 莊子與惠子遊於濠梁之上。莊子曰：「儵魚出游從容，
> 是魚之樂也。」惠子曰：「子非魚，安知魚之樂？」莊子曰：
> 「子非我，安知我不知魚之樂？」惠子曰：「我非子，固不知
> 子矣；子固非魚也，子之不知魚之樂，全矣！」莊子曰：「請
> 循其本。子曰『汝安知魚樂』云者，既已知吾知之而問我。
> 我知之濠上也。」

　　莊子繼承了老子理性直覺的認識論思想，尤其對於道的認識，提出了「心齋」和「坐忘」的認識方法。「孔子問於老聃曰：『今日晏閒，敢問至道。』老聃曰：『汝齊戒，疏瀹而心，澡雪而精神，掊擊而知！夫道，窅然難言哉！將為汝言其崖略。』」（〈知北遊〉）「濠梁觀魚」的寓言故事既包括認識的角度問題，又包括認識者的能力問題。在莊子看來，人自身具有局限性，認識也具有局限性。「井蛙不可以語於海者，拘於虛也。夏蟲不可以語於冰者，篤於時也。曲士不可以語於道者，束於教也。」（〈秋水〉）具體表現為時間的局限，人不管多麼長壽，還是有壽夭之限，生前死後的事情是不知道的，「小知不及大知，小年不及大年。奚以知其然也？朝菌不知晦朔，蟪蛄不知春秋」（〈逍遙遊〉）。意思是，見識少的不能理解見識多的，壽命短的不能理解壽命長的。怎麼知道是這樣的呢？朝生暮死的菌蟲不知道一月之中有月圓月缺，春生夏死、夏生秋死的寒蟬不知道一年之中有多春季節。空間的局限，就像井蛙只知井底的快樂，不知大海的快樂。在〈秋水〉中，記載了井蛙與東海之鱉的故事，井蛙驕傲地對東海之鱉說：「吾樂與！出跳梁乎井干之上，入休乎缺甃之崖。赴水則接腋持頤，蹶泥則沒足滅跗。還虷蟹與科斗，莫吾能若也。且夫擅一壑之水，而跨跱坎井之樂，此亦至矣。夫子奚不時來入觀乎？」東海之鱉聽從井蛙之言，試了一下井底之樂，「左足未入，而右膝已縶矣。於是逡巡而卻，告之海曰⋯⋯」意思是，鱉的左腳還沒有跨入井裏，右膝就被絆住了。於是它小心地退了出來，然後把大海的情況告訴了井蛙，「夫千里之遠，不足以舉其大；千仞之高，不足以極其深」。井蛙聽後，非常吃驚，茫然不知所措，「於是坎井之蛙聞之，適適然驚，規規然自失也」。

　　人生經歷的局限，既有所受教育的局限，又有職業習慣的局限。在所受教育方面，由於師從不同，容易形成門戶之見。〈秋水〉

記錄了公孫龍與魏牟的對話，說明所受教育對於人認識的局限。公孫龍原先學習先王之道，又懂仁義之學，還學習過名家思想，善於辯論，自以為非常聰明，「龍少學先王之道，長而明仁義之行，合同異，離堅白；然不然，可不可；困百家之知，窮眾口之辯，吾自以為至達已」。而公孫龍與莊子接觸之後，感到自己無知無能，「今吾聞莊子之言，茫焉異之。不知論之不及與，知之弗若與？今吾無所開吾喙」。意思是，現在我聽了莊子的言論，感到茫然不解。不知是我的才論比不上他呢，還是我的智力不如他？如今我已經沒有辦法開口了。在職業習慣方面，久而久之，就會形成職業偏好，只從職業的角度考慮問題。在〈逍遙遊〉中，莊子講了宋人的故事，指明職業習慣對人的認識所造成的局限。宋人有一個防手龜裂的藥方，而宋人只知用它來為漂洗絲絮的行業服務，不知藥方還有其他用途，結果被客人用百金購得，「宋人有善為不龜手之藥者，世世以洴澼絖為事。客聞之，請買其方以百金。聚族而謀曰：『我世世為洴澼絖，不過數金。今一朝而鬻技百金，請與之。』」客人買得藥方後，不用於洗染行業，而是用於戰爭，幫助吳王打敗了越國，吳王以地封賞，「客得之，以說吳王。越有難，吳王使之將，多與越人水戰，大敗越人，裂地而封之」。莊子不禁感慨，「能不龜手，一也。或以封，或不免於洴澼絖，則所用之異也」。意思是，使手不龜裂的藥方是一樣的，有的人因此得到封地，有的人不得不繼續漂洗絲絮，原因就是眼界不同，使用的方法不一樣啊。

　　在莊子看來，人具有認識能力。具體化為人能夠認識外在的事物，「知者，接也；知者，謨也。知者之所不知，猶睨也」（〈庚桑楚〉）。意思是，知識，是由於對事物的接觸；智慧，是由於對事物的謀慮。智者有所不知，就像斜眼看物，所見有限。人能夠調整對事物的認識。〈秋水〉中的黃河之神看到秋水上漲，河面變寬，以為黃河是天下最美的，「秋水時至，百川灌河，涇流之大，兩涘

渚崖之間，不辯牛馬。於是焉，河伯欣然自喜，以天下之美為盡在己」。當黃河之神順流而下，到了北海，見到海水汪洋無際，便改變了自己的看法，認為以前的看法非常可笑，感歎地對北海之神說：「今我睹子之難窮也。吾非至於子之門則殆矣，吾長見笑於大方之家。」人能夠學習、實踐和辯論，「學者，學其所不能學也；行者，行其所不能行也；辯者，辯其所不能辯也。知止乎其所不能知，至矣」（〈庚桑楚〉）。

更重要的是，人能夠認識事物的規律。「庖丁解牛」很好地解讀了認識與實踐、感性認識與理性認識、認識規律與運用規律的關係，只有三者有機結合，才能演繹出擁有藝術般享受的宰牛過程。「庖丁為文惠君解牛，手之所觸，肩之所倚，足之所履，膝之所踦，砉然響然，奏刀騞然，莫不中音，合於《桑林》之舞，乃中《經首》之會。文惠君曰：『嘻，善哉！技蓋至此乎？』」庖丁高超的解牛技術，是認識與實踐的有機結合，在實踐中不斷提高認識和技藝水平。庖丁基本熟悉牛的生理結構，就用了三年時間。即使技術達到爐火純青的地步，庖丁解牛時仍然十分謹慎小心，「雖然，每至於族，吾見其難為，怵然為戒，視為止，行為遲。動刀甚微，謋然已解，如土委地」。意思是，即便如此，每當碰到筋骨盤結的地方，我知道不容易下刀，就會小心翼翼，眼神專注，動作緩慢。輕輕一動刀，牛就嘩的一聲解體了，像散落在地上的泥土一般。庖丁解牛是感性認識與理性認識的有機結合，而且是一個過程。先是眼睛只看到整頭的牛，而不知道牛的生理結構，「始臣之解牛之時，所見無非全牛者」。而後是不用看牛的全身，便已在理性上了解了牛的生理結構，但還不能做到得心應手，「三年之後，未嘗見全牛也」。現在是完全依靠心神而不依靠感官來把握牛的習性、脾氣和結構，「方今之時，臣以神遇而不以目視，官知止而神欲行。依乎天理，批大郤，導大窾，因其固然」。庖丁解牛是認識規律與運用

規律的有機結合，不僅使解牛成為一種藝術，而且使牛刀常用常新，不像一般的廚師一月就換刀，較好的廚師一年也要換刀，「良庖歲更刀，割也；族庖月更刀，折也。今臣之刀十九年矣，所解數千牛矣，而刀刃若新發於硎」（〈養生主〉）。

在莊子看來，人的認識具有相對性。莊子雖然認為人具有認識能力，卻沒有得出人能夠認識和把握客體的結論，反而認為人只能相對地認識事物，不可能真正地認識事物。相對性是莊子認識論的最大特徵，由此產生了懷疑主義。任何認識都是主體與客體的統一，主體與客體的關係不是絕對的，而是相對的，所以認識也是相對的。從主體分析，不同主體對同一客體往往有不同看法。〈齊物論〉舉了三個例子解讀不同主體對同一客體的不同看法。比如住處，人與泥鰍、猿猴的感知就不同，「民濕寢則腰疾偏死，鰍然乎哉？木處則惴栗恂懼，猿猴然乎哉？三者孰知正處？」意思是，人在潮濕的地方居住，就會感到腰疼乃至半身不遂，泥鰍也會這樣嗎？人爬到高樹上就會感到驚懼不安，猿猴也會這樣嗎？這三種物類哪一種知道哪裏是真正的住處呢？又如飲食，人吃肉，麋鹿吃草，蜈蚣吃小蛇，貓頭鷹和烏鴉吃老鼠，這四種物類誰才知道什麼是真正可口的美味呢？再如美麗，毛嬙、麗姬都是公認的美人，而魚、鳥和麋鹿見了都會逃跑，「猿猵狙以為雌，麋與鹿交，鰍與魚游。毛嬙麗姬，人之所美也。魚見之深入，鳥見之高飛，麋鹿見之決驟。四者孰知天下之正色哉？」由此可知，人對美麗的看法，與魚、鳥和麋鹿是不一樣的。

同一主體在不同的情景下，看問題的角度不同，也會有不同的看法。〈秋水〉借用北海之神的口吻，認為從道、自身和世俗不同的角度觀察，事物的貴賤就不同，「以道觀之，物無貴賤；以物觀之，自貴而相賤；以俗觀之，貴賤不在己」。北海之神進一步選擇不同的角度觀察事物，指出由於思維定式不同，對於事物就有不同

看法。觀察事物的差別，順着事物大的方向觀察，就是大的，否則就是小的。「以差觀之，因其所大而大之，則萬物莫不大；因其所小而小之，則萬物莫不小；知天地之為稊米也，知豪末之為丘山也，則差數睹矣。」觀察事物的功用，順着事物有用的方向觀察，就是有用的，否則就是無用的。「以功觀之，因其所有而有之，則萬物莫不有；因其所無而無之，則萬物莫不無。知東西之相反而不可以相無，則功分定矣。」觀察事物的價值取向，也是如此，「以趣觀之，因其所然而然之，則萬物莫不然；因其所非而非之，則萬物莫不非。知堯桀之自然而相非，則趣操睹矣」。意思是，從好惡是非取向的角度看，順着事物肯定的方向加以肯定，那麼萬物都會受到肯定；順着事物否定的一面加以否定，那麼萬物沒有不被否定的。知道堯與桀都自以為正確而互相否定，那麼人們的價值取向就可以看清楚了。

　　莊子有時會懷疑人的認識能力，對人是否存在認識表示懷疑。「莊周夢蝶」的故事形象地說明了莊子的懷疑。莊子還有一個喝酒的夢，不知在夢境還是在現實，他用夢與醒的關係來比喻是與非的相對性，也是對人的認識能力表示懷疑，「夢飲酒者，旦而哭泣；夢哭泣者，旦而田獵。方其夢也，不知其夢也。夢之中又占其夢焉，覺而後知其夢也」。莊子認為，夢境是相對的，是不可靠的。從夢的立場看醒，醒也是夢；從醒的立場看夢，夢也是醒。其實夢與醒都是一樣的，無所謂差別，也不用區別。「且有大覺而後知此其大夢也，而愚者自以為覺，竊竊然知之。」意思是，只有大智慧的人，才明白人生不過是一場大夢。而愚蠢的人自以為十分清醒，好像什麼都明白似的。莊子強調，只有那些愚昧的人，才覺得是非分明，君臣定位，這正是做夢的表現。孔子不悟道，是在夢中；翟鵲子否定孔子，也是在夢中；長梧子說別人在做夢，依然是在夢中，「君乎，牧乎，固哉！丘也與女，皆夢也；予謂女夢，亦夢也。是其言也，其名為弔詭。萬世之後而一遇大聖，知其解者，是旦暮遇

之也」（〈齊物論〉）。莊子從懷疑人的認識能力開始，進而主張放棄人的認識能力，「吾生也有涯，而知也無涯，以有涯隨無涯，殆已。已而為知者，殆而已矣」（〈養生主〉）。

從客體分析，世界是矛盾的，既有陽又有陰，既有正又有反，既有大又有小，既有美又有醜，既有是又有非。任何事物都是矛盾的統一體，很難把矛盾的雙方截然分開。莊子認為，正是矛盾導致了事物存在的相對性，不停地在矛盾對立的雙方轉化，亦陰亦陽，亦正亦反，亦大亦小，亦美亦醜，亦是亦非，「物無非彼，物無非是。自彼則不見，自知則知之。故曰：彼出於是，是亦因彼。彼是方生之說也。雖然，方生方死，方死方生；方可方不可，方不可方可。因是因非，因非因是」。莊子崇尚事物的相對性，他看到了同一性，卻否認了差異性。所謂的大與小、美與醜和成與毀，其實都是一回事，它們之間並沒有本質的區別，「無物不然，無物不可。故為是舉莛與楹，厲與西施，恢恑憰怪，道通為一。其分也，成也；其成也，毀也。凡物無成與毀，復通為一」（〈齊物論〉）。意思是，實際上，沒有一物絕對不是，也沒有一物絕對不可。因此，像草莖和屋柱、醜女和西施，以及種種稀奇古怪的現象，從道的角度看，都是通而為一的。事物有毀滅，就有產生；有產生，就有毀滅。事物自身無所謂產生與毀滅的分別，都是渾然一體的。〈德充符〉以王駘為榜樣，注重從同一性去看待事物，達到萬物一體的境界。對王駘而言，萬物沒有什麼缺失，失去一條腿就如同掉落一塊泥土一樣，不值得在意，「自其異者視之，肝膽楚越也。自其同者視之，萬物皆一也。夫若然者，且不知耳目之所宜，而遊心乎德之和。物視其所一而不見其所喪，視喪其足猶遺土也」。

莊子看到了變動性，卻否認了穩定性。「梁麗可以衝城，而不可以窒穴，言殊器也。騏驥驊騮，一日而馳千里，捕鼠不如狸狌，言殊技也。鴟鵂夜撮蚤，察毫末，晝出瞋目而不見丘山，言殊性

也。」大意是，大木被稱為「良才」，是相對於建造城樓而言的，如果用來堵塞小洞，就是一塊廢料；騏驥驊騮被稱為「良馬」，是相對於趨路而言的，如果用來捉老鼠，就不如野貓；貓頭鷹被稱為「良臣」，是相對於夜間而言的，如果在白天，即使瞪大眼睛也看不見丘山。因而莊子強調，看不到事物的變動性，就不明白天地變化、萬物變動的道理，「是未明天地之理，萬物之情者也。是猶師天而無地，師陰而無陽，其不可行明矣」（〈秋水〉）。莊子看到了是非標準的主觀性，卻否認了客觀性。莊子認為，當時儒家與墨家的爭辯是沒有是非的，也沒有對錯，「道隱於小成，言隱於榮華。故有儒墨之是非，以是其所非而非其所是。欲是其所非而非其所是，則莫若以明」（〈齊物論〉）。意思是，道被一孔之見所遮蔽，言論被華而不實之詞所遮蔽。因此有了儒家和墨家的是非之爭，他們相互以對方所否定的為「是」，以對方所肯定的為「非」。與其肯定對方所否定，否定對方所肯定，不如以無成見之心去觀照事物本身。由於莊子懷疑人的認識能力，不相信客體的穩定性和真實存在，實際陷入了不可知論的泥潭，「莊周從相對主義出發，必然走向懷疑論和不可知論」[1]。

四、曳尾塗中

〈秋水〉記載：

> 莊子釣於濮水，楚王使大夫二人往先焉，曰：「願以境內累矣！」莊子持竿不顧，曰：「吾聞楚有神龜，死已三千歲矣。王巾笥而藏之廟堂之上。此龜者，寧其死為留骨而貴乎？寧

1　蕭萐父、李錦全著：《中國哲學史》（上卷），人民出版社 1982 年版，第 164 頁。

其生而曳尾於塗中乎？」二大夫曰：「寧生而曳尾塗中。」莊
子曰：「往矣！吾將曳尾於塗中。」

　　莊子繼承了老子無為的思想，卻沒有把重點運用於政治哲學，
而是運用於生命哲學，追求自由自在、毫無牽累的人生。「曳尾塗
中」的寓言故事說明人如果貪圖高官之位，就會像神龜一樣，雖然
顯得尊貴，卻可能失去性命，進而表明自己寧願保全性命、精神自
由和人格獨立，也不願為官職所束縛，拿生命和尊嚴去換取利益。
如果聯想莊子一生都非常貧困，經常餓得面黃肌瘦，卻為了精神自
由，拒絕高官厚祿，不由得令人肅然起敬，「夫處窮閭厄巷，困窘
織屨，槁項黃馘者」（〈列禦寇〉）。而且，他還要向別人借貸度日，
受到冷遇，「莊周家貧，故往貸粟於監河侯」；監河侯要收到采邑的
租稅，再給貸款，「監河侯曰：『諾。我將得邑金，將貸子三百金，
可乎？』」莊子很無奈，只能用「鮒魚求水」來表示不滿，「鮒魚忿
然作色曰：『吾失我常與，我無所處。吾得斗升之水然活耳，君乃言
此，曾不如早索我於枯魚之肆！』」（〈外物〉）意思是，鮒魚氣得臉
色大變，憤然地說我失去了日常生存的水，沒有存身之處了。現在
只要升斗之水就能活命，而你竟這樣耍花腔，還不如早點到乾魚店
去找我呢！儘管生活艱難，莊子仍然保持着人格的獨立，一再拒絕
官府的徵聘。在〈列禦寇〉中，莊子以牛為例，認為為官從政，就
像牛被牽入太廟，將要用以祭祀，後悔都來不及了。

　　《莊子》首篇是〈逍遙遊〉，突顯了莊子對逍遙的偏好。所謂
逍遙，是一種超凡脫俗，悠閒自得，不為身外之物所累的心理狀
態和精神境界，也是莊子追求的心理和精神自由的人生目標。莊子
思想的核心是人生哲學，而人生哲學的核心是逍遙遊。在〈逍遙
遊〉中，莊子描述了動物和人生兩種逍遙，鮮明地提出了自己的逍
遙理想。在動物的逍遙中，他選擇了鯤鵬與知了、斑鳩、麻雀進行

對比闡述。開篇崎嶇崢嶸，氣魄宏大，是鯤鵬之逍遙。鯤鵬很大，「北冥有魚，其名為鯤。鯤之大，不知其幾千里也。化而為鳥，其名為鵬。鵬之背，不知其幾千里也，怒而飛，其翼若垂天之雲」。鯤鵬逍遙自在，「鵬之徙於南冥也，水擊三千里，摶扶搖而上者九萬里，去以六月息者也」。而後描述知了、斑鳩和麻雀之逍遙。鯤鵬是大的逍遙，知了、斑鳩和麻雀是小的逍遙。小的逍遙不能理解大的逍遙，知了和斑鳩認為無論飛到樹上還是落在地面，都是快樂的，何必要像鯤鵬那樣翱翔九萬里呢，「我決起而飛，搶榆枋，時則不至而控於地而已矣，奚以之九萬里而南為？」麻雀更是自得其樂，譏笑說：「我騰躍而上，不過數仞而下，翱翔蓬蒿之間，此亦飛之至也。而彼且奚適也？」意思是，我騰躍而上，飛不到幾丈高就落下來。在蓬蒿叢中飛來飛去，這也是飛行的最高境界了。而鯤鵬還要飛到哪裏去呢？莊子當然不屑於知了、斑鳩和麻雀的譏諷，他指出大的逍遙與小的逍遙是不可同日而語的，「適莽蒼者，三餐而反，腹猶果然；適百里者，宿舂糧；適千里者，三月聚糧。之二蟲又何知！」

　　在人生的逍遙中，莊子借用一般人和宋榮子、列子等人物，對比不同層次的逍遙境界。一般人是汲汲於功名，即使那些社會道德模範，莊子都加以否認，把他們比喻為嘲笑鯤鵬的麻雀。「故夫知效一官，行比一鄉，德合一君，而征一國者。其自視也，亦若此矣。」意思是，那些才能可以勝任一官半職，行為可以使一鄉人親近，德行可以迎合一國國君的心意，以致得到一國百姓信任的人，他們那種自鳴得意的神態，恰似水邊的麻雀。宋榮子比一般人境界要高，他已經灑落了禮俗的拘束，滌盪了榮辱的情緒，嘲笑汲汲於功名之人，「宋榮子猶然笑之」。宋榮子能夠淡然面對榮辱毀譽，人們稱讚他，他不感到高興；非議他，他不感到沮喪，「舉世而譽之而不加勸，舉世而非之而不加沮」。然而，宋榮子還沒有做到物我合

一，心中還是「有名」，區分着自我與外物、榮譽與恥辱，並沒有達到逍遙自立的境界，「定乎內外之分，辯乎榮辱之境，斯已矣。彼其於世未數數然也。雖然，猶有未樹也」。列子比宋榮子的境界更高，初步做到了身與自然的統一，卻沒有達到與造化同遊的逍遙境界。列子雖然不像宋榮子那樣心中有名，卻嚮往飛行，說明心中「有功」，不能完全擺脫對外界的依賴，「夫列子禦風而行，泠然善也，旬有五日而後反。彼於致福者，未數數然也。此雖免乎行，猶有所待者也」（〈逍遙遊〉）。意思是，列子乘風北行，輕快極了，飛行了十五天才返回來。他對世俗的幸福，並不汲汲以求。雖然能讓他免於步行的麻煩，但他畢竟還是有所待，要依賴風才能飛行。

在莊子看來，無論是動物的逍遙，還是人生的逍遙；無論是鯤鵬的逍遙，還是列子的逍遙，都是有所待，都不是真正的自由。即使鯤鵬之遊，已是宏偉壯觀了，卻不能離開風的幫助和廣闊空間的容納，仍然是有所待的自由。猶如水積存得不多，就載不了大船，「且夫水之積也不厚，則其負大舟也無力。覆杯水於坳堂之上，則芥為之舟；置杯焉則膠，水淺而舟大也」。鯤鵬與風和空間的關係也是如此，「風之積也不厚，則其負大翼也無力。故九萬里，則風斯在下矣，而後乃今培風，背負青天而莫之夭閼者，而後乃今將圖南」。意思是，如果風積存得不夠大，就無法承載巨大的翅膀。大鵬高飛九萬里，需要大風在它下面，才能憑藉風力，背朝青天，沒有任何阻礙，而後才開始一路暢飛到南海。莊子讚頌鯤鵬之遊，卻沒有把它看作是人生的最高境界。莊子嚮往和倡導的最高境界是「無待」的心靈和精神自由。所謂無待，就是不要任何依靠，也沒有任何約束，就是憑藉自然本性，順應陰陽、風雨、晦明的變化，遨遊於無窮無盡的宇宙之中，「若夫乘天地之正，而御六氣之辯，以遊無窮者，彼且惡乎待哉！」莊子認為，能夠達到人生的最高境界，只有至人、神人、聖人，關鍵是無我順物、不求有功、拋棄名

聲，即「至人無己，神人無功，聖人無名」（〈逍遙遊〉）。

　　在莊子看來，至人、神人、聖人是理想人格，能夠體悟「天地與我並生，而萬物與我為一」（〈齊物論〉）。是啊，只要齊萬物、齊生死、齊是非，還有什麼人情冷暖、世態炎涼不能看透的呢？陳鼓應注釋：至人、神人、聖人，「就是能對宇宙人生的變化及其根源意義作全面性、整體性體認的人」[1]。莊子真正嚮往的人格理想是真人，至人、神人、聖人都統一於真人。真人領悟大道，是一個完滿的人。視萬物如一，心中無己、無功，也無是非，「不逆寡，不雄成，不謨士。若然者，過而弗悔，當而不自得也。若然者，登高不栗，入水不濡，入火不熱」。真人是心無嗜欲，無憂無懼，「古之真人，其寢不夢，其覺無憂，其食不甘，其息深深」。而且，真人呼吸的方式與一般人不一樣，「真人之息以踵，眾人之息以喉。屈服者，其嗌言若哇。其耆欲深者，其天機淺」（〈大宗師〉）。意思是，真人呼吸從腳跟運氣，而一般人用喉嚨呼吸。一般人在理屈詞窮時，喉嚨像打了結一樣。凡是嗜好太深的人，他的自然領悟力就會遲鈍。

　　真人是視生死如一，不戀生，不戀死，順生死之自然而不妄為，「古之真人，不知說生，不知惡死。其出不訢，其入不距，翛然而往，翛然而來而已矣。不忘其所始，不求其所終。受而喜之，忘而復之，是之謂不以心損道，不以人助天。是之謂真人」。正因為真人參透了生死，所以內心平靜，行動自然，「若然者，其心志，其容寂，其顙頯；凄然似秋，煖然似春，喜怒通四時，與物有宜而莫知其極」。意思是，真人隨遇而安，容貌安詳，額頭寬廣。表情嚴肅時猶如秋天，溫和時就像春天，外在的喜怒變化與四時相

1　陳鼓應著：《莊子今譯今注》（最新修訂重排本），中華書局 1983 年版，第 905 頁。

通，對任何事物都順隨自然而探討其究竟。真人是視天人如一，既能無分別地對待事物，又能像一般人那樣處理世事，「故其好之也一，其弗好之也一。其一也一，其不一也一。其一與天為徒，其不一與人為徒。天與人不相勝也，是之謂真人」。尤其是安身立命，與人相處，真人無我無物，合羣而不結黨，「其狀義而不朋，若不足而不承」。真人的狀貌、心胸和境界，令人歎為觀止，「與乎其觚而不堅也，張乎其虛而不華也；邴邴乎其似喜乎，崔乎其不得已乎，滀乎進我色也，與乎止我德也；厲乎其似世乎，謷乎其未可制也，連乎其似好閉也，悗乎忘其言也」（〈大宗師〉）。意思是，真人悠閒獨立而不固執，心胸豁達而不浮華，情貌舒暢似乎很高興，行事出於不得已，與人交往和藹親切，悠閒之態令人歸依，心胸廣闊好像與世人不同，行止高遠而不受約束，高談闊論而悠閒不迫，漫不經心好像忘了要說什麼。

　　在莊子看來，像真人、至人、神人、聖人那樣做到無己、無功、無名，首先要順應自然。莊子認為，自然界和人類社會中的許多事情及其變化，人不能抗拒，也無力干預，只能安於現實，跟隨事物變化。莊子借用孔子的言語說這是命運，「仲尼曰：『死生存亡，窮達貧富，賢與不肖毀譽，飢渴寒暑，是事之變，命之行也。』」（〈德充符〉）對於不可抗拒的命運，只要順其自然，內心就會平靜而不感到痛苦，精神就能夠滿足而不會恍惚，〈大宗師〉記載，子輿很醜。當友人問子輿是否有抱怨時，子輿回答：「亡，予何惡！」子輿主張安時而處順，還說命運如果把我的左臂漸漸變成公雞，我就用它來報曉；如果把我的右臂漸漸變成彈子，我就用它來打斑鳩烤着吃；如果把我的尾骨漸漸變成車輪，使我的精神變成了駿馬，我就不需要另找車馬了。子輿有如此達觀的心態，是因為他能夠隨性自然，「且夫得者，時也，失者，順也。安時而處順，哀樂不能入也。此古之所謂縣解也，而不能自解者，物有結之。且夫

物不勝天久矣，吾又何惡焉！」意思是，況且，我生是應時而來，死是順時而去。安於時機，順應變化，喜怒哀樂就不能進入心中。這就是古人所說的解除倒懸。那些不能自解心結的人，就會被外物所束縛。再說，自古以來，無論人還是事，都無法勝過命，我又有什麼好厭惡的！

　　同時，要少私寡慾。人的慾望是心靈和精神不得自由的重要因素；人的慾望越多，心靈和精神的自由就越少。莊子把慾望區分為四種情況，即擾亂意志的慾望，「貴、富、顯、嚴、名、利六者，勃志也」；束縛心靈的慾望，「容、動、色、理、氣、意六者，謬心也」；拖累德性的慾望，「惡、欲、喜、怒、哀、樂六者，累德也」；堵塞大道的慾望，「去、就、取、與、知、能六者，塞道也」。這些慾望會使人不甘寂寞，違背自然而胡作非為，必須加以清除，「徹志之勃，解心之謬，去德之累，達道之塞」。只有清除了人的慾望，才能保持平和寧靜的心態，安時處順，委運任化，「此四六者不盪胸中則正，正則靜，靜則明，明則虛，虛則無為而無不為也」（〈庚桑楚〉）。意思是，如果這四個方面、各六種慾望不在胸中激盪，內心就會平正，內心平正就會寧靜，寧靜就會明澈，明澈就會虛寂，虛寂就會不妄為而無所不為。莊子認為，所有的慾望不外乎功名利祿、生老病死。如果能忘卻功名利祿，看透生老病死，無己、無功、無名，那就是天地之大道、聖人之德性，「若夫不刻意而高，無仁義而修，無功名而治，無江海而閒，不道引而壽。無不忘也，無不有也，澹然無極而眾美從之。此天地之道，聖人之德也」（〈刻意〉）。

　　此外，要絕聖棄智。莊子認為，智慧越多，心機就越多；心機越多，天下就越亂，「上誠好知而無道，則天下大亂矣」。就像弓箭多了，鳥就亂飛；漁網多了，魚就亂游；竹籬多了，野獸就亂跑；詭計多了，世人就會被迷惑，「夫弓弩畢弋機變之知多，則鳥亂於上矣。鈎餌網罟罾笱之知多，則魚亂於水矣。削格羅落罝罘之

知多，則獸亂於澤矣。知詐漸毒頡滑堅白解垢同異之變多，則俗惑於辯矣」。莊子把世道混亂歸因於人們的智巧太多，「天下每每大亂，罪在於好知。故天下皆知求其所不知，而莫知求其所已知者，皆知非其所不善，而莫知非其所已善者，是以大亂」。意思是，天下常常大亂，產生罪過的原因在於人們喜歡智巧。天下人都知道去探索他所不知道的知識，而不知去探求他已經知道的知識，都知道非難他所認為不好的，而不知道非難他所認為好的，因而天下就大亂了。莊子崇尚的理想社會是「至德之世」，也就是老子說的「小國寡民」，人性純真而沒有智巧，民風淳樸而沒有慾望，人人安居樂業，自由自在地生活。「子獨不知至德之世乎？昔者容成氏、大庭氏、伯皇氏、中央氏、栗陸氏、驪畜氏、軒轅氏、赫胥氏、尊盧氏、祝融氏、伏犧氏、神農氏，當是時也，民結繩而用之，甘其食，美其服，樂其俗，安其居，鄰國相望，雞狗之音相聞，民至老死而不相往來。若此之時，則至治已。」莊子強烈呼籲人們拋卻心機和人為的一切智巧，「絕聖棄知，大盜乃止。擿玉毀珠，小盜不起。焚符破璽，而民樸鄙。掊斗折衡，而民不爭。殫殘天下之聖法，而民始可與論議」（〈胠篋〉）。意思是，拋棄聖明，不用智巧，大盜就不存在；砸碎玉石，毀掉珠寶，小盜就不會產生；燒掉信符，毀掉印璽，人們就會回歸淳樸；砸掉斗斛，折斷秤桿，人們就不會起爭執；徹底摧毀聖人的法度，百姓才有可能參與討論。

五、莊周夢蝶

〈齊物論〉記載：

> 昔者莊周夢為胡蝶，栩栩然胡蝶也，自喻適志與！不知周也。俄然覺，則蘧蘧然周也。不知周之夢為胡蝶與，胡蝶

之夢為周與？周與胡蝶，則必有分矣。此之謂物化。

　　莊子不僅是思想大師，而且是文學大師。莊子繼承了老子「道法自然」的思想，更加崇尚自然之美，「靜而聖，動而王，無為也而尊，樸素而天下莫能與之爭美」（〈天道〉）。《莊子》一書具有極高的文學價值，是歷史上第一部文學散文，對中國文學產生了重大而深遠的影響。郭沫若指出：「秦漢以來的一部中國文學史，差不多大半是在他的影響下發展的。」[1]「莊周夢蝶」的寓言故事通過奇幻怪誕的方式，集中體現了莊子的文學天才，充分展示了莊子自由不羈的浪漫主義精神。這就是思維想像的玄妙超絕，人物描述的神奇古怪，故事情節的變幻莫測，文章風格的恢詭譎怪，藝術境界的渾然天成。凡是讀過《莊子》的人，無不為之傾倒。莊周夢蝶是其中的典範，竟然被後人演繹得千姿百態，讀之令人陶醉。李白悟到了飄逸，「莊周夢胡蝶，胡蝶為莊周。一體更變易，萬事良悠悠」（《古風》）。李商隱感受到了迷惘，「莊生曉夢迷蝴蝶，望帝春心託杜鵑」（《錦瑟》）。陸游領略了閒適，「出赴盟鷗社，歸尋夢蝶牀。愚為度世術，閒是養生方」（《夏中雜興》）。馬致遠則想到了人生如夢，「百歲光陰如夢蝶，重回首，往事堪嗟」（《夜行船》）。莊周夢蝶從一個側面反映了莊子對於中國文學史的重要地位和作用。無怪乎郭象譽《莊子》一書為諸子「百家之冠」；金聖歎稱《莊子》為「天下第一奇書」，將其與《離騷》《史記》《西廂記》《水滸傳》和杜詩合稱為「六才子書」；清宣穎說：「莊子之文，長於譬喻。其玄映空明，解脫變化，有水月鏡花之妙。且喻後出喻，喻中設喻，不啻峽雲層起，海市幻生，從來無人及得。」（《南華經解》）

　　莊子對後世文學影響最大的是其浪漫主義精神。在中國文學

1　《郭沫若全集 · 文學編》（第 19 卷），人民文學出版社 1992 年版，第 64 頁。

史上，浪漫主義的鼻祖不僅有莊子，而且有屈原，兩人都非常值得崇敬，風格卻不盡相同。比較而言，莊子的胸襟更寬廣，哲理更深刻。清胡文英對比莊子與屈原即三閭的哀怨，認為「莊子最是深情，人第知三閭之哀怨，而不知漆園之哀怨有甚於三閭也。蓋三閭之哀怨在一國，而漆園之哀怨在天下；三閭之哀怨在一時，而漆園之哀怨在萬世」。

　　莊子的浪漫主義是形象奇特。文學是描寫人的，《莊子》一書刻畫了許多人物，其中有些形象很奇特，「支離疏者，頤隱於臍，肩高於頂，會撮指天，五管在上，兩髀為脅」。意思是，支離疏這個人，臉縮在肚臍裏，雙肩高過頭頂，髮髻朝天，五官朝上，兩腿夾着肋骨。莊子不是簡單地描寫支離疏的身體殘疾，而是為了描寫支離疏不在意自己身體的殘疾，自食其力，養活他人，享盡天年，進而說明人要忘我，歸於自然，順應天命，內在的精神美遠遠超過外在的形體和形象，「夫支離其形者，猶足以養其身，終其天年，又況支離其德者乎」（〈人間世〉）。有些是行為怪誕，「莊子妻死，惠子弔之，莊子則方箕踞鼓盆而歌」。妻子死了，莊子不哭泣，反而唱歌，其行為是夠怪誕的，連好友惠施也看不過去，「惠子曰：『與人居，長子老身，死不哭亦足矣，又鼓盆而歌，不亦甚乎！』」莊子卻告訴惠施，開始他也痛苦，「不然。是其始死也，我獨何能無概然！」後來想到人的生死是自然而然的事情，生死兩忘，相適於道，就不應該哭泣，「雜乎芒芴之間，變而有氣，氣變而有形，形變而有生，今又變而之死，是相與為春秋冬夏四時行也。人且偃然寢於巨室，而我噭噭然隨而哭之，自以為不通乎命，故止也」（〈至樂〉）。

　　莊子的浪漫主義是想像豐富。沒有想像力，就沒有文學作品。莊子想像力之豐富，可謂千古一人，王國維盛讚莊子「想像力之偉大豐富」（《屈子文字的精神》）。宋黃震具體描述道：「莊子以不羈

之才，恣肆跌宕之說，創為不必有之人，設為不必有之物，造為天下所必無之事，用以渺末宇宙，戲薄聖賢，走弄百齣，茫無定蹤，固千萬世詼諧小說之祖也。」（《黃氏日鈔》）「渾沌鑿竅」顯示了莊子想像的包容廣大，既有時間又有空間，既有宇宙又有人生，既有歷史又有現實，「南海之帝為儵，北海之帝為忽，中央之帝為渾沌。儵與忽時相與遇於渾沌之地，渾沌待之甚善。儵與忽謀報渾沌之德，曰：『人皆有七竅，以視聽食息，此獨無有，嘗試鑿之。』日鑿一竅，七日而渾沌死」（〈應帝王〉）。儵和忽屬於時間和速度，南海、北海、中央屬於空間方位。在浩渺的時空中，儵和忽按照人世的模式去分析，幫助渾沌，結果事與願違，反而害了渾沌。渾沌鑿竅不僅在於想像，更在於意境。莊子認為，天地萬物就其本性而言是自然無為的，人世間也應該自然無為，「故曰：天地無為也，而無不為也。人也孰能得無為哉」（〈至樂〉）。而南海之帝和北海之帝的積極有為，主動作為，導致了中央之帝的死亡。好心辦了壞事，古今中外這樣的事例還少嗎？

「任公子釣魚」也是想像豐富。任公子製作了黑色粗繩和大鈎，用五十頭牛做釣餌，蹲在會稽山頂，把釣竿投到東海，「任公子為大鈎巨緇，五十犗以為餌，蹲乎會稽，投竿東海，旦旦而釣，期年不得魚」。後來釣上大魚的場景，很有想像力。被釣的魚掙扎着掀起山一般的白浪，發出震驚千里的吼聲。魚之巨大，更有想像力，從浙東到蒼梧以北的所有人都吃到了魚，「已而大魚食之，牽巨鈎，錎沒而下，騖揚而奮鬐，白波若山，海水震盪，聲侔鬼神，憚赫千里。任公子得若魚，離而臘之，自制河以東，蒼梧已北，莫不厭若魚者」。任公子釣魚旨在說明要想取得驚人的成功，必須有超人之氣概，用真功夫，花大力氣，「夫揭竿累，趣灌瀆，守鯢鮒，其於得大魚難矣，飾小說以干縣令，其於大達亦遠矣」（〈外物〉）。意思是，拿着小竿細繩等候在小溝渠旁，守着些小魚，想釣到大魚

就很難了。以淺薄學說為榜樣，去追求美名的人，對於領悟大道而言，就差得太遠了。因此，不曾領略過任氏之風的人，不可與其談論事務，兩者相差太遠。莊子為了說明道理，描繪出一幅驚心動魄的圖景，以便驚醒世人，給讀者留下深刻的印象。

莊子的浪漫主義是感情強烈。感情是文學作品的原動力。一般認為，莊子很冷漠，主要表現為對社會現實強烈的批判態度。在〈列禦寇〉中，莊子借孔子之口，把人心險惡罵了個狗血噴頭。孔子說人心難測，比了解天時還要困難；人心險惡，比高山大川還要險惡，「凡人心險於山川，難於知天。天猶有春秋冬夏旦暮之期，人者厚貌深情」。接着孔子指出多種險惡人心，「有貌願而益，有長若不肖，有慎懁而達，有堅而縵，有緩而釬。故其就義若渴者，其去義若熱」。意思是，有的人貌似恭謹而內心驕傲，有的人貌似長者而內心不正，有的人外表急躁而通達事理，有的人外表堅強而內心軟弱，有的人外表溫和而內心急躁。所以有的人追求道義如飢似渴，拋棄道義也像避火一般。「螳螂捕蟬」則講述了十分殘酷的生存故事。蟬在樹蔭下鳴叫，不知螳螂在後；螳螂捕蟬後得意，不知異鵲在後；異鵲只顧捕螳螂，不知獵人的彈弓在後。莊子「蹇裳躩步，執彈而留之。睹一蟬，方得美蔭而忘其身；螳螂執翳而搏之，見得而忘其形；異鵲從而利之，見利而忘其真」。面對如此殘酷的生存故事，莊子都感到恐懼，不禁感慨：「噫！物固相累，二類相召也」（〈山木〉）。意思是，唉！萬物原本就是這樣互相牽連的，都是因為利害而彼此互相招引啊。儘管莊子充滿了批判精神，其實他的心腸還是很熱的，對人間世保留着溫情。胡文英認為：「莊子眼極冷，心腸極熱。眼冷，故是非不管；心腸熱，故感慨無端。」（《莊子獨見》）

莊子的浪漫主義是語言瑰麗。好的文學作品必然伴隨着文采和優美的語言。莊子是當之無愧的語言大師，他創造的語言至今還

活躍在現實生活之中，有許多甚至成了膾炙人口的成語。譬如相濡以沫，「泉涸，魚相與處於陸，相呴以濕，相濡以沫，不如相忘於江湖。與其譽堯而非桀也，不如兩忘而化其道」（〈大宗師〉）。這則成語是要說明順應自然的道理。魚兒涸在陸地，吐着唾沫相互濡濕，是不合自然的生存方式。合乎自然的生存方式是在江湖之中彼此遺忘。人類的生存也要合乎自然，像魚兒忘記彼此一樣忘記塵世的是非好惡。又如東施效顰，「故西施病心而顰其里，其里之醜人見而美之，歸亦捧心而顰其里。其里之富人見之，堅閉門而不出，貧人見之，挈妻子而去走。彼知顰美，而不知顰之所以美」（〈天運〉）。這則成語是要表明認清自己的道理。任何人的存在都是獨一無二的，盲目模仿別人，不僅模仿不成，反而弄巧成拙，連自己的長處也丟了，還會讓人討厭。又如越俎代庖，堯想把皇位讓給許由，「許由曰：『子治天下，天下既已治也。而我猶代子，吾將為名乎？名者，實之賓也。吾將為賓乎？鷦鷯巢於深林，不過一枝；偃鼠飲河，不過滿腹。歸休乎君，予無所用天下為！庖人雖不治庖，尸祝不越樽俎而代之矣。』」（〈逍遙遊〉）這則成語是要證明無名無功的道理。許由拒絕帝王之位，是無名；不越俎代庖，是無功。無名無功，即是真人、至人、神人和聖人。莊子感情豐富，語言多變，善於把敘事與狀物、抒情與議論有機結合起來，形成了自由奔放、汪洋恣肆，自然流暢、瑰麗華美，跌宕變幻、搖曳多姿的語言風格。宋高似孫讚歎道：「如長江大河，滾滾灌注，泛濫於天下；又如萬籟怒號，澎湃洶湧，聲沉影滅，不可控搏。」（〈子略〉）

　　莊子之遊收筆之際，意猶未盡，還在唸叨遊的韻味，神馳遊的境界。遊是莊子思想的核心和重要組成部分，道盡了莊子無窮的人生智慧。戰國中期是一個黑暗的時代，能夠保全性命，幾乎是每個人的願望，「天下有道，聖人成焉；天下無道，聖人生焉。方今之時，僅免刑焉」（〈人間世〉）。面對羣雄逐鹿、血流漂杵的社會亂

局，儒家和道家提出了不同的生存方式，儒家倡導積極入世，參與政治而居於廟堂；道家主張消極避世，躲開社會而隱跡山林。莊子屬於道家，卻提出既不入世又不避世的遊世生存方式，既生活於社會世俗之中，又與社會世俗保持距離。遊世不僅是嚮往自由生存，也是解決現實痛苦的選擇，以求苟全性命於亂世。遊世不是消極的，他願意藏跡於現實社會，承擔起基本的人倫責任和義務，「不譴是非，以與世俗處」（〈天下〉）；但也不是積極的，他不願意與命運抗爭，像孔子那樣「知其不可而為之」（《論語·憲問》）。遊世似乎是不認真的，莊子經常以輕鬆戲說的筆觸來消解人生的悲苦；卻又是嚴肅的，莊子始終以冷眼看待這個世界，在孤獨中堅守着認真。遊世不是儒家的用世，也不是一般道家的遁世，而是莊子的順世。順世是領悟道的真諦後的一種生存方式；在社會不得安定的時候，或許是一種更高明和智慧的生存方式，從而為人們的生存方式提供了新的選擇。順世既順人又不失己，在追求自由的前提下，以出世的精神做入世的事情，在心靈與身體之間保持張力和平衡。誠如有的學者所言：順世「並不是要人脫離現實世界，而是要在現實的社會和日常的生活中實現精神的超越。這就是要在平常的生活勞作中體悟人生的意義和價值，而獲得人生的愉悅和自由」[1]。因此，大隱隱於朝，中隱隱於市，小隱隱於野。人生最高的境界是順世而大隱。

---

1 強昱著：《知止與照曠——莊學通幽》，宗教文化出版社 2004 年版，第 3 頁。

第九章　韓非之法

　　韓非（約前 280—前 233）是法家的集大成者，是中國古代偉大的思想家。韓非以道為基礎，以法為核心，建構了法、術、勢三位一體的思想大廈，為傳統社會的中央集權和君主專制提供了理論依據。韓非的法家思想對傳統社會的政治運行產生了重大而深遠的影響。當時，秦始皇看到韓非的〈孤憤〉〈五蠹〉之書說：「嗟乎，寡人得見此人與之遊，死不恨矣」（《史記‧老子韓非列傳》）。在漫長的傳統社會裏，統治者大多是「習文法吏事，而又緣飾以儒術」（《史記‧平津侯主父列傳》），名義上是運用儒家思想治理國家，實際是運用法家思想治理國家。漢宣帝直言不諱地教訓時為太子的漢元帝，「漢家自有制度，本以霸王道雜之，奈何純任德教，用周政乎」（《漢書‧元帝紀》）。蘇東坡看得很明白，「自漢以來，學者恥言商鞅、桑弘羊，而世主獨甘心焉，皆陽諱其名，而陰用其實」（〈論商鞅〉）。

一、韓非其人

　　韓非生活於戰國末期，出身韓國貴族，具有濃郁的政治情結，曾積極上書韓王言政，主張以法治國，卻不被採納，反遭猜疑。在報國無門的境況下，韓非退而著書立說，為秦始皇所重視，遂到秦國出使。韓非在秦國並沒有得到重用，反而遭到李斯、姚賈的陷

害，冤屈入獄後被逼自殺。司馬遷慧眼獨具，將老子與韓非合併作
〈老子韓非列傳〉。具體記載如下：

> 韓非者，韓之諸公子也。喜刑名法術之學，而其歸本
> 於黃老。非為人口吃，不能道說，而善著書。與李斯俱事荀
> 卿，斯自以為不如非。非見韓之削弱，數以書諫韓王，韓王
> 不能用。於是韓非疾治國不務修明其法制，執勢以御其臣
> 下，富國強兵而以求人任賢，反舉浮淫之蠹而加之於功實
> 之上。以為儒者用文亂法，而俠者以武犯禁。寬則寵名譽之
> 人，急則用介胄之士。今者所養非所用，所用非所養。悲廉
> 直不容於邪枉之臣，觀往者得失之變，故作〈孤憤〉〈五蠹〉
> 〈內外儲〉〈說林〉〈說難〉十餘萬言。

從《史記》記載分析，韓非是韓國王族之子，他的思想內容
是刑名法術，理論根基是黃老之學。韓非和李斯都是荀子的學生，
韓非說話結巴，表達能力不強，卻善於思考寫作，李斯自以為學業
成就不如韓非，為後來的陷害埋下了伏筆。韓非關注政治，對韓國
的衰弱和治國狀況不滿，「疾治國不務修明其法制，執勢以御其臣
下，富國強兵而以求人任賢，反舉浮淫之蠹而加之於功實之上」。
韓非還對儒、墨兩家持批判態度，認為「儒者用文亂法，而俠者以
武犯禁」。韓非屢屢上書，要求以法治國，變革圖強，韓王卻不予
理睬，更沒有重用。韓非悲感自己及廉潔正直的人不能容於韓國之
君，於是考察古今成敗得失，總結歷史經驗教訓，著書立說十餘萬
言。司馬遷欣賞韓非的著作，全文照錄了〈說難〉，主要闡述游說、
進言或說服君王的內容和辦法。司馬遷感歎，韓非深知游說之道卻
死於游說君王之中，「余獨悲韓子為〈說難〉而不能自脫耳」。

《韓非子》一書匯集了韓非的文章，司馬遷具體點明了五篇著
作，明確著有十餘萬言；《漢書·藝文志》記載「《韓子》五十五
篇」。現存《韓非子》的篇數及字數，表面上與司馬遷和《漢書》

的記述幾乎一致，實則有着很多不同的看法。在由誰編定成書的問題上，有的認為是漢代劉向整理內府圖書時編輯而成，有的認為是秦國主管圖書檔案的人整理編輯而成。更大的分歧在於《韓非子》一書到底有多少是由韓非撰寫的。任繼愈將《韓非子》五十五篇文章分為五組，第一組確認不是韓非的文章有四篇；第二組確認是後來法家的文章有五篇；第三組關於古代歷史故事的傳說有八篇，是法家引用材料的工具書；第四組是對老子思想的解說有兩篇；第五組屬於韓非論文中的主要部分有二十八篇。任繼愈認為，第一組最不可靠，第五組最可靠，第二、三、四組可作為參考性資料，存疑待考[1]。胡適更為悲觀，甚至連司馬遷的記錄也不信，「《韓非子》十分之中，僅有一二分可靠，其餘都是加入的。那可靠的諸編如下：〈顯學〉〈五蠹〉〈定法〉〈難勢〉〈詭使〉〈六反〉〈問辯〉。此外如〈孤憤〉〈說難〉〈說林〉〈內外儲〉，雖是司馬遷所舉的篇名，但是司馬遷的話是不很靠得住的。我們所定這幾篇，大都以學說內容為根據」[2]。不過，一般認為，除〈存韓〉等個別文章外，《韓非子》中大部分文章可理解為韓非的著作，或體現韓非思想的著作。有的學者指出，《韓非子》的著作確實存在差異，「我們正好根據這些差異，清理出幾條基本線索，看其嬗變的軌跡，結果《韓非子》五十五篇的多數，都可以加以早、中、晚期的歸類，還原出一個有生命氣息的韓非思想發展過程」[3]。

《韓非子》專門論證和闡述了君主專制思想，按照現代學科分類，是中國古代一部無與倫比的政治學名著。《韓非子》匯集了先秦法家的政治主張，論述了以法治處理複雜政務民事的政治原理，

1　參見王宏斌著：《慧通韓非子》，九州出版社 2007 年版，第 13—14 頁。
2　胡適著：《中國哲學史大綱》，中華書局 2015 年版，第 315 頁。
3　楊義著：《韓非子還原》，中華書局 2011 年版，第 89 頁。

形成了法、術、勢三位一體的中央集權和君王專制的思想模式。在法、術、勢三者關係中，韓非最推崇的是法，認為法是唯一標準，要求全面推行法治，「明主之國，令者，言最貴者也；法者，事最適者也。言無二貴，法不兩適，故言行而不軌於法令者必禁」（《韓非子‧問辯》，本章凡引用《韓非子》一書，只注篇名）。最優先的是術，以便君主能夠有效地駕馭羣臣，「人主之大物，非法則術也」（〈難三〉）。熊十力認為：「韓非之書，千言萬語，壹歸於任術而嚴法，雖法術兼持，而究以術為先。」[1]《韓非子》雖然以思想內容見勝，卻不可忽視它的文學成就。全書體裁多樣、風格各異，眾體皆備、絢麗繽紛，筆鋒犀利、文風峻刻，富有邏輯和文學色彩。韓非是出色的辭章家，他推進了專題議論文走向更加成熟，格局宏大，結構嚴密，「論事入髓，為文刺心」（門無子《韓子迂評跋》）；開創了駁難文體，一般是先舉史實，後發議論，盡顯駁辯痛快、酣暢淋漓的風采；創新了韻文寫作技巧，在句式、韻律和手段方法上超越了先秦諸子；改進了文風，做到觀點鮮明、文筆優美，分析精闢、邏輯謹嚴，文辭遒勁、斬釘截鐵，在文字、語言、修辭方面都對中國文學發展做出了重要貢獻。

　　韓非的法家思想不是無源之水、無本之木，而是有着豐富的歷史資源，主要是繼承吸收了商鞅的法、申不害的術和慎到的勢，將其融會貫通、改造創新，建構了完整的法家政治理論體系。商鞅是戰國時期政治家，以崇尚法治著稱，「今當世之用事者，皆欲為上聖，舉法之謂也。背法而治，此任重道遠而無馬、牛，濟大川而無舡、楫也。今夫人眾兵強，此帝王之大資也，苟非明法以守之也，與危亡為鄰」（《商君書‧弱民》）。商鞅輔佐秦孝公變法，史稱

1　轉引自孔慶平：〈韓非子治道思想的核心及其困境〉，載《中山大學學報（社會科學版）》2016 年第 6 期。

「商鞅變法」,使秦國變得富足強大,「行之十年,秦民大說,道不拾遺,山無盜賊,家給人足。民勇於公戰,怯於私鬥,鄉邑大治」(《史記・商君列傳》)。申不害與商鞅同時,以崇尚術治著稱,《呂氏春秋・任數》記載申不害評韓昭侯,認為君主要深藏不露,深不可測,才能駕馭臣下,「故曰:去聽無以聞則聰,去視無以見則明,去智無以知則公。去三者不任則治,三者任則亂」。申不害被韓昭侯任為丞相,使韓國政局穩定而強盛,「申不害者,京人也,故鄭之賤臣。學術以干韓昭侯,昭侯用為相。內修政教,外應諸侯,十五年。終申子之身,國治兵強,無侵韓者。申子之學本於黃老而主刑名」(《史記・老子韓非列傳》)。慎到是趙國人,也與商鞅同時,曾在稷下學宮講學,以崇尚勢治著稱。在慎到看來,龍蛇沒有雲霧的依託,就如蚯蚓和螞蟻;賢人沒有權勢的依託,就只能臣服於小人,「飛龍乘雲,騰蛇遊霧,雲罷霧霽,而龍蛇與蚓蟻同矣,則失其所乘也。賢人而詘於不肖者,則權輕位卑也;不肖而能服於賢者,則權重位尊也」(〈難勢〉)。當然,韓非不是照搬照套,而是批判地繼承,他認為商鞅的不足在於沒有術,「無術以知奸」;申不害的不足在於沒有法,「申不害不擅其法,不一其憲令,則奸多」(〈定法〉),進而集先秦法家各派之大成而又超越了各派,成為中國歷史上最有影響的法家思想家。

韓非對於商鞅、申不害、慎到,是形下之器的繼承;對於老子,則是形上之道的繼承,著有〈解老〉〈喻老〉,這是最早對老子思想的解讀。韓非繼承了老子之道,認為道是萬物之源,「道者,萬物之所然也,萬理之所稽也」;道寓於萬物之中,「天得之以高,地得之以藏,維斗得之以成其威,日月得之以恆其光,五常得之以常其位,列星得之以端其行,四時得之以御其變氣」。在道與萬物的關係方面,韓非發展了老子之道,明確提出了「理」的觀念,認為道是萬物的根源,理是道與萬物聯繫的中介;道是萬物的總規

律，理是萬物藉以互相區別的特殊規律，「理者，成物之文也；道者，萬物之所以成也。故曰：『道，理之者也。』物有理，不可以相薄。物有理不可以相薄，故理之為物之制。萬物各異理，萬物各異理而道盡。稽萬物之理，故不得不化；不得不化，故無常操」。由於有「理」的觀念，韓非就把老子之道與政治聯繫在一起，發揮無為而治的思想，批判積極有為的做法，「凡法令更則利害易，利害易則民務變，民務變謂之變業。故以理觀之，事大眾而數搖之則少成功，藏大器而數徙之則多敗傷，烹小鮮而數撓之則賊其宰，治大國而數變法則民苦之」。韓非甚至直接引用老子的言論，要求君主無為而治，「是以有道之君貴靜，不重變法。故曰：『治大國者若烹小鮮。』」（〈解老〉）司馬遷很有見地，指出法家理論真正的源頭是老子之道，「申子卑卑，施之於名實。韓子引繩墨，切事情，明是非，其極慘礉少恩。皆原於道德之意，而老子深遠矣」（《史記·老子韓非列傳》）。

《韓非子》實際上是一部帝王學著作，這令人不禁想到 16 世紀意大利政治學者馬基雅維利，他也對君王的統治術進行了專門研究，著有《君主論》。《君主論》鼓吹君主制，主要內容是論述君主如何取得政權和鞏固政權。在馬基雅維利看來，人性是自私和邪惡的，「人類是不知道感恩圖報的，變幻無常的，虛偽的，臨難圖苟免，而且貪得無厭」[1]。君主為了鞏固自己的統治，可以採取任何手段。國家權力不以道德和宗教為根據，只要對統治有利，不論道德或不道德的手段，基督教或異教的方法，都可以採用。馬基雅維利認為，君主進行統治，必須把暴力與欺騙結合起來，學會同時扮演獅子和狐狸兩種角色，既有獅子的兇猛，又有狐狸的狡猾，「他

1　馬嘯原著：《西方政治思想史綱》，高等教育出版社 1997 年版，第 204 頁。

就應該效法狐狸和獅子。因為獅子不能夠防止自己落入陷阱，而狐狸則不能夠抵禦豺狼。因此一位君主必須是狐狸，以便認出那些陷阱；同時又是獅子，以便使豺狼恐懼」[1]。馬基雅維利甚至指出，為達到目的可以不擇手段，不講信義，不講道德和情感，「目的總是證明手段是正確的」[2]。一位君主最好讓人民認為仁慈，而不是殘酷，但不能過分仁慈，必要時不怕承擔殘酷的罪名。至於受人民愛戴還是讓人民畏懼，「對此二者必須有所取捨時，對於君主來說，也許令人畏懼比受人愛戴更安全」[3]。比較韓非與馬基雅維利、《韓非子》與《君主論》，既有差別，又有同一。差別在於，兩人生活年代不同，相差了1700多年；兩人著書的目的不同，前者是為封建專制社會提供理論依據，後者是為新生的資產階級製造輿論氛圍。同一在於，兩人都研究君人南面之術，選取了同樣的人性預設，認可了同樣的統治手段。不過，韓非更冷峻，走得更極端。同一還在於，《韓非子》與《君主論》命運相同，問世以來表面上都受到了責罵或封禁，實際卻成了大大小小專制君主的教科書，受到統治者的頂禮膜拜。

二、好利惡害

　　人性是古今中外普遍關心的問題；人性論是政治思想的基礎，不同的人性論必然推導出不同的政治治理模式。基於人性善的假設，必然強調個體的自覺和自我約束，建構德治型社會模式；基於人性惡的假設，則主張對個體行為的外在規範和強制，建構法治型社會模式。先秦思想家為了推行自己的政治觀念，都從理論上探討

1　〔意〕馬基雅維利著，潘漢典譯：《君主論》，商務印書館1985年版，第84頁。
2　〔意〕馬基雅維利著，潘漢典譯：《君主論》，商務印書館1985年版，第74頁。
3　〔意〕馬基雅維利著，潘漢典譯：《君主論》，商務印書館1985年版，第80頁。

了人性問題，而基本的觀點只有性善或性惡。孟子主張性善，認為人性善是先天固有的本質，「人性之善也，猶水之就下也。人無有不善，水無有不下」（《孟子·告子上》）。荀子則強調人性惡，明確「人之性惡，其善者偽也」（《荀子·性惡》）。韓非師事荀子，實質上繼承了人性惡思想，具體化為人人好利欲利之心，「人無毛羽，不衣則不犯寒；上不屬天而下不着地，以腸胃為根本，不食則不能活。是以不免於欲利之心」（〈解老〉）。熊十力認為：「韓非子以為人之性，本無有善。凡人皆挾自為心，只知有利而已矣。韓非受學荀卿，卿言性惡，韓非之人性論，實繼承荀卿性惡說，此無可諱言也。」[1] 而且，韓非徹底撕開了人與人之間存有的溫情脈脈的面紗，認為無論父子、夫婦，還是君臣、朋友，人人都「用計算之心以相待」（〈六反〉），不是互相利用、買賣交換，就是勾心鬥角、爾虞我詐，從而把荀子性惡論推向了極端。有學者指出：「中國哲學人性惡的理論，由儒家荀子倡其說，而由法家韓非立其說，性惡論至此已被推到極點。」[2]

韓非繼承了荀子的人性論，卻有着明顯的差異。最明顯之處在於概念不同，荀子言性惡，韓非言好利，「好利惡害，夫人之所有也」（〈難二〉）。《荀子》一書有「性惡」篇，專門闡述性惡的思想，而《韓非子》一書從未出現性惡的概念，也沒有把性與惡聯繫在一起的相關論斷。最根本的差異在於判斷依據不同，荀子的人性惡是依據價值和理性思辨作出的判斷，而韓非的好利是依據事實和經驗作出的判斷。荀子以善與惡作為分析框架，對人的好利之性作出價值判斷，認為人性是惡的。韓非不是從抽象、空洞的善惡概念出發，而是從歷史與現實中的實際行動及其相互關係立論，認為

1　熊十力著：《韓非子評價》，台灣學生書局 1978 年版，第 16－17 頁。
2　張立文著：《性》，中國人民大學出版社 1996 年版，第 54 頁。

利益是人們一切行為的出發點。韓非所講的利益,既指經濟利益,也指名譽、名聲等社會需求,「凡人之有為也,非名之,則利之也」(〈內儲說上〉)。韓非甚至認為人們對名的追求會重於對利的追求,「民之急名也,甚其求利也」(〈詭使〉)。無論名還是利,都是人們行為的動機,驅使人們不顧一切地追逐,「利之所在,民歸之;名之所彰,士死之」(〈外儲說左上〉)。韓非突破了善與惡的分析框架,以一種自然主義的筆觸對人性只作事實描述,不作道德評價。最重要的差異在於邏輯結論,荀子明確提出人性惡的觀點,卻認為人性具有向善的可能,是可以改變的,「人之欲為善者,為性惡也」。而改變人性的主要途徑是仁義道德,「古者聖王以人之性惡,以為偏險而不正,悖亂而不治,是以為之起禮義、制法度,以矯飾人之情性而正之,以擾化人之情性而導之也」(《荀子‧性惡》)。韓非則完全否定仁義道德的作用,「故行仁義者非所譽,譽之則害功」(〈五蠹〉)。韓非認為人的好利本性是先天的,不可能改變,也無須改變,正好被君主利用來推行法治,「凡治天下,必因人情」(〈八經〉)。韓非與荀子在人性的概念、判斷依據和邏輯結論等方面呈現出的差異,正是韓非對荀子人性思想的創新和發展,他超越荀子而成為法家的主要代表人物,荀子則留在儒家陣營受到冷落和白眼。

　　好利惡害是韓非人性論的基本觀點。在韓非看來,好利惡害是人性的普遍現象,無論王公貴族還是一般平民,都有利欲之心;人們不論做什麼事情,無不有其自私自利的目的。農民不辭辛勞地耕作,是因為有利,可以富裕起來;戰士不怕丟掉性命而去打仗,是因為有利,可以由此顯貴,「夫耕之用力也勞,而民為之者,曰:可得以富也。戰之為事也危,而民為之者,曰:可得以貴也」(〈五蠹〉)。醫生為人治病,不嫌病人髒和臭,是因為有利,「醫善吮人之傷,含人之血,非骨肉之親也,利所加也」。造船的人希望人們

富裕，做棺材的人希望人們早死，並不是造船的人仁慈而做棺材的人不懷好心，而是利之所驅，「故輿人成輿，則欲人之富貴；匠人成棺，則欲人之夭死也。非輿人仁而匠人賊也，人不貴則輿不售，人不死則棺不買。情非憎人也，利在人之死也」。即使君主身邊的顯貴也是好利惡害的，「后妃、夫人、太子之黨成而欲君之死也，君不死則勢不重。情非憎君也，利在君之死也。故人主不可以不加心於利己死者」（〈備內〉）。意思是，后妃、夫人、太子的私黨形成就希望君主早死；君主不死，他們的權勢就不會加大。他們的本意不是憎恨君主，而是他們的利益在君主的死亡上。所以君主不能不留心那些認為自己死了對他們有利的人。

好利惡害是人天生具有的本性，自古而今皆是如此。韓非將歷史發展分為上古、中古、近古三個時期，上古為有巢氏、燧人氏；中古為堯舜大禹；近古為殷周王朝。在韓非看來，各個時期或為名或為利都在進行爭奪，「上古競於道德，中世逐於智謀，當今爭於氣力」。對於實際利益的偏好和爭奪，一方面，上古之世人們之所以不爭，是因為無利可爭。由於人口稀少，資源豐足，不需要為利而爭；即使爭奪，也是無利可圖，「古者丈夫不耕，草木之實足食也；婦人不織，禽獸之皮足衣也。不事力而養足，人民少而財有餘，故民不爭。是以厚賞不行，重罰不用，而民自治」。當今之世人們之所以爭奪，在於人口激增，財貨緊缺，不爭就得不到利益，「今人有五子不為多，子又有五子，大父未死而有二十五孫。是以人民眾而貨財寡，事力勞而供養薄，故民爭，雖倍賞累罰而不免於亂」。另一方面，上古之人之所以推讓皇位，是因為皇位不僅無利可圖，而且是個苦差事，像堯的生活待遇還不如現在一個看門的人，「堯之王天下也，茅茨不剪，采椽不斲；糲粢之食，藜藿之羹；冬日麑裘，夏日葛衣；雖監門之服養，不虧於此矣」。意思是，堯統治天下時，茅草屋頂不用修剪，櫟木椽子不用砍削；吃的

是粗糧，喝的是野菜湯；冬天披的是質量很差的獸皮衣，夏天穿的是用葛纖維做的粗布衣，現在即使看門的人，吃穿也不會比這更差了。大禹治理天下時，則像奴隸般地辛苦勞動，「禹之王天下也，身執耒臿，以為民先，股無胈，脛不生毛，雖臣虜之勞，不苦於此矣」。所以，古時讓渡皇位，只不過是讓渡看門人的微薄待遇和奴隸的勞役，不值得特別讚譽，「以是言之，夫古之讓天子者，是去監門之養，而離臣虜之勞也，古傳天下而不足多也」。當今之世，人們之所以爭奪官位，在於利益的驅動，有利可圖且較為豐厚，「今之縣令，一日身死，子孫累世絜駕，故人重之。是以人之於讓也，輕辭古之天子，難去今之縣令者，薄厚之實異也」（〈五蠹〉）。意思是，當今的縣令，一旦死去，他的子孫接連幾代都會有馬車坐，所以人們看重縣令的位置。因此，人們對於讓位這件事，很容易辭掉古代的天子，卻很難辭去現在的縣令，這是因為利益待遇的大小實在是很不相同啊。

　　好利惡害的影響既廣且深。廣是指普遍性，所有人都有好利惡害之心，深是指好利惡害已經深入到血緣親情關係之中。像父子之間這樣的至親關係，都是從自身利益出發考慮對方，「子、父，至親也，而或譙或怨者，皆挾相為而不周於為己也」（〈外儲說左上〉）。父母與子女是人間最親近的關係，也是好利惡害，生了男孩就祝賀，生了女孩就溺死，「且父母之於子也，產男則相賀，產女則殺之。此俱出父母之懷衽，然男子受賀，女子殺之者，慮其後便，計之長利也」。不僅父母以好利惡害之心對待子女，子女對待父母也是如此。如果父母沒有好好撫養孩子，孩子就會抱怨，長大後還會報復，不好好孝敬父母，「人為嬰兒也，父母養之簡，子長而怨；子盛壯成人，其供養薄，父母怒而誚之」。韓非進而感慨道：「父母之於子也，猶用計算之心以相待也，而況無父子之澤乎？」（〈六反〉）

　　除了父母與子女之間有好利惡害之心外，夫妻之間也存有好利惡害之心，「衛人有夫妻禱者而祝曰：『使我無故，得百束布。』其夫曰：『何少也？』對曰：『益是，子將以買妾。』」（〈內儲說下〉）意思是，衛國有一對夫妻向神明祈禱求福，妻子祈求說，讓我沒災沒病，得到一百捆布。她丈夫說，怎麼這樣少呢？妻子回答說，超過這個數字，你會用它來買妾。兄弟之間也存有好利惡害之心，像齊桓公那樣，竟然為了王位殺掉了自己的兄長，「或曰：千金之家，其子不仁，人之急利甚也。桓公，五伯之上也，爭國而殺其兄，其利大也」（〈難四〉）。韓非甚至否定舜的神聖性，認為他為了個人利益，也是放父殺弟，不仁不義，「瞽瞍為舜父而舜放之，象為舜弟而殺之。放父殺弟，不可謂仁。妻帝二女而取天下，不可謂義。仁義無有，不可謂明」（〈忠孝〉）。

　　好利惡害更存在於君臣之間。君臣之間就是利害算計的關係，「君臣之際，非父子之親也，計數之所出也」。齊桓公的三個寵臣為了自己的利益，不顧親情和自身性命，易牙為了讓齊桓公吃到人肉，殺了自己的兒子，「易牙為君主味，君惟人肉未嘗，易牙烝其子首而進之」。豎刁為了幫助齊桓公管理後宮，竟傷害自己的身體，「君妒而好內，豎刁自宮以治內」。意思是，齊桓公妒忌而喜好後宮女色，豎刁自宮來管理宮內事務。開方為了服務好齊桓公，竟十五年不去看望老母親，「開方事君十五年，齊、衛之間不容數日行，棄其母，久宦不歸」。韓非認同管仲的評論，易牙是「人情莫不愛其子，今弗愛其子，安能愛君？」豎刁是「人情莫不愛其身，身且不愛，安能愛君？」開方是「其母不愛，安能愛君？」（〈難一〉）韓非告誡君主不能信任臣子和任何人，否則就會受制於人，「人主之患，在於信人。信人，則制於人」。不能信任臣子和任何人，是因為君臣之間不是骨肉之親，「人臣之於其君，非有骨肉之親也，縛於勢而不得不事也」。而且，「故為人臣者，窺覘其君心

也，無須臾之休，而人主怠傲處其上，此世所以有劫君弒主也」。意思是，所以做臣子的，窺探君王的心思沒有一刻停止，而君王卻怠慢倨傲地處於朝堂之上，這就是世上有挾持甚至謀殺君王之事的原因。具體例子是，趙武靈王因為信任其子，而被奸臣李兌利用而餓死，「故李兌傅趙王而餓主父」；晉獻公因為信任妻妾驪姬，卻被奸臣優施利用而改立太子，「為人主而大信其妻，則奸臣得乘於妻以成其私，故優施傅麗姬殺申生而立奚齊」。韓非用趙武靈王和晉獻公的事例說明任何人都不可信任，「夫以妻之近與子之親而猶不可信，則其餘無可信者矣」（〈備內〉）。韓非的論斷雖然殘酷，卻是傳統專制社會和宮廷爭鬥的實錄。看待這個問題。韓非認為，君主不可信任任何人，卻可利用人人皆有好利惡害之心，駕馭羣臣，治理天下，「君有道，則臣盡力而奸不生；無道，則臣上塞主明而下成私」。明主之道的核心是掌握賞罰權力，「有賞者君見其功，有罰者君知其罪。見知不悖於前，賞罰不弊於後」。同時，輔之以其他政治手段，「一人不兼官，一官不兼事；卑賤不待尊貴而進論，大臣不因左右而見；百官修通，羣臣輻湊」（〈難一〉）。意思是，一個人不能兼任幾個官職，一種官職不能兼管幾樣事務。地位低的不必等待地位高的推薦進用，大臣不必依靠君主身邊的親信而得到信任。百官能夠有秩序地溝通，羣臣能夠像車輪的輻條聚集到中心一樣聽命於君主。

三、法莫如顯

韓非以法為核心建構了法家思想體系。法是韓非思想的最高範疇，集聚着韓非所有的政治理念和方法舉措。韓非之法是一種「編著之圖籍」的法律條文，是一種「設之於官府」的統治工具，是一種「佈之於百姓」的行為規範，「法者，編著之圖籍，設之於官府，

而佈之於百姓者也」(〈難三〉)。更重要的是,法的基本內容就是賞罰,「法者,憲令著於官府,刑罰必於民心,賞存乎慎法,而罰加乎奸令者也」(〈定法〉)。意思是,所謂法,就是法令由官府明確制定,刑罰在民眾心中紮根,獎賞那些嚴格守法的人,懲罰那些觸犯禁令的人。韓非之法思想內容廣博,含義深刻。

法是國家治理的唯一手段,「故治民無常,唯法為治」(〈心度〉)。在韓非看來,只要有了法,就有了規矩。有了規矩,一個中等才能的君主,也能治理好國家,「使中主守法術,拙匠執規矩尺寸,則萬不失矣」。反之,即使像堯這樣的聖君也難以治理國家,「釋法術而任心治,堯不能正一國;去規矩而妄意度,奚仲不能成一輪;廢尺寸而差短長,王爾不能半中」(〈用人〉)。在傳說中,奚仲是優秀的造車匠;王爾是能工巧匠。意思是,放棄法術而憑主觀想法辦事,堯也不能使一個國家平正;捨棄規矩而胡亂猜測,奚仲連一個車輪也做不成;廢棄了尺寸而靠主觀來區別長短,王爾也不能做到有一半符合標準。有了法,就能老有所養,幼有所長,邊境安寧,消除災禍,實現天下大治,「故其治國也,正明法,陳嚴刑,將以救羣生之亂,去天下之禍,使強不陵弱,眾不暴寡,耆老得遂,幼孤得長,邊境不侵,君臣相親,父子相保,而無死亡繫虜之患,此亦功之至厚者也」(〈奸劫弒臣〉)。有了法,國家就能強大,沒有法,國家只會衰弱。國家沒有永遠強大的,也沒有永遠弱小的,國家的強大與弱小取決於對待法的態度和強度。堅決奉行法者必強,無力奉行法者必弱,「國無常強,無常弱。奉法者強,則國強;奉法者弱,則國弱」。韓非舉例說明法對於國家強弱的至關重要性,正是因為有了法,「故有荊莊、齊桓,則荊、齊可以霸;有燕襄、魏安釐,則燕、魏可以強」(〈有度〉)。意思是,有了楚莊王、齊桓公這樣的法治人物,楚國和齊國就可以稱霸;有了燕昭王、魏安釐王,燕國和魏國就可以強大。

　　法是君主治國的重器和主要工具,「人主之大物,非法則術也」。在韓非看來,法之所以是君主治國的重器,在於依靠君主一人之力難以治國,「以一人之力禁一國者,少能勝之」(〈難三〉)。在於君主時間不夠用,精力供應不足,「夫為人主而身察百官,則日不足,力不給」。還在於君主不僅耳、目、心不夠用,而且臣下會耍弄欺騙的手段,「且上用目,則下飾觀;上用耳,則下飾聲;上用慮,則下繁辭」。意思是,況且君主使用眼睛,臣下就會修飾外觀;君主使用耳朵,臣下就會修飾聲音;君主使用思慮,臣下就會誇誇其談。因此,君主只有依靠法才能治國,「先王以三者為不足,故捨己能而因法數,審賞罰。先王之所守要,故法省而不侵」。只有依靠法,才能防止聰明機巧的人、陰險浮躁的人和奸邪之人,君主「獨制四海之內,聰智不得用其詐,險躁不得關其佞,奸邪無所依」。只有依靠法,地方官員才不敢造次,「遠在千里外,不敢易其辭」。君主身邊的官員也不敢造次,「勢在郎中,不敢蔽善飾非,朝廷羣下,直湊單微,不敢相逾越」。意思是,處在郎中的位置,也不敢隱瞞好事、掩飾壞事;朝廷的大臣在下面,卻直接將個人微薄的力量匯集到君主那裏,不敢互相逾越職守。只有依靠法,君主才能維護權勢,治國才能游刃有餘,「故治不足而日有餘,上之任勢使然也」(〈有度〉)。

　　君主以法治國,是保護老百姓的利益,「聖人之治民,度於本,不從其欲,期於利民而已」。以法治國,不是憎恨老百姓,而是真正愛護老百姓,「故其與之刑,非所以惡民,愛之本也」(〈心度〉)。以法治國是法律加官吏,也是明君統治的祕訣,「明主之國,無書簡之文,以法為教;無先王之語,以吏為師」(〈五蠹〉)。這段話實際道出了韓非政治思想的精神實質和全部內容,即以法治國,一靠法律,二靠官吏。君主能夠以一己之力控制國家,就在於法律規範了所有人的行為,官吏保證了法律的執行。法治是明君統

治天下的根本措施，「故明君操權而上重，一政而國治。故法者，王之本也；刑者，愛之自也」（〈心度〉）。意思是，所以賢明的君主掌握權力而地位尊貴，專一地實行法治，國家安定太平。因而法治是統治天下的根本，刑罰是愛護民眾的開始。法治是君主在陸地行走的車馬，在水中渡河的船槳。君主沒有車馬，就難以在陸地上行走；沒有船槳，就難以在水中渡河；沒有法治，就難以統治天下，更難以稱王稱霸，「治國之有法術賞罰，猶若陸行之有犀車良馬也，水行之有輕舟便楫也，乘之者遂得其成。伊尹得之，湯以王；管仲得之，齊以霸；商君得之，秦以強」（〈奸劫弒臣〉）。

　　法治的核心是賞與罰，「故善為主者，明賞設利以勸之，使民以功賞而不以仁義賜；嚴刑重罰以禁之，使民以罪誅而不以愛惠免。是以無功者不望，而有罪者不幸矣」（〈奸劫弒臣〉）。韓非認為，賞與罰的依據在於人性好利惡害，「人情者，有好惡，故賞罰可用；賞罰可用，則禁令可立，而治道具矣。君執柄以處勢，故令行禁止」（〈八經〉）。賞與罰有着不同功能，賞的功能是勸人向善，罰的功能是止人作惡，「聖王之立法也，其賞足以勸善，其威足以勝暴，其備足以必完」。通過獎賞，使有功之人地位高，竭力之人賞賜多，盡忠之人名聲好，從而達到天下大治，「治世之臣，功多者位尊，力極者賞厚，情盡者名立」（〈守道〉）。賞與罰不能走形式、做樣子，而要厚賞重罰。只有厚賞重罰，才能調動人們為君主效勞的積極性，「賞莫如厚，使民利之；譽莫如美，使民榮之；誅莫如重，使民畏之；毀莫如惡，使民恥之。然後一行其法，禁誅於私家，不害」（〈八經〉）。韓非經常把賞與罰相提並論，總體而言卻是重刑主義者，認為重刑能夠鞏固君主地位，保證社會安定，「夫嚴刑重罰者，民之所惡也，而國之所以治也；哀憐百姓，輕刑罰者，民之所喜，而國之所以危也」（〈奸劫弒臣〉）。賞與罰兩者比較，罰比賞更有作用，所以要重罰少賞。重罰少賞更能體現君主的

愛民之心，「重刑少賞，上愛民，民死賞；多賞輕刑，上不愛民，民不死賞」。君主不僅要重罰少賞，而且要輕罪重罰。輕罪重罰有利於「以刑去刑」，防止民眾犯罪，「重刑明民，大制使人，則上利。行刑，重其輕者，輕者不至，重者不來，此謂以刑去刑。罪重者刑輕，刑輕則事生，此謂以刑致刑，其國必削」（〈飭令〉）。應該說，重刑思想的產生，與當時動亂的社會背景不無關係。

　　厚賞重罰是立法的原則，而執法的原則是一視同仁，信賞必罰。在韓非看來，執法最基本的原則是公平，「概者，平量者也；吏者，平法者也。治國者，不可失平也」。平法是要擺脫任何干擾執法的因素，才能做到公平執法。意思是，概用來量平斗斛，官吏用來使法制公平。治理國家的人，不能失掉公平。公平就要做到賞罰得當，如果不能賞罰得當，連神仙也無可奈何，堯也不能治理好國家，「利所禁，禁所利，雖神不行；譽所罪，毀所賞，雖堯不治」。同時，要避免私怨和私恩，實現「以罪受誅，人不怨上」；「以功受賞，臣不德君」（〈外儲說左下〉）。因而韓非反覆強調：「明主之國，官不敢枉法，吏不敢為私，貨賂不行。」（〈八說〉）執法最重要的特徵是堅持法律面前人人平等，「誠有功，則雖疏賤必賞；誠有過，則雖近愛必誅」（〈主道〉）。儘管韓非之法的平等是在君主專制前提下的平等，是有限度的平等，卻是政治思想理論的重要進步。除了君主擁有不受法律制裁的特權外，無論君主的寵臣，還是達官貴人，所有的臣民，一旦觸犯法律，都必須予以懲處，任何人不能倖免。至於平民百姓，只要有功，都可以封賞。韓非之法的可貴，就在於打破了封建貴族的特權；韓非之法的進步，就在於平等意識的增長和平民地位的認可。韓非之法確實是在保護君主特權，同時也為全體臣民提供了保障。只要大家遵法守法，誰也不能無法無天，誰也不會被誣陷加害。

　　執法必須嚴格謹慎，既不能仁愛也不能暴虐，「仁者，慈惠而

輕財者也；暴者，心毅而易誅者也」。在韓非看來，仁者容易放縱犯罪，「慈惠，則不忍；輕財，則好與」。意思是，慈祥寬厚，就下不了狠心；輕視錢財，就喜歡施捨。而暴者則會濫殺無辜，「心毅，則憎心見於下；易誅，則妄殺加於人」。意思是，內心殘忍，憎惡別人的心思就會暴露在下屬面前；輕易處罰，就會胡亂殺人。仁者容易賞罰不明，「不忍，則罰多宥赦；好與，則賞多無功」。而暴者容易造成怨恨和背叛，「憎心見，則下怨其上；妄誅，則民將背叛」。無論仁者還是暴者，都不利於嚴格執法，都在破壞法治，都會導致國家滅亡，「故仁人在位，下肆而輕犯禁法，偷幸而望於上；暴人在位，則法令妄而臣主乖，民怨而亂心生。故曰：仁暴者，皆亡國者也」（〈八說〉）。執法必須「法不阿貴」，這是韓非之法最有價值的部分，充滿着智慧與理性之光。在兩千多年的傳統社會中，「王子犯法與庶民同罪」一直是人們的期盼，更是政治清明的標誌。無論賞與罰，還是厚賞重罰；無論立法，還是執法，都必須把法律作為社會唯一被認可的強制性行為規範，「法不阿貴，繩不撓曲。法之所加，智者弗能辭，勇者弗敢爭。刑過不避大臣，賞善不遺匹夫」（〈有度〉）。

　　法治不同於儒家的仁義治國，「吾以是明仁義愛惠之不足用，而嚴刑重罰之可以治國也」。在韓非看來，仁義治國，君主就失去了治國工具而難以治國，就像春秋末期善於駕車的造父失去了馭馬手段而難以駕車，「無捶策之威，銜橛之備，雖造父不能以服馬」（〈奸劫弒臣〉）。意思是，沒有馬鞭的威力和馬嚼頭的約束，即使是造父也不能制服拉車的馬匹。仁義治國，與法治原則背道而馳。韓非認為儒以文亂法，還舉了兩個例子加以說明，一個例子是兒子告發父親偷羊，儒家認為告發的兒子是父母之暴子，法家認為兒子是君之直臣，「楚之有直躬，其父竊羊而謁之吏。令尹曰：『殺之！』以為直於君而曲於父，報而罪之。以是觀之，夫君之直臣，父之暴

子也」。另一個例子是魯人因為要贍養父母，不肯死戰。儒家認為
怕死的兒子是父之孝子，法家則認為是君之背臣，「魯人從君戰，
三戰三北。仲尼問其故，對曰：『吾有老父，身死，莫之養也。』仲
尼以為孝，舉而上之。以是觀之，夫父之孝子，君之背臣也」。仁
義治國，不如法治富有成效。韓非舉例說，一個不成器的孩子，用
父母的慈愛、鄉親的品德和老師的智慧教化他，都沒有絲毫效果，
「今有不才之子，父母怒之弗為改，鄉人譙之弗為動，師長教之弗
為變。夫以父母之愛、鄉人之行、師長之智，三美加焉而終不動，
其脛毛不改」。而法治則很容易改變這個不成器的孩子，使他棄惡
從善，「州部之吏，操官兵，推公法，而求索奸人，然後恐懼，變
其節，易其行矣」。意思是，直到地方官吏拿着官府的兵器，執行
國家的法令，到處搜捕壞人的時候，他才感到恐懼，改變了壞品
行，糾正了壞行為。韓非由此感慨：「故父母之愛不足以教子，必待
州部之嚴刑者，民固驕於愛，聽於威矣。」（〈五蠹〉）

四、術不欲見

　　《韓非子》一書運用「法」的概念有 436 次，「術」的概念有
163 次，「勢」的概念有 178 次。單純從統計數字分析，無疑法是韓
非的基本概念；韓非是以法為基礎建構法家思想體系。然而，從思
想內容分析，韓非卻更重視術在政治統治中的地位和作用。韓非的
全部思想都服務服從於君主專制的需要，術是專門為君主設計的統
治手段，法則是為臣子設計的管理措施，「君無術則弊於上，臣無
法則亂於下，此不可一無，皆帝王之具也」（〈定法〉）。不言而喻，
韓非對術的關注優先於對法的關注，郭沫若認為韓非不應是法家，
而是法術家，「嚴格地說，應該稱為『法術家』」。因為韓非「採取
了君主本位的立場，故他對於『術』便感覺着特殊的興趣。他的書

中關於『術』的陳述與讚揚，在百分之六十以上」[1]。

　　韓非之術是其思想中最精彩的部分，也是後人非議最多的部分。術有兩層含義，一層是課能術或形名術，意指君主考察選拔官吏的方法，「術者，因任而授官，循名而責實，操殺生之柄，課羣臣之能者也。此人主之所執也」（〈定法〉）。另一層是權謀術或治奸術，意指君主駕馭羣臣、防奸止奸的各種手段，其特點是「不欲見」，不宜公開，「術者，藏之於胸中，以偶眾端，而潛御羣臣者也」（〈難三〉）。相對而言，法比術公開透明，術隱蔽而神祕；課能術比權謀術的透明度要高，權謀術更加隱蔽。在韓非看來，術產生的主要原因在於人性，君臣形成了不同的利害訴求，「臣主之利與相異者也。何以明之哉？曰：主利在有能而任官，臣利在無能而得事；主利在有勞而爵祿，臣利在無功而富貴；主利在豪傑使能，臣利在朋黨用私」（〈孤憤〉）。由於君臣有着不同利益，君臣之間只能是一種互相利用的買賣關係，「臣盡死力以與君市，君垂爵祿以與臣市」（〈難一〉）。意思是，臣下拚死效力來換取君主的爵祿，君主設置爵祿以換取臣下的拚死效力。由於是買賣利用關係，君主就不能信任臣下，不能相信臣下有忠心誠意，只有用術駕馭臣下，迫使臣下不得不忠。君主如果無術，無論怎樣用人，都是失敗的，「無術以任人，無所任而不敗」。具體而言，「任智則君欺，任脩則君事亂，此無術之患也」（〈八說〉）。意思是，君主任用了智士，就會被欺騙；任用了有修養的人，就會被搞亂事情，這都是君主無術的禍害。

　　術與法既有聯繫又有區別，最大的區別在於術是君主駕馭羣臣的手段，「此人主之所執也」；法是官吏管理百姓的依據，「此臣之所師也」。在韓非看來，術與法更多的是聯繫而不是區別，當有人

<hr />

1　郭沫若著：《十批判書》，科學出版社 1956 年版，第 349 頁。

問：「申不害、公孫鞅，此二家之言孰急於國？」韓非認為不能這樣比較和評價，因為術與法都是君主治理國家必須具備的東西，兩者缺一不可，就像人餓了需要吃飯，寒了需要穿衣，吃飯和穿衣都是維持生命必須具備的東西，「人不食，十日則死；大寒之隆，不衣亦死。謂之衣食孰急於人，則是不可一無也，皆養生之具也」。當有人問：「徒術而無法，徒法而無術，其不可何哉？」韓非認為術與法必須緊密結合在一起，才能治理好國家，才有可能稱王天下或統一天下。韓非以申不害輔佐韓昭侯十七年為例，指出韓國不能稱霸稱王的原因，在於申不害有術無法，「故託萬乘之勁韓，十七年而不至於霸王者，雖用術於上，法不勤飾於官之患也」。申不害不注重法令的統一，導致奸臣在新法與舊法之間牟取私利，抵消了用術帶來的益處，「申不害不擅其法，不一其憲令則奸多。故利在故法前令則道之，利在新法後令則道之，利在故新相反，前後相悖，則申不害雖十使昭侯用術，而奸臣猶有所諉其辭矣」。商鞅輔佐秦孝公變法卻不能成就帝王之業，在於商鞅有法無術，「商君雖十飾其法，人臣反用其資。故乘強秦之資數十年而不至於帝王者，法雖勤飾於官，主無術於上之患也」。商鞅變法是很有成效的，「公孫鞅之治秦也，設告相坐而責其實，連什伍而同其罪，賞厚而信，刑重而必。是以其民用力勞而不休，逐敵危而不卻，故其國富而兵強」。商鞅變法由於無術，變法的結果就不能得到很好利用，「然而無術以知奸，則以其富強也資人臣而已矣」（〈定法〉）。意思是，君主沒有術來了解奸邪，只不過是用國家的富強幫助奸臣罷了。當有人問：「主用申子之術，而官行商君之法，可乎？」韓非認為，申不害和商鞅的缺點不僅在於沒有把術與法結合起來，而且在於申不害之術和商鞅之法自身也不夠完善，「申子未盡於術，商鞅未盡於法也」；「故曰：二子之於法術，皆未盡善也」（〈定法〉）。韓非不主張簡單地用申不害之術和商鞅之法，實質是要採用他所倡導的法，更要採用他所倡導的術。

首先，要採用課能術。韓非之術廣博深邃，不能簡單地用權謀兩字加以概括，其中的課能術，主要用於考核官吏、檢驗人才，許多內容至今仍有一定的參考價值。課能術也稱形名術，所謂形，泛指各種客觀事物的實際情況；名指事物的名稱。任何事物都有形有名，形是名的內容，名是形的形式。形名術是考核官吏的形與名是否互相符合的辦法，簡稱為「形名參同」「審合刑名」，「名實相持而成，形影相應而立」（〈功名〉）。在《韓非子》一書中，形名術內容豐富。如果以言論為名，那麼根據言論去做的事情和取得的功績就是形，形名術要求事情與功績必須合乎言論。如果以法令為名，那麼執法辦事就是形，執法辦事必須合乎法令。如果以賞罰毀譽為名，那麼功罪就是形，賞罰毀譽必須合乎功罪。如果以職務和地位為名，那麼職權與實績就是形，職權與實績必須合乎職務和地位。韓非認為，考核既要看官員的職權與功效是否相稱，又要看官員的言語與行為是否相稱，相稱就給予獎賞，不相稱則給予處罰，「審合刑名者，言與事也。為人臣者陳而言，君以其言授之事，專以其事責其功。功當其事，事當其言，則賞；功不當其事，事不當其言，則罰」（〈二柄〉）。

課能術及審合刑名，一是考核官員的言行是否一致，既不能言大而行小，又不能言小而行大。無論哪一種情況，對於君主統治而言，都是有害的，必須加以處罰，「故羣臣其言大而功小者則罰，非罰小功也，罰功不當名也；羣臣其言小而功大者亦罰，非不說於大功也，以為不當名也，害甚於有大功，故罰」（〈二柄〉）。二是考察官員的德才表現，杜絕那些德不配位、能不配位的人混跡於官場。韓非為此講述了一個「濫竽充數」的故事，重點不是指責南郭先生，而是批評齊宣王用人無術，導致賢能不分、智愚混雜。「齊宣王使人吹竽，必三百人。南郭處士請為王吹竽，宣王說之，廩食以數百人。宣王死，湣王立，好一一聽之，處士逃。」（〈內儲說

上〉）三是考核官員的履職情況，既要防止履職不力，更要防止超越職權的行為。對於君主權威而言，臣子超越職權的害處甚於履職不力，「故明主之畜臣，臣不得越官而有功，不得陳言而不當。越官則死，不當則罪。守業其官，所言者貞也，則羣臣不得朋黨相為矣」（〈二柄〉）。意思是，所以聖明的君主蓄養臣下，臣下不能超越自己的職權去立功，不能陳述不適當的意見。超越自己的職權要嚴懲，意見不適當要治罪。臣下要恪守自己的職責，他所說的話都要與事實相符合，那麼臣下就不能結成朋黨營私舞弊了。

同時，要揚棄權謀術。如果說課能術具有較多的合理因素，那麼，權謀術則含有更多的不合理因素。作為政治思想資源，課能術可以繼承和採用，權謀術只能揚棄，更多採取否定的態度。權謀術屬於「鬼道」，鬼道不講道義，追求狡詐詭譎，隱蔽多變，給人以神祕莫測的威懾，「明主之行制也天，其用人也鬼。天則不非，鬼則不困」（〈八經〉）。在韓非看來，虛靜無為是君主實施權謀術的前提，也是君主自我神化的重要手段。虛靜無為，不是什麼事也不做，只是表面上裝得無所欲、無所好，沒有個人成見，以使臣子無法窺見君主的偏好；去其智，絕其能，不表現聰明才智，以使臣子不好揣測君主的意向；掩其跡，匿其端，深居簡出，以使臣子感到君主神祕莫測，產生敬畏心理。虛靜與無為既有聯繫又有區別，聯繫在於二者是一個整體，缺一不可；區別在於虛靜更多是內心的表現，無為則是行動的展示。虛靜，意指抓住要害，以靜制動，「聖人執要，四方來效。虛而待之，彼自以之。四海既藏，道陰見陽。左右既立，開門而當」。意思是，聖人掌握着國家的關鍵，四方的臣民就來效力。君主用虛靜的態度對待他們，他們自然會用上自己的才能。君主胸懷中已經包藏四海，就可以從靜中觀察臣子的動態。輔佐的大臣既已按法制設立，君主就只需打開自己的耳目考察他們的行動。無為則是按事物的規律辦事，不來回折騰，不要經常

變更法令，「勿變勿易，與二俱行。行之不已，是謂履理也」。無為還與權謀有聯繫，讓臣子積極地各司其職，履職盡責，恰如讓雞來負責報曉，讓貓來負責抓老鼠，「夫物者有所宜，材者有所施，各處其宜，故上下無為。使雞司夜，令狸執鼠，皆用其能，上乃無事」（〈揚權〉）。

駕馭羣臣是君主權謀術的要害。韓非明確提出了七種管理控制臣子的辦法，「七術：一曰眾端參觀，二曰必罰明威，三曰信賞盡能，四曰一聽責下，五曰疑詔詭使，六曰挾知而問，七曰倒言反事。此七者，主之所用也」。這些權謀術並非都是陰謀，它在君主專制條件下，是權謀的有機組成部分。權謀之術可分為三個類別，一個類別是「眾端參觀」和「一聽責下」，強調君主了解實情，全面觀察考核臣下的言行。「眾端參觀」是從多方面驗證臣下的言行，避免「觀聽不參則誠不聞，聽有門戶則臣壅塞」。意思是，君主考察臣下的行為和聽取臣下的言論，如果不加以考驗，就不能知道真實情況；如果只偏聽一個人的話，那麼臣下就可能會蒙蔽君主。「一聽責下」是一一聽取臣下的言論，以便督責他們的行動，進而深入了解臣下的愚智情況，防止發生濫竽充數的現象，「一聽則愚智不分，責下則人臣不參」。另一個類別是「必罰明威」和「信賞盡能」，強調君主運用賞罰手段誘導或迫使臣下忠心以盡力。「必罰明威」是對犯罪者堅決懲罰以顯示君主的威嚴，要求君主不能仁愛太多，不能威嚴不足，否則會損害君主的權威和以法治國，「愛多者則法不立，威寡者則下侵上。是以刑罰不必則禁令不行」。「信賞盡能」是對立功者一定要獎賞，以使臣下竭盡才能，要求君主信守承諾，該獎勵的必須獎勵，該獎多少就獎多少，「賞譽薄而謾者下不用也，賞譽厚而信者下輕死」（〈內儲說上〉）。

還有一個類別是「疑詔詭使」「挾智而問」和「倒言反事」，強調君主要測試臣下是否忠誠，以防奸、察奸和去奸。「疑詔詭使」，

是用可疑的命令詭詐地使用臣下，以考察他們是否忠誠。具體化為「數見久待而不任，奸則鹿散。使人問他則不鬻私」。意思是，君主屢次召見一些臣子來讓他們長久地等待在身邊而不任用他們做事，奸邪之人就會感到害怕而像鹿一樣逃散。派人去辦事而又通過另外的事來詢問，臣下就不敢弄虛作假了。「挾智而問」，是拿已經知道的情況來詢問臣下，以測試他們言論的真假，幫助君主既了解到原先不知道的情況，又弄清楚原先不清楚的事情，「挾智而問，則不智者至；深智一物，眾隱皆變」。更重要的是，通過「挾智而問」，可以把握臣下的忠誠度，「韓昭侯握爪，而佯亡一爪，求之甚急。左右因割其爪而效之。昭侯以此察左右之不誠」。意思是，韓昭侯握住自己的手，假裝掉了一片指甲，找得很急切。他身邊的人因而割下自己的手指甲獻給韓昭侯。韓昭侯用這種方法來考察身邊的近臣對自己是否忠誠。「倒言反事」，意指說與本意相反的話和做與實情相反的事來刺探臣下的陰謀，「以嘗所疑則奸情得」。譬如衞嗣公，為了知道邊境集市的真實情況，故意派人扮作商客經過集市，受到關市官員的故意刁難，行賄後才被放行。事後，衞嗣公告知關吏，關吏不僅害怕，而且認為衞嗣公明察秋毫，「嗣公為關吏曰：『某時有客過而所，與汝金，而汝因遣之。』關市乃大恐，而以嗣公為明察」（〈內儲說上〉）。

五、勢以勝眾

在韓非的政治理論中，法、術、勢是一個有機整體，互相聯繫，不可分割。其中勢是法與術的前提，法與術是勢的運用，君主只有處勢，才能抱法和行術；一旦失勢，則既不可能抱法，也不可能行術。從這個意義上說，勢比法與術更重要。「賢人而詘於不肖者，則權輕位卑也；不肖而能服於賢者，則權重位尊也。堯為匹

夫，不能治三人；而桀為天子，能亂天下；吾以此知勢位之足恃，而賢智之不足慕也。」（〈難勢〉）任何君主都是國家與權勢的統一，國家是權勢存在的根據，沒有國家，就沒有權勢；權勢是君主存在的依據，沒有權勢，也成不了君主。任何君主不僅要有國家，而且要有權勢，「國者，君之車也；勢者，君之馬也」。君主不處勢，就如同放棄了車與馬，「夫不處勢以禁誅擅愛之臣，而必德厚以與天下齊行以爭民，是皆不乘君之車，不因馬之利，釋車而下走者也」（〈外儲說右上〉）。意思是，不運用權勢來限制和處罰那些擅自施行私恩的臣子，而用深厚的恩惠，和一般人用同樣的做法去爭取民眾，這樣的做法都像是不利用君主的車子，不依仗馬的便利，丟掉車子而下車走路一樣。

韓非強調勢的重要性，是因為「勢者，勝眾之資也」（〈八經〉）。如同龍蛇因為有雲霧之勢，才能成為飛龍和騰蛇；力道不足的弩因為有風之勢，才能把箭射到高處，「夫弩弱而矢高者，激於風也」（〈難勢〉）。短木因為立於高山之勢，才能俯視山河，「故立尺材於高山之上，下臨千仞之溪，材非長也，位高也」。千斤重物因為有舟船之勢，才能浮在水面運行，「千鈞得船則浮，錙銖失船則沉，非千鈞輕而錙銖重也，有勢之與無勢也」。人世間更是如此，「夫有材而無勢，雖賢不能制不肖」（〈功名〉）。意思是，只有才能而沒有位勢，即使是賢德之人也不能制服無德無才之人。堯是一位聖王，如果沒有權勢，在進行教化時，就沒有人會聽從，一旦南面而王，就能令行禁止，「堯教於隸屬而民不聽，至於南面而王天下，令則行，禁則止。由此觀之，賢智未足以服眾，而勢位足以屈賢者也」（〈難勢〉）。孔子是天下聖人，魯哀公是一個不高明的君主，由於沒有權勢，孔子只能臣服於哀公，「民者固服於勢，勢誠易以服人，故仲尼反為臣而哀公顧為君」。孔子不是因為仁義而臣服於哀公，「仲尼非懷其義，服其勢也。故以義則仲尼不服於

哀公,乘勢則哀公臣仲尼」。韓非由此批判儒家的仁義治國論,「今
學者之說人主也,不乘必勝之勢,而務行仁義,則可以王,是求人
主之必及仲尼,而以世之凡民皆如列徒,此必不得之數也」(〈五
蠹〉)。意思是,現在的學者勸說君主,不是讓君主依仗必勝的權
勢,而是讓君主致力於行義就可以稱王天下,要求君主必須做到像
孔丘那樣,又把世上的普遍民眾都當成孔丘的門徒,這必定是行不
通的辦法。

　　韓非將勢分為自然之勢與人設之勢。所謂自然之勢,是指生下
來就獲得的權勢,類似於繼承權。自然之勢是固定的,而繼承者有
賢與不肖之分,賢人得勢,則勢治而國家平安;不肖者繼承,則勢
亂而國家動盪。繼承者賢與不肖,非人力所能控制,只能聽憑於命
運,「夫堯、舜生而在上位,雖有十桀、紂不能亂者,則勢治也;
桀、紂亦生而在上位,雖有十堯、舜而亦不能治者,則勢亂也。故
曰:『勢治者則不可亂,而勢亂者則不可治也。』此自然之勢也,非
人之所得設也」。韓非一般不關注自然之勢,而重視人設之勢,「吾
所為言勢者,言人之所設也」。人設之勢是堅持勢治,反對賢治,
「若吾所言,謂人之所得勢也而已矣,賢何事焉?」勢治與賢治矛盾
而不相容,「夫賢之為道不可禁,而勢之為道也無不禁,以不可禁
之賢與無不禁之勢,此矛盾之說也。夫賢勢之不相容亦明矣」(〈難
勢〉)。意思是,按照賢治的原則,賢人是不受約束的;而按照勢治
的原則,無論什麼人都要受約束,無約束的賢治與有約束的勢治,
就構成了矛盾。賢治與勢治不能相容是明明白白的。

　　人設之勢寄望於具有中等才能的君主,而不是聰慧聖明的賢
人。韓非認為,像堯舜這樣的聖明君主和桀紂這樣的昏君暴君,
歷史上都是很少見的,大多數是既不傑出也不低劣的君主,「且夫
堯、舜、桀、紂千世而一出,是比肩隨踵而生也。世之治者不絕
於中,吾所以為言勢者,中也」。中等才能的君主只要握有權勢,

守住法度，就能治理好國家，「中者，上不及堯、舜，而下亦不為桀、紂。抱法處勢則治，背法去勢則亂」。如果廢勢背法而等待賢治，那就會經常有亂世而少有治世，「今廢勢背法而待堯、舜，堯、舜至乃治，是千世亂而一治也」。反之，堅持勢治，就是多有治世而少有亂世，「抱法處勢而待桀、紂，桀、紂至乃亂，是千世治而一亂也」。勢治與賢治兩者完全不可同日而語，治理結果就像騎着好馬分道而馳，兩者相距越來越遠，「且夫治千而亂一，與治一而亂千也，是猶乘驥而分馳也，相去亦遠矣」。只有賢治，而無勢治，堯舜也無能為力，「無慶賞之勸，刑罰之威，釋勢委法，堯、舜戶說而人辯之，不能治三家」。恰如善於造車的奚仲沒有工具和規矩，「夫棄隱栝之法，去度量之數，使奚仲為車，不能成一輪」。意思是，如果放棄了矯正曲木的工具，丟掉了測量長短的尺度，讓奚仲來造車，那麼連一個輪子也做不成。韓非強調：「夫勢之足用亦明矣，而曰『必待賢』，則亦不然矣。」（〈難勢〉）

　　韓非力主君主專制集權，樹立獨一無二的權威，佔據至高無上的權勢。韓非一方面從形而上之道論證君主必須專制集權，認為道是萬物的根本，「夫道者，弘大而無形；德者，核理而普至。至於羣生，斟酌用之，萬物皆盛，而不與其寧」。道產生萬物，「道者，下周於事，因稽而命，與時生死。參名異事，通一同情」。意思是，道普遍存在於萬事萬物之中，它根據對事物的考核而給予它們不同的名稱，讓它們隨着時間的推移而產生和死亡。考察萬事萬物的名稱各有不同，而以道觀之則沒有實質區別。然而，道與萬物不同，獨一無二而又支配一切，道的獨一無二必然要求君主專制，君主專制集權就是體現道的本質規定，「故曰：道不同於萬物，德不同於陰陽，衡不同於輕重，繩不同於出入，和不同於燥濕，君不同於羣臣。——凡此六者，道之出也。道無雙，故曰一。是故明君貴獨道之容」。另一方面是運用比喻說明君主必須專制集權，就像一個鳥

窩不能有兩隻雄鳥，否則就會爭鬥不已，「一棲兩雄，其鬥嗷嗷」；一個家庭不能有兩個人同時尊貴，否則家務就難以作出決斷，「一家二貴，事乃無功」；夫妻二人不能同時主持家務，否則兒子就會無所適從，「夫妻執政，子無適從」（〈揚權〉）。

君主專制集權，絕不能把權勢借給臣下使用，「權勢不可以借人。上失其一，臣以為百。故臣得借則力多，力多則內外為用，內外為用則人主壅」。韓非認為，權勢是君主的深潭，臣下是深潭裏的魚。魚一旦離開深潭就不會回來，君主失去權勢就很難收回，「勢重者，人主之淵也；臣者，勢重之魚。魚失於淵而不可復得也，人主失其勢重於臣而不可復收也」（〈內儲說下〉）。韓非指出，任何權力都不能借給臣下使用，聽政權、用財權、號令權、教化權、用人權等都必須牢牢掌握在君主手中；否則，就會威脅君主的地位和權勢，「臣閉其主，則主失位；臣制財利，則主失德；臣擅行令，則主失制；臣得行義，則主失明；臣得樹人，則主失黨。此人主所獨擅也，非人臣之所以得操也」（〈主道〉）。意思是，臣下閉塞君主的耳目，君主就失去了俯視天下的地位；臣下控制了國家的財利，君主就失去了以利收買人心的恩德；臣下擅自發號施令，君主就失去了對號令的控制；臣下能施行仁義教化獲取名聲，君主就失去了他的聖明；臣下能夠拉幫結夥、培植黨羽，君主就真的變成了孤家寡人。這些權力生來就是君主獨自行使的，不是臣下所能操縱的。韓非強調，尤為重要的是，君主不能把賞罰之權借給臣下使用。賞罰之權是國家最為銳利的武器，是治國最為重要的手段，只能君主獨自掌握，任何人不得染指，「賞罰者，利器也。君操之以制臣，臣得之以擁主。故君先見所賞，則臣鬻之以為德；君先見所罰，則臣鬻之以為威。故曰：『國之利器，不可以示人。』」（〈內儲說下〉）

君主的權勢不僅不能借給臣下使用，而且不能與臣下共同使用。共同使用權勢，就會分散權力，不能做到令行禁止，「賞罰共

則禁令不行」。韓非舉例加以說明，一為造父是駕馭能手，原因在於他獨掌馬韁繩和馬鞭的權力，「造父御四馬，馳驟周旋而恣慾於馬。恣慾於馬者，擅轡策之制也」。不過，造父有時也不能控制馬的行為，「馬驚於出彘而造父不能禁制者，非轡策之嚴不足也，威分於出彘也」。意思是，馬突然被竄出來的豬所驚嚇，使造父不能控制，其原因並不是馬韁繩和馬鞭的威力不足，而是被竄出的豬分散了這種威力。二為王子於期也是駕馭能手，他能根據馬的喜好，專門用草料和水來控制馬匹，「王子於期為駙駕，轡策不用而擇慾於馬，擅芻水之利也」。不過，王子於期有時也不能控制馬匹的行為，「馬過於圃池而駙駕敗者，非芻水之利不足也，德分於圃池也」。意思是，馬經過草圃和水池時，王子於期就控制不住它，原因不在於草料和水的好處不夠，而在於好處被草圃和水池分散了。三為王良、造父共同駕馭一輛馬車，前者掌握着馬籠頭的左邊，後者掌握着馬籠頭的右邊，那肯定不能行遠，原因在於共同享用駕馬的權力，「故王良、造父，天下之善御者也，然而使王良操左革而叱咤之，使造父操右革而鞭笞之，馬不能行十里，共故也」。四為田連、成竅都是操琴的能手，如果讓二人共彈一張琴，田連在琴首彈撥，成竅在琴尾按捺，那肯定不能成曲，原因在於共同享用彈琴的權力，「田連、成竅，天下善鼓琴者也，然而田連鼓上、成竅摩下而不能成曲，亦共故也」。韓非由此引出結論：君臣絕對不能共享權勢。「夫以王良、造父之巧，共轡而御，不能使馬，人主安能與其臣共權以為治？以田連、成竅之巧，共琴而不能成曲，人主又安能與其臣共勢以成功乎？」（〈外儲說右下〉）

　　君主專制集權，必須經常削弱臣下的權力。韓非認為，君主自身危險和國家滅亡，就在於臣下顯貴和握有權勢，對此不能不給予重視，「人主之所以身危國亡者，大臣太貴，左右太威也。所謂貴者，無法而擅行，操國柄而便私者也。所謂威者，擅權勢而輕重

者也。此二者，不可不察也」。君主主要依靠權勢制服天下和征服諸侯，恰似馬依靠筋力而行遠路，「夫馬之所以能任重引車致遠道者，以筋力也。萬乘之主，千乘之君，所以制天下而征諸侯者，以其威勢也。威勢者，人主之筋力也」。如果臣下得威擅勢，那麼君主就會失去國家，「今大臣得威，左右擅勢，是人主失力；人主失力而能有國者，千無一人」（〈人主〉）。意思是，當今大臣取得了權威，左右侍從形成了勢力，君主就失去了力量。君主失去了力量，還能擁有國家的，一千人中也沒有一個。韓非要求君主要不斷削弱臣下的權勢，就像經常削剪樹木，不要讓它枝葉繁茂一樣，「為人君者，數披其木，毋使木枝扶疏」。因為「木枝扶疏，將塞公閭，私門將實，公庭將虛，主將壅圍」。意思是，臣下的枝葉茂密，將會把朝廷堵塞起來，私家就會充實富裕，朝廷就會門可羅雀，君主就將被壅蔽圍困。要經常削剪樹木，不要讓臣下的勢力擴充以逼迫君主的權勢，「數披其木，無使木枝外拒；木枝外拒，將逼主處」。經常削剪樹木，不要讓臣下的勢力大過君主的權勢，以致本末倒置，「數披其木，毋使枝大本小；枝大本小，將不勝春風；不勝春風，枝將害心」。經常削剪樹木，有利於維護君主權勢，更好地運用君主的權勢，「木數披，黨與乃離。掘其根本，木乃不神。填其洶淵，毋使水清。探其懷，奪之威。主上用之，若電若雷」（〈揚權〉）。意思是，樹木經常被削剪，枝葉一樣聚集的朋黨就離散了。將樹根和樹幹都掘起來，大樹就沒有神氣了。將奸黨勢力雄厚的深潭填起來，不要讓水奔騰咆哮。探測臣下心中的陰謀，剝奪他們的權勢。君主使用自己的權勢，就像雷電一樣迅疾果斷。

　　韓非之法為秦始皇統一中國提供了思想武器，為傳統社會的君主專制與中央集權提供了理論基礎，無論褒貶，都無法迴避和不容忽視。然而，韓非的法治與現代法治有着本質的差異，絕不能混淆。差異在於邏輯起點不同，韓非的法治以君主為邏輯起點，目的

是為了更好地維護君主的專制統治；即便有積極意義，也僅限於君主為了富國強兵而一統天下時使用的手段。現代法治則以公民權利為邏輯起點，目的是維護公民權利，限制國家權力。差異在於精神實質不同，韓非的法治以權力否定權利，是君主用來駕馭羣臣和統治民眾的工具；現代法治以權利制約權力，是民眾用來維護自身權利、限制國家權力的重要制度保障。差異在於人文內涵不同，韓非的法治缺乏人文意識，不尊重人的生命，以重刑為特點，目的是防範人民，維護君主專制的統治秩序；現代法治尊重人的生命，體現人文精神，目的是防止國家權力侵犯公民權利。差異在於理論基礎不同，韓非的法治崇拜權力，歌頌權力，不擔心權力的負面作用，只擔心權力影響的縮小和權力作用的減弱。現代法治則認為權力是不可靠的，始終對權力抱有警惕，不是擔心權力受約束，而是擔心權力不受約束；不是擔心權力影響會縮小和權力作用被削弱，而是擔心權力具有的天然擴張性和自我膨脹能力。由於韓非的法治與現代法治有着這些差異，「法不阿貴」「奉法者強」等思想就湮沒在專制集權之中，失去了應有的光輝。對於韓非之法的歷史作用和現實意義，不能評價過高、讚譽過盛。尤其在現代社會，無論如何都不能混淆韓非的法治與現代法治的內容，以利於更好地建設法治國家和現代社會，避免走入誤區、引向歧途。

第十章　墨子之兼

　　墨子（約前 468 — 前 376）是墨家學派的創始人，是中國古代偉大的思想家。墨子出身平民，是中國歷史上唯一「草根」出身的思想家，最為關心三大社會難題，即「飢者不得食，寒者不得衣，勞者不得息」（《墨子·非樂上》，本章凡引用《墨子》一書，只注篇名），進而以兼愛為核心，以節用、尚賢為支點，建構了墨家思想大廈。先秦時期，墨家與儒家並稱為顯學，「世之顯學，儒、墨也。儒之所至，孔丘也。墨之所至，墨翟也」（《韓非子·顯學》）。孟子評價：「楊朱、墨翟之言盈天下。天下之言不歸楊，則歸墨。」（《孟子·滕文公下》）離奇的是，秦漢之時，墨學即銷聲匿跡，在漫長的傳統社會裏幾乎沒有什麼影響，清末孫詒讓指出：「獷秦隱儒，墨學亦微。至西漢，儒復興，而墨竟絕。」（《墨子閒詁》）

一、墨子其人

　　比較而言，無論籍貫還是生年，在先秦思想家中，墨子其人更是雲遮霧罩，《史記》記載只是在〈孟子荀卿列傳〉中一筆帶過，「蓋墨翟，宋之大夫，善守禦，為節用。或曰並孔子時，或曰在其後」。以致有的學者認為，司馬遷粗枝大葉，「既有失先後，又有失

輕重」[1]。《漢書·藝文志》沿襲《史記》的記載，但明確了墨子的時代及其書的篇數，「《墨子》七十一篇。名翟，為宋大夫，在孔子後」。漢高誘最早提出墨子的籍貫，「墨子，名翟，魯人」（《呂氏春秋注》）。墨子生年主要依據《墨子》一書的史跡，孫詒讓認為「生於周定王（前 468—前 441 年在位）時」。錢穆細究〈貴義〉〈公輸〉諸篇，考訂墨子生於公元前 479 年，或略晚兩年的公元前 477 年左右為要。[2] 無論哪一種推斷，都說明墨子在孔子之後，與孔子沒有交集。墨子早年是向孔子的弟子遊學，漸次發現儒家缺陷，於是產生了重大思想轉折，從學習儒術轉變為創立墨家學派，由學儒、尊儒轉為反儒、非儒，「墨子學儒者之業，受孔子之術，以為其禮煩擾而不說，厚葬靡財而貧民，久服傷生而害事，故背周道而用夏政」（《淮南子·要略》）。

　　《墨子》一書的篇目及佚失情況相對清楚，各方爭議不大。《墨子》原有七十一篇，由於流失亡佚，現為五十三篇。清畢沅有着簡約而清晰的梳理，「《墨子》七十一篇，見漢《藝文志》。隋以來為十五卷，目一卷，見隋《經籍志》。宋亡九篇，為六十一篇，見《中興館閣書目》，實六十三篇，後又亡十篇，為五十三篇，即今本也，本存《道藏》中」（《墨子注敍》）。《墨子》內容廣泛，涉及哲學、邏輯學、政治學、倫理學、軍事學、工程學、幾何學、力學、光學等。先秦的科學技術成就大都依賴《墨子》得以保存和流傳。墨子成熟的思想為十論，按《墨子》的順序是尚賢、尚同、兼愛、非攻、節用、節葬、天志、明鬼、非樂、非命。爭議最大的是《墨子》的作者及其真偽問題，一般認為，《墨子》一書由墨子自著和弟子記

1　楊義著：《墨子還原》，中華書局 2011 年版，第 6 頁。
2　參見錢穆：《墨子的生卒年代》，載《古史辨》（四），上海古籍出版社 1982 年版，第 272—278 頁。

述墨子言論兩部分組成；也有不少學者指出，《墨子》一書非墨子
所著。有的認為全書皆為墨子門人乃至後人著錄纂集而成，「書中
多稱子墨子，則門人之言，非所自著」（《四庫全書總目》）。有的認
為夾有偽作，「墨子自己並不曾著書。現有的《墨子》這書是漢人所
纂集的，其中有些是墨家弟子的著錄，有些還不是墨家的東西」[1]。

　　胡適對《墨子》一書的真偽提出了自己的看法，他在《中國哲
學史大綱》中將《墨子》現存五十三篇分為五組。第一組自〈親士〉
到〈三辯〉，計七篇，「皆後人假造的」，尤其是「前三篇全無墨家
口氣，後四篇乃根據墨家的餘論所作的」。第二組自〈尚賢〉到〈非
儒〉，計二十四篇，「大抵皆墨者演墨子的學說所作的」。第三組自
〈經上〉到〈小取〉，計六篇，「是《莊子·天下篇》所說的『別墨』
做的。這六篇中的學問，決不是墨子時代所能發生的」，應為「惠
施、公孫龍時代的『別墨』做的」。第四組自〈耕柱〉到〈公輸〉，
計五篇，「乃是墨家後人把墨子一生的言行輯聚來做的，就同儒家
的《論語》一般」。第五組自〈備城門〉到〈雜守〉，計十一篇，
「都是墨家守城備敵的方法，於哲學沒什麼關係」。胡適強調第四組
可能最重要，明確「研究墨學的，可先讀第二組和第四組，後讀三
組，其餘二組，可以不必細讀」。[2]

　　對於胡適的分組，學界基本認同，但對於第一組的真偽卻有着
不同看法。梁啟超認為前七篇之〈親士〉〈修身〉〈所染〉「非墨家
言，純出偽託，可不讀」，〈法儀〉〈七患〉〈辭過〉〈三辯〉「是墨家
記墨學概要，當先讀」[3]。楊義經過考證認為：「〈親士〉〈修身〉為與
孔門七十子後學交遊時所著，〈所染〉為近儒、脫儒之間所著，〈法

1　《郭沫若全集·歷史篇》（第一卷），人民出版社 1982 年版，第 463 頁。
2　胡適著：《中國哲學史大綱》，中華書局 2015 年版，第 129—130 頁。
3　梁啟超著：《墨子學案》，山東文藝出版社 2018 年版，第 9 頁。

儀〉〈七患〉〈辭過〉為脫儒後探索自身體系所著，後四篇已為墨門後學標明『子墨子言』或『曰』，並做了若干修改。〈三辯〉雖與此六篇並列於《墨子》書前面，卻是其弟子記述墨子言行之作，不應計入前六篇自著之列。」[1]楊義堅持過程原則，認為墨子學術的形成是一個過程，經過由儒而墨的重大轉折，進而對《墨子》真偽提出了新的觀點，「過程性原則，為我們從內在的生命過程上辨識《墨子》諸篇的真偽，提供了新的審視眼光。我們不能先驗地設定『墨子只能如此』的框架，超出框架者，就不加辨析地斷定為偽託。過程往往比框架更豐富，更有生命氣息。一旦明白墨子學說的發生經歷過 S 型曲折，存在過一個近儒脫儒的學術蛻變的生命過程，就不難發現，《墨子》書之流佈，佚失者多（由《漢志》七十一篇，佚為今本五十三篇），而假託者少」[2]。實際上，今人研讀墨子，只能以今本五十三篇為依憑，而不必過多地關注作者是誰及其真偽問題。

墨子思想不是憑空產生的，而是有着豐富的源泉。歷代學者根據墨家苦行僧式的生活方式推斷，墨家最初的源頭在於堯舜，司馬遷指出：「墨者亦尚堯舜道，言其德行曰：『堂高三尺，土階三等，茅茨不剪，采椽不刮。食土簋，啜土刑，糲粱之食，藜藿之羹。夏日葛衣，冬日鹿裘。』」（《史記・太史公自序》）司馬遷不僅道出了墨家的思想淵源，而且簡明扼要地描述了墨家節儉的生活方式。最重要的源頭在於夏禹。墨子學儒而非儒，主要是不認同周朝的繁文縟節，卻崇尚夏禹的生活準則，以苦為樂，自甘受苦。在墨子看來，夏禹的生活準則和行為方式更符合自己的思想主張，因而夏禹是墨家的榜樣。莊子明確指出，墨學源於夏禹，「墨子稱道曰：『昔禹之湮洪水，決江河而通四夷九州也，名山三百，支川三千，小者

---

1 楊義著：《墨子還原》，中華書局 2011 年版，第 22—23 頁。
2 楊義著：《墨子還原》，中華書局 2011 年版，第 19 頁。

無數。禹親操橐耜而九雜天下之川，腓無胈，脛無毛，沐甚雨，櫛疾風，置萬國。禹大聖也，而形勞天下也如此。』使後世之墨者，多以裘褐為衣，以跂蹻為服，日夜不休，以自苦為極，曰：『不能如此，非禹之道也，不足謂墨。』」（《莊子・天下》）最明顯的源頭在於尹佚和清廟之守。尹佚為西周初年的太史，專門負責記錄國君及國家的大事，其名言為「天子無戲言」。班固所列的墨家著述中，以尹佚為首，說明墨學源於尹佚，「《尹佚》二篇。周臣，在成、康時也」。班固又指出，墨學源於清廟之守，「墨家者流，蓋出於清廟之守。茅屋采椽，是以貴儉；養三老五更，是以兼愛；選士大射，是以上賢；宗祀嚴父，是以右鬼；順四時而行，是以非命；以孝視天下，是以上同；此其所長也。及蔽者為之，見儉之利，因以非禮，推兼愛之意，而不知別親疏」（《漢書・藝文志》）。清廟一詞出自《詩經・周頌》，原為祭祀周文王，後引申擴展為樂歌，追思、緬懷先聖功績，進而通指王室太廟，因其莊嚴肅穆，為王運啟興之象徵，事關國脈延續，遂為社稷重地。鄭玄箋注：「清廟者，祭有清明之德者之宮也。」（《毛詩箋》）章太炎認為，墨家源於尹佚和清廟之守是一回事，「墨家祖尹佚，《洛誥》曰：『蒸祭文王、武王，逸祝冊。』逸固清廟之守也」（《諸子略說》）。

　　研讀墨子，離不開儒學。墨子為魯人，自然受到魯國文化的薰陶。某種意義上說，魯國文化也就是儒家文化。魯國是周公之邦，詩、書、禮、樂資源豐沛，「周禮盡在魯矣，吾乃今知周公之德與周之所以王也」（《左傳・昭公二年》）。孔子的家鄉在魯國，魯國是儒家文化的重鎮，即使在戰國亂世，繼承周禮的儒家文化在魯國仍然有着旺盛的生命力，「天下並爭於戰國，儒術既絀焉，然齊魯之間，學者獨不廢也」（《史記・儒林列傳》）。而且，墨子早年與孔子後學交遊，在《墨子》中也能找到佐證。儒者程子質疑墨子：「非儒，何故稱於孔子也？」墨子回答：「是亦當而不可易者

也。今鳥聞熱旱之憂則高，魚聞熱旱之憂則下，當此，雖禹湯為之謀，必不能易矣。鳥魚可謂愚矣，禹湯猶云因焉。今翟曾無稱於孔子乎？」（〈公孟〉）意思是，這也是正當而不能改變的。現在鳥兒聽說要有炎熱和乾旱的災難就飛向高處，魚兒聽說要有炎熱和乾旱的災難就游向水下。在這個時候，即使讓大禹和商湯為他謀劃，也一定不能改變。鳥和魚可以說是愚蠢的，可是大禹和商湯還是要依順他們的做法。現在我怎麼不能稱讚孔子呢？更重要的是，儒墨同源，都稱道堯舜和大禹。韓非認為，儒墨對堯舜只是理解的角度不同，「孔子、墨子俱道堯舜，而取捨不同，皆自謂真堯舜」。韓非感歎道，堯舜不可能復生了，誰能確定正統呢？「堯舜不復生，將誰使定儒墨之誠乎？」（《韓非子·顯學》）孫詒讓認為，孔子和墨子所學的內容是相同的，「孔墨皆修先聖之術，通六藝之論」（《墨子間詁》）。而且，儒墨於許多概念是通用的。韓愈認為墨子的尚同、尚賢、明鬼皆與孔子相通，故「孔子必用墨子，墨子必用孔子，不相用，不足為孔墨」（《讀墨子》）；儒墨之辯乃是後學之爭。

　　墨子與孔子同源，卻沒有合流，而是走向了分途，形成了對立。墨與儒的分途與對立，是多種因素綜合作用的結果，其中出身不同是一個重要因素。孔子出身貴族，偏於理想，出於對禮崩樂壞社會的憂懼，更嚮往和諧正常的社會秩序，便致力於恢復周代的禮樂制度。墨子出身低賤，曾做過木工，重在現實。木工屬於「士農工商」的第三等級，地位較低，更關心平民百姓的生活狀態，更嚮往大禹那樣與民同甘苦的君王。墨子對於賤人地位不僅不感到可恥，而且還感到榮光。楚獻惠王的大臣穆賀認為墨子是賤人，君王就難以採納他有益的建言，「子之言則成善矣，而君王，天下之大王也，毋乃曰『賤人之所為』而不用乎？」墨子先是以良藥為喻加以反駁，「唯其可行。譬若藥然，草之本，天子食之以順其疾，豈曰『一草之本』而不食哉？」意思是，只要可行，就好比是良藥，

本來只是一棵草，天子服用了它卻可以調治疾病，難道會說不過是一棵草而不吃它嗎？接着以農夫為喻，說明不因農夫是賤人，就不享用他交的租稅，「今農夫入其稅於大人，大人為酒醴粢盛，以祭上帝鬼神，豈曰『賤人之所為』而不享哉？」繼而以伊尹為喻，說明商湯不因伊尹是賤人而嫌棄他，商湯要去見伊尹，有人認為「伊尹，天下之賤人也」，不應該去見。商湯卻指出伊尹對於國家而言就如良醫善藥，不讓他去見伊尹，就是不想讓國家繁榮昌盛，「非女所知也。今有藥此，食之則耳加聰，目加明，則吾必說而強食之。今夫伊尹之於我國也，譬之良醫善藥也。而子不欲我見伊尹，是子不欲吾善也」（〈貴義〉）。墨子在與穆賀的對話中，實際是自比伊尹，認為自己有治國安邦的才能。

於是，墨子率領一班手足胼胝的苦行者，公開向溫文爾雅的儒家挑戰，最顯著的標誌是批判「士君子」。在《墨子》一書中，士君子是儒家學人的代名詞，出現了 41 次，其中 27 次是專門批判儒家。〈尚賢下〉認為士君子只明白小道理，不明白大道理，「今天下之士君子，居處言語皆尚賢，逮至其臨眾發政而治民，莫知尚賢而使能，我以此知天下之士君子明於小而不明於大也」。〈節葬下〉批評士君子主張厚葬久喪，「今天下之士君子，將猶多皆疑惑厚葬久喪之為中是非利害也」。墨子指出，如果厚葬久喪，必然殺人陪葬，導致百姓貧窮，國家混亂，「天子殺殉，眾者數百，寡者數十；將軍大夫殺殉，眾者數十，寡者數人」。〈天志下〉強調士君子欲遵循道義，就應順從上天的旨意，「今天下之士君子之欲為義者，則不可不順天之意矣」。然而，士君子卻不順從上天的旨意，不仁不義，不忠不惠，不慈不孝，「是故子墨子置立天之，以為儀法。吾以此知天下之士君子之去義遠也」。意思是，所以墨子確立了天的意志，把它作為準則，我因此知道天下的士君子離開道義很遠了。

墨子全面批判了儒家的思想主張，他認為「儒之道足以喪天下

者,四政焉」。第一政是儒家不信鬼神,「儒以天為不明,以鬼為不神,天鬼不說,此足以喪天下」。第二政是儒家主張厚葬,「厚葬久喪,重為棺槨,多為衣衾,送死若徙,三年哭泣,扶後起,杖後行,耳無聞,目無見,此足以喪天下」。第三政是儒家重視禮樂歌舞,「弦歌鼓舞,習為聲樂,此足以喪天下」。第四政是儒家信天命,「以命為有,貧富壽夭、治亂安危有極矣,不可損益也。為上者行之,必不聽治矣;為下者行之,必不從事矣,此足以喪天下」(〈公孟〉)。意思是,儒家認為命是有的,貧窮富貴長壽夭折,治理混亂安定危難,都是有定數的,不可以減少或增加。在上位的人這樣做,一定不能處理政務;在下面的人這樣做,一定不能從事生產,這就足以喪失天下。

墨家思想和學派可謂其興也勃焉,其亡也速也,個中緣由令人深思。先秦時期,墨學與儒學一起成為顯學,對峙論辯,顯赫三百餘年,為道家、法家等所不及。當時,墨子擁有大量弟子,墨家贏得了無數信徒,荀子指出:「禮樂滅息,聖人隱伏,墨術行。」(《荀子‧成相》)然而,秦漢之際,尤其是漢武帝之後,墨學中絕,幾近銷聲匿跡,在此後的中國歷史上也沒有任何影響和作用。墨學中絕的原因是多重的,也是古今學者一直探討的課題。古代學者對此已有論述,在孟子看來,墨學不符合血緣宗法制度的需要,「楊氏為我,是無君也;墨氏兼愛,是無父也。無父無君,是禽獸也」(《孟子‧滕文公下》)。在莊子看來,墨子之學使人悲苦,違背人性,「不類萬物之情」;難以學成,「恐其不可以為聖人之道,反天下之心,天下不堪」(《莊子‧天下》)。在王充看來,墨學忽視了「人情欲厚惡薄,神心猶然」,使人們難以遵從他們的主張,「且案儒道傳而墨法廢者,儒之道義可為,而墨之法議難從也」;墨學「廢而不傳,蓋有以也」(《論衡‧案書》)。

今之學者則作了更多的探討,有的認為墨學代表小生產者的利

益和願望，而小生產者不是先進生產力和生產關係的代表，「墨學今天之所以應該給予足夠的重視，主要是因為他反映了春秋戰國時代開始覺醒的小生產者的要求和願望，以及他們的局限。但是歷史的發展表明，小生產者這一階層不是新的生產關係的體現者，他們沒有條件取代世襲貴族走上政治舞台。墨子和他學派的命運，也和他們所代表的階層的命運一樣，在當時和後世不得不陷於悲劇性的結局」[1]。有的認為是由於自身的原因而中絕，「在我看來，墨學的失傳倒是由於自己瓦解。第一是由於墨家後學多數逃入了儒家、道家而失掉了墨子的精神，第二是由於墨家後學過分接近了王公大人而失掉了人民大眾的基礎」[2]。有的認為要從主客觀兩個方面探討墨學中絕的原因，「在主觀方面，要注意墨家『兼愛』的空想性，畢竟墨家『兼愛』是其思想的核心；在客觀方面，要注意『墨學中絕』的具體時間即西漢中後期的社會背景的影響，尤其是不要忽視漢武帝罷黜百家、獨尊儒術的影響，這樣才能更好地把握這個問題，因為這兩個問題才是墨學衰微的最主要原因」[3]。

二、尊天事鬼

宗教是人類的文化現象，先秦時期沒有產生真正意義上的宗教，卻有着厚重的宗教積澱，大多以天、鬼、神的面目呈現於世人跟前。墨子明確肯定天、鬼、神的存在，強調要尊天事鬼，「夫知者，必尊天事鬼，愛人節用，合焉為知矣」（〈公孟〉）。天作為至上神，形成於殷商時期，「惟天監下民，典厥義。降年有永有不

1　任繼愈著：《墨子與墨家》，商務印書館 1998 年版，第 113 頁。
2　郭沫若著：《青銅時代》，科學出版社 1957 年版，第 172 頁。
3　薛柏成著：《墨家思想新探》，黑龍江人民出版社 2006 年版，第 17 頁。

永，非天夭民，民中絕命。民有不若德，不聽罪」（《尚書・高宗肜日》）。意思是，上天監視下民，讚美他們合宜行事。上天賜給人的年壽有長有短，並不是上天使人夭折，而是有些人自己斷絕自己的性命。有些人有不好的品德，有不順從天意的罪過。殷商時期，鬼神的概念也已出現，「殷人尊神，率民以事神，先鬼而后禮」（《禮記・表記》）。天鬼神的產生源於對先民祖先的崇拜和對大自然神祕力量的畏懼。與天鬼神相聯繫的是祭祀活動，周朝設有大宗伯一職專司祭祀，「大宗伯之職，掌建邦之天神、人鬼、地示之禮，以佐王建保邦國」（《周禮・春官》）。孔子對祭祀活動十分重視，「子之所慎：齊、戰、疾」（《論語・述而》）。意思是，孔子關注和小心謹慎的事情有三件，這就是祭祀、戰爭和疾病，其中祭祀放在了第一位。

先秦時期，人們對於天鬼神的態度一直發生着變化，總體趨勢是宗教信仰和天鬼神的權威逐步被削弱，理性思辨和人的作用不斷昇華，具體化為原始的鬼神崇拜、殷商的重天敬鬼和西周的以德配天。春秋戰國時期，人佔據了主導地位，天鬼神處於輔助位置。諸子百家有的懷疑天鬼神，有的否定天鬼神。老子明確以道的觀念取代天鬼神，「有物混成，先天地生。寂兮寥兮，獨立不改，周行而不殆，可以為天下母。吾不知其名，字之曰道，強為之名曰大」（《老子・第二十五章》）。孔子則以非常理性的態度對待天鬼神，一方面是迴避，「子不語怪、力、亂、神」（《論語・述而》）。當有人問及鬼神問題時，孔子不給予正面回答，「季路問事鬼神。子曰：『未能事人，焉能事鬼？』『敢問死？』曰：『未知生，焉知死？』」（《論語・先進》）另一方面是不否定，「務民之義，敬鬼神而遠之，可謂知矣」（《論語・雍也》）。孔子重視祭祀，強調的是祭祀主體而不是對象，「祭如在，祭神如神在」（《論語・八佾》）。祭祀主體必須以適當的禮儀，帶着虔誠的心靈，崇敬已經成為鬼神的祖先，卻不必在意鬼神對於人世間的作用和影響。令人弔詭的是，墨子作

為「草根」出身的思想家，卻具有鮮明的宗教色彩，主張尊天事鬼，認為天是萬物的最高主宰，鬼神能夠賞善罰惡。梁啟超也感到不解，「『天志』『明鬼』『非命』三義，組成墨子的宗教。墨子學說，件件都是和時代潮流反抗，宗教思想亦其一也。說天說鬼，原是古代祝史的遺教。春秋戰國時，民智漸開；老子、孔子出，大闡明自然法；這類迷信，已經減去大半了。像墨子這樣極端主張實際主義的人，倒反從這方面建設他學術的基礎，不能不算奇怪」[1]。

尊天事鬼是墨子思想的重要組成部分，不僅為其思想提供了理論支撐，而且保障其思想的推廣施行。在《墨子》一書中，很多篇章都討論了尊天事鬼的思想，而重點是尊天，假天行道。所謂天志，就是上天的意志。在墨子看來，天是人格神，具有意志和力量。天志包括天欲，即天有慾望，「天欲義而惡不義。然則率天下之百姓以從事於義，則我乃為天之所欲也。我為天之所欲，天亦為我所欲」（〈天志上〉）。意思是，上天希望仁義而厭惡不仁義。那麼率領天下的百姓來從事仁義的事業，我就是在做上天所希望的事情。我做上天所希望的事情，上天也會做我所希望的事情。天志包括天德，在天與我互欲所欲中，要有利於天、鬼、人，「觀其事，上利乎天，中利乎鬼，下利乎人。三利無所不利，是謂天德」。天志還包括天賊，在天與我互欲所欲中，要避免三不利，「觀其事，上不利乎天，中不利乎鬼，下不利乎人。三不利無所利，是謂天賊」（〈天志中〉）。

天志的內容是仁義。墨子對此作了詳細論證，他認為要推行仁義，就必須知道仁義從何而來，「今天下之君子之欲為仁義者，則不可不察義之所從出」。仁義不可能來自愚蠢且低賤的人，只可能來自富貴且有智慧的人，「義不從愚且賤者出，必自貴且知者出」。

1　梁啟超著：《墨子學案》，山東文藝出版社 2018 年版，第 30 頁。

之所以如此，是因為「義者，善政也。何以知義之為善政也？曰：
天下有義則治，無義則亂，是以知義之為善政也」。善政就是富貴
而有智慧的人去管理愚蠢而低賤的人，「夫愚且賤者，不得為政乎
貴且知者，然後得為政乎愚且賤者，此吾所以知義之不從愚且賤者
出，而必自貴且知者出也」。那麼，誰是貴者，誰是智者，墨子明
確回答是天，所以仁義源自天，「天為貴、天為知而已矣。然則義
果自天出矣」。天出仁義，是「欲人之有力相營，有道相教，有財
相分也；又欲上之強聽治也，下之強從事也。上強聽治，則國家治
矣；下強從事，則財用足矣」。意思是，希望有力氣的人去幫助別
人，有道術的人互相教授，有財物的分給別人；又希望在上位者勤
勉地處理政務，在下面的人努力工作。在上位者勤勉地處理政務，
國家就能得到治理；下面的人努力工作，財富就會充足。反之，
就是天之不欲，「不欲大國之攻小國也，大家之亂小家也，強之暴
寡，詐之謀愚，貴之傲賤，此天之所不欲也」（〈天志中〉）。

　　天志的作用是賞善罰惡。墨子認為，賞善罰惡的標準是順天還
是逆天，順天者得賞，逆天者受罰，「愛人利人，順天之意，得天
之賞者有矣；憎人賊人，反天之意，得天之罰者亦有矣」。順天還
是逆天的關鍵在於是否愛民。墨子強調上天愛民深厚，對於濫殺無
辜者，必然給予懲罰，「曰：殺不辜者，天予不祥。不辜者誰也？
曰：人也。予之不祥者誰也？曰：天也。若天不愛民之厚，夫胡說
人殺不辜而天予之不祥哉？此吾之所以知天之愛民之厚也」。意思
是，殺了無辜的人，天會給予不祥。無辜是誰啊？是人。給予不祥
者是誰啊？是上天。如果天不是深深地愛着人，怎麼能說殺了無辜
的人，而上天就會給予他不祥呢？這就是我知道上天深深地愛着人
的原因。墨子進一步用歷史事實說明上天獎賞順天愛民者，「夫愛
人利人，順天之意，得天之賞者誰也？曰：若昔三代聖王，堯舜禹
湯文武者是也。堯舜禹湯文武焉所從事？曰：從事兼，不從事別。

兼者，處大國不攻小國，處大家不亂小家，強不劫弱，眾不暴寡，詐不謀愚，貴不傲賤」。否則，上天就要給予懲罰，「夫憎人賊人，反天之意，得天之罰者誰也？曰：若昔者三代暴王桀紂幽厲者是也。桀紂幽厲焉所從事？曰：從事別，不從事兼。別者，處大國則攻小國，處大家則亂小家，強劫弱，眾暴寡，詐謀愚，貴傲賤」。墨子指出，上天的賞善罰惡還要通過文字記錄下來，傳之後世以識別聖王還是暴君，「不止此而已，又書其事於竹帛，鏤之金石，琢之盤盂，傳遺後世子孫」（〈天志中〉）。

天志無遠弗屆，誰也逃脫不了它的審視。墨子通過家、國、天的關係，層層推進，深入論證，強調天無所不在，籠罩着萬物，無人能逃出它的視野，因而是不能得罪的。如果在家裏得罪了家長，可以到鄰居家去躲避，「若處家得罪於家長，猶有鄰家所避逃之。然且親戚、兄弟所知識，共相儆戒，皆曰：『不可不戒矣！不可不慎矣！惡有處家而得罪於家長而可為也！』」如果在朝廷得罪了國君，可以到鄰國去躲避，「非獨處家者為然，雖處國亦然。處國得罪於國君，猶有鄰國所避逃之。然且親戚、兄弟所知識，共相儆戒，皆曰：『不可不戒矣！不可不慎矣！誰亦有處國得罪於國君而可為也。』」如果得罪了上天，那就沒有任何地方可以躲避了，「語言有之曰：『焉而晏日，焉而得罪，將惡避逃之？』曰：無所避逃之。夫天不可為林谷幽閒無人，明必見之」（〈天志上〉）。意思是，有古語說，在這光天化日之下，有所得罪，將要逃到哪裏去呢？回答是沒有地方可以逃避。對於上天來說，沒有深山深谷沒有人的地方，都可以清晰地看到。

天與鬼神有區別，而聯繫更多。墨子經常是天鬼神連用，「尚賢者，天、鬼、百姓之利，而政事之本也」（〈尚賢下〉）。在墨子看來，天志作為最高主宰，鬼神作為天志的踐行者，兩者相輔相成，共同作用於社會。鬼神與天最大的契合點在於能夠賞善罰惡，「嘗若鬼神之能賞賢如罰暴也，蓋本施之國家，施之萬民，實所以治國家、

利萬民之道也」。鬼神能夠明察秋毫，發現官吏的不良行為，「是以吏治官府之不潔廉，男女之為無別者，鬼神見之」；發現民眾的不法行為，「民之為淫暴寇亂盜賊，以兵刃毒藥水火退無罪人乎道路，奪人車馬衣裘以自利者，有鬼神見之」。意思是，人們去做寇亂盜竊之事，施用刀、毒藥、水火，在道路上搶劫無辜的人，奪走別人的車馬衣服以使自己獲得利益，也有鬼神能看到。正因為鬼神明察秋毫，所以官員不敢不廉潔，民眾不敢違法，「是以吏治官府不敢不潔廉，見善不敢不賞，見暴不敢不罪。民之為淫暴寇亂盜賊，以兵刃毒藥水火退無罪人乎道路，奪車馬衣裘以自利者，由此止」（〈明鬼下〉）。

鬼神也像天一樣，賞善罰惡，無遠弗屆。任何人都躲避不了鬼神的審視，「故鬼神之明，不可為幽閒廣澤、山林深谷，鬼神之明必知之」。任何力量也阻擋不了鬼神的懲罰，「鬼神之罰，不可為富貴眾強、勇力強武、堅甲利兵，鬼神之罰必勝之」。墨子舉例說明鬼神的力量是無窮且不可戰勝的，即使像夏桀那樣貴為天子，富有天下，擁有軍隊和各種有利條件，只要他犯了天條，也逃脫不了鬼神的懲罰，「故昔夏王桀貴為天子，富有天下，有勇力之人推哆、大戲，生列兕虎，指畫殺人。人民之眾兆億，侯盈厥澤陵，然不能以此圉鬼神之誅」。墨子告誡人們，不要懷疑鬼神的存在，鬼神是天下和平、國家安寧的保障，「今若使天下之人，偕若信鬼神之能賞賢而罰暴也，則夫天下豈亂哉」（〈明鬼下〉）。墨子出身於「草根」，沒有可以動用的政治資本，只能訴諸鬼神的監督，動用民間鬼神信仰以支持其政見，鼓舞追隨者的信心。誠如有的學者所言：「墨子不但尊天以倡天志，而且還明確肯定鬼神存在的真實性，從而把天和鬼神緊密結合在一起，共同組成一個尺度、標準設定和監督實現的系統。」[1]

---

1 王長華著：《春秋戰國士人與政治》，上海人民出版社 1997 年版，第 53 頁。

三、兼以易別

《呂氏春秋·不二》認為「墨子貴兼」，非常傳神地道出了墨子思想的精神實質。「兼」是一個會意字，《說文解字》釋為「並也，從又持秝。兼持二禾，秉持一禾」。兼原意為一隻手拿着兩顆穀穗；引申義為普遍、平等。兼在墨子思想中佔據着主導地位，墨子認為，兼與別是相對立的，兼是愛人利人，別是惡人賊人，「分名乎天下惡人而賊人者，兼與？別與？即必曰別也」。墨子指出，別是天下各種禍害的根源，「即之交別者，果生天下之大害者與？是故別非也」。墨子主張「兼以易別」，兼既是君王之道，又是王公貴族和平民百姓安身立命的根本，「故兼者，聖王之道也，王公大人之所以安也，萬民衣食之所以足也」。由此衍生出墨家的其他思想觀念，「故君子莫若審兼而務行之，為人君必惠，為人臣必忠，為人父必慈，為人子必孝，為人兄必友，為人弟必悌。故君子莫若欲為惠君、忠臣、慈父、孝子、友兄、悌弟，當若兼之不可不行也。此聖王之道而萬民之大利也」（〈兼愛下〉）。其中，最為著名且最具影響力的思想便是「兼愛」。兼愛盡傳墨學神韻，猶如一根紅線，串起了墨子十論，使之形成墨家關於社會政治經濟思想的完整體系。梁啟超認為，天志乃墨家學說「全體之源泉」；兼愛為「墨子之根本觀念」，「墨學所標綱領，雖有十條，其實只從一個根本觀念出來，就是兼愛」[1]。

兼愛是墨子的救世良方。春秋戰國時期，國與國相攻，人與人相殘，社會動亂不已，老百姓生活在水深火熱之中。在墨子看來，為了拯救亂世，首先必須找到亂世的根源。只有找到根源，才能治理亂世，「聖人以治天下為事者也，必知亂之所自起，焉能治

1　梁啟超著：《墨子學案》，山東文藝出版社 2018 年版，第 10 頁。

之；不知亂之所自起，則不能治」。這就像醫生治病一樣，只有找到病根，才能治療病情，「譬之如醫之攻人之疾者然，必知疾之所自起，焉能攻之；不知疾之所自起，則弗能攻」。墨子認為，春秋戰國亂世的根源在於人與人之間不相愛，「當察亂何自起？起不相愛」。不相愛是普遍現象，瀰漫在社會各個領域，在家庭和朝廷方面，是不孝不慈，「父自愛也不愛子，故虧子而自利；兄自愛也不愛弟，故虧弟而自利；君自愛也不愛臣，故虧臣而自利。是何也？皆起不相愛」。在社會秩序方面，是偷盜搶竊盛行，「盜愛其室，不愛其異室，故竊異室以利其室；賊愛其身，不愛人，故賊人以利其身。此何也？皆起不相愛」。意思是，小偷愛自己的家而不愛別人的家，所以偷竊別人的家來使自己的家得利；強盜愛惜自己而不愛惜別人，所以搶別人來使自己得利。這是為什麼呢？都是因為人與人之間不相愛而引起的。在家與家、諸侯與諸侯之間，是亂家攻國，「大夫各愛其家，不愛異家，故亂異家以利其家；諸侯各愛其國，不愛異國，故攻異國以利其國，天下之亂物具此而已矣。察此何自起，皆起不相愛」（〈兼愛上〉）。

墨子為此提出兼愛的治國方略，認為只要兼相愛，社會就能由亂變治，「故天下兼相愛則治，交相惡則亂」。只要兼愛，就不會發生不孝不慈的情況，「若使天下兼相愛，愛人若愛其身，猶有不孝者乎？視父兄與君若其身，惡施不孝？猶有不慈者乎？視弟子與臣若其身，惡施不慈？故不孝不慈亡有」。只要兼愛，就不會發生偷盜搶竊的情況，「故視人之室若其室，誰竊？視人身若其身，誰賊？故盜賊亡有」。只要兼愛，就不會發生亂家攻國的情況，「視人家若其家，誰亂？視人國若其國，誰攻？故大夫之相亂家、諸侯之相攻國者亡有」。墨子充滿信心地描繪了一幅兼愛治國的美好前景，「若使天下兼相愛，國與國不相攻，家與家不相亂，盜賊無有，君臣父子皆能孝慈，若此則天下治」。墨子勸誡君主，「故聖人

以治天下為事者，惡得不禁惡而勸愛？」墨子勉勵自己，「不可以不勸愛人者，此也」（〈兼愛上〉）。

兼愛無差等，即不分血緣親疏和等級貴賤，給予每個人的都是無差別之愛；不分你我，不分遠近，給予一切人同等的愛護和幫助。這是墨子對儒家之仁愛的批判和超越，也是墨子自立門戶的主要標誌。儒家之仁愛是有差等之愛，既有先後秩序，又有主次之分，以家庭孝道為出發點，由己推人，由近及遠，漸次擴大到其他人，「弟子入則孝，出則弟，謹而信，泛愛眾，而親仁」（《論語·學而》）。墨子明確指出：「儒者曰：『親親有術，尊賢有等。』言親疏尊卑之異也」。墨子以儒家的《喪服經》為例，批評仁愛內部存在着矛盾，不能自圓其說，「其《禮》曰：『喪父母三年，妻、後子三年，伯父叔父弟兄庶子其，戚族人五月』。墨子認為，如果以親疏來確定服喪時間的長短，那是可以把妻子、長子與父母同等對待的，「若以親疏為歲月之數，則親者多而疏者少矣，是妻、後子與父同也」。如果以尊貴為標準，那《喪服禮》把妻子和長子看作和父母一樣尊貴，而把伯父、宗兄看作和庶子一樣，就是有悖常理的，「若以尊卑為歲月數，則是尊其妻子與父母同，而親伯父宗兄而卑子也，逆孰大焉？」（〈非儒下〉）儒者巫馬子說他的愛是有差等的，「我與子異，我不能兼愛。我愛鄒人於越人，愛魯人於鄒人，愛我鄉人於魯人，愛我家人於鄉人，愛我親於我家人，愛我身於吾親，以為近我也」。巫馬子還以疼痛作比喻，「擊我則疾，擊彼則不疾於我，我何故疾者之不拂，而不疾者之拂？」意思是，打我就痛，打別人我就不痛，我為什麼不除去自己的疼痛，反而去解除與自己無關的人的疼痛呢？墨子對此給予了嚴厲批評，認為這是胡說八道，「子墨子曰：『子之言惡利也？若無所利而不言，是蕩口也。』」（〈耕柱〉）

墨子由此明確提出了愛無差等的觀念。愛無差等就是把別人的

國、家、身當作自己的國、家、身一樣看待，同等地愛護，「子墨子言：視人之國若視其國，視人之家若視其家，視人之身若視其身」（〈兼愛中〉）。墨子以孝為例，論述了愛無差等的思想，「子墨子曰：姑嘗本原之孝子之為親度者」。每個孝子都希望別人愛他的雙親，「吾不識孝子之為親度者，亦欲人愛利其親與？意欲人之惡賊其親與？以說觀之，即欲人之愛利其親也」。意思是，我不知道孝子為雙親做打算，是為了讓人愛他的雙親，給雙親利益呢，還是希望別人憎恨和殘害他的雙親呢？從常理來看，是希望別人愛他的雙親，給他雙親利益。怎樣使別人愛自己的雙親呢？墨子倡導愛無差等，必須先愛別人的父母，別人才能愛自己的父母，愛別人父母是使自己的父母得到愛的前提，「若我先從事乎愛利人之親，然後人報我以愛利吾親乎？意我先從事乎惡人之親，然後人報我以愛利吾親乎？即必吾先從事乎愛利人之親，然後人報我以愛利吾親也」。墨子引用《詩經》加以論證，「無言而不仇，無德而不報。投我以桃，報之以李」（〈兼愛下〉）。意思是，沒有哪一句話不會有相應的回答，沒有哪一件善事不會得到相應的回報。你投給我一顆桃子，我就會還你一顆李子。更重要的是，墨子認為，愛無差等超越了時空限制，「愛眾眾世與愛寡世相若。兼愛之，有相若。愛尚世與愛後世，一若今之世人也」（〈大取〉）。

兼愛必須「交相利」。在墨子看來，兼相愛是道德理想，交相利是實踐原則，兩者相結合，才能成為治國準則，「子墨子言曰：以兼相愛、交相利之法易之」（〈兼愛中〉）。在道德實踐中，愛就是利，利就是愛，兩者不分彼此。兼相愛應以對對方有利為原則，交相利是實現兼相愛的路徑。愛人的目的要靠利人來實現。墨子經常是仁義同在、愛利並提，「仁，仁愛也；義，利也。愛、利，此也；所愛、所利，彼也。愛、利不相為內、外，所愛、利亦不相為外、內」（〈經說下〉）。墨子認為，義、孝、忠等倫理道德規範都與利

有關，都要使對方得到實際利益，〈經上〉指出：「義，利也」；「孝，利親也」；「忠，以為利而強低也」。〈經說上〉分別作出進一步解釋，「義，志以天下為芬，而能能利之，不必用」。意思是，義就是以全天下人的美滿為志向，並且擁有為天下人謀福利的才能，使全天下人得益，而自己卻不必得到任用。「孝，以親為芬，而能能利親，不必得。」意思是，盡力為雙親做好事，發揮能力使他們得益，而不必得到雙親的讚賞。「忠，不利弱子亥。」意思是，勉勵君主去做對國家有利的事情，就像周公為幼主盡忠，甚至不怕承擔「將要篡權」的惡名。墨子指出，交相利不是單向的，而是對等互報，雙向進行的，「夫愛人者，人必從而愛之；利人者，人必從而利之；惡人者，人必從而惡之；害人者，人必從而害之」（〈兼愛中〉）。

兼愛必須「非攻」。春秋戰國亂世，兼愛思想遇到的最大挑戰是大國攻小國，並在頻繁會盟會戰中稱霸和滅國。墨子因此提出非攻的主張，非攻是兼愛思想在處理國與國之間關係上的具體運用。有的學者給予了高度評價，「兼愛與非攻，在墨子學說中聯璧交輝，一種學說有此聯璧，已足不朽」[1]。所謂非攻，就是希望各諸侯國兼相愛、交相利，以此解決戰爭問題。墨子堅決反對戰爭，認為戰爭殺害上天之民，毀壞神的靈位，顛覆國家社稷，奪走牛羊祭品，這是上不利於天，「夫取天之人，以攻天之邑，此刺殺天民，剝振神之位，傾覆社稷，攘殺其犧牲，則此上不中天之利矣」。戰爭是中不利於鬼神，「夫殺之人，滅鬼神之主，廢滅先王，賊虐萬民，百姓離散，則此中不中鬼之利矣」。意思是，戰爭殺害上天的人民，滅絕祭祀鬼神的人，廢棄先王的後裔，殘害虐待廣大的人民，使百姓流離失散，這就是在中間不符合鬼神的利益。戰爭不僅

1　楊義著：《墨子還原》，中華書局 2011 年版，第 46 頁。

殺害老百姓，而且耗盡百姓的財產，危害民眾生存的根基，這是下不利於民眾，「夫殺之人，為利人也博矣。又計其費，此為周生之本，竭天下百姓之財用，不可勝數也，則此下不中人之利矣」（〈非攻下〉）。

墨子認為，戰爭既害己又害人。害己表現在各行各業不能從事本職工作，國家失去了法度，百姓失去了職業，「是上不暇聽治，士不暇治其官府，農夫不暇稼穡，婦人不暇紡績織紝，則是國家失卒，而百姓易務也」。害己表現在耗費國家鉅額資產，「又與其車馬之罷弊也，幔幕帷蓋，三軍之用，甲兵之備，五分而得其一，則猶為序疏矣」。害己還表現在百姓的傷亡，「又與其散亡道路，道路遼遠，糧食不繼傺，食飲之時，廝役以此飢寒凍餒疾病，而轉死溝壑中者，不可勝計也」。意思是，又有在道路上流離走散逃亡的，因為道路遙遠，糧食無法供應，飲食不能按時供應，使人飢餓寒冷生病而死於溝壑之中的，多得數不清。害人表現在對被入侵國家的巨大傷害，「入其國家邊境，芟刈其禾稼，斬其樹木，墮其城郭，以湮其溝池，攘殺其牲牷，燔潰其祖廟，到殺其萬民，覆其老弱，遷其重器，卒進而柱乎鬥」。墨子認定，戰爭是最大的禍害，「此其為不利於人也，天下之害厚矣」（〈非攻下〉）。

同時，墨子區分正義與非正義戰爭。他稱非正義戰爭為「攻」，正義戰爭為「誅」。當有人問大禹征服苗人，商湯討伐夏桀，周武王攻打商紂王，為什麼還被稱為聖王呢？「子墨子曰：子未察吾言之類，未明其故者也。彼非所謂攻，謂誅也」。在墨子看來，禹征三苗，是因為三苗大亂，天怒人怨，「昔者三苗大亂，天命殛之，日妖宵出，雨血三朝，龍生於廟，犬哭乎市，夏冰，地坼及泉，五穀變化，民乃大振」。於是，上天命令大禹去征服三苗，「禹既已克有三苗，焉磨為山川，別物上下，卿制大極，而神民不違，天下乃靜，則此禹之所以征有苗也」。湯伐桀，是因為「夏王桀，天有

誥命，日月不時，寒暑雜至，五穀焦死，鬼呼國，鶴鳴十夕餘」。意思是，夏王桀的時候，上天降下了嚴厲的命令，日月不定時，寒暑錯亂，五穀枯萎，鬼在國中呼叫，鶴鳴叫了十幾天。於是，商湯奉命討伐夏桀，「湯奉桀眾以克有夏，屬諸侯於薄，薦章天命，通於四方，而天下諸侯莫敢不賓服，則此湯之所以誅桀也」。武王伐紂，是因為「商王紂，天不序其德，祀用失時，兼夜中十日，雨土於薄，九鼎遷止，婦妖宵出，有鬼宵吟，有女為男，天雨肉，棘生乎國道，王兄自縱也」。於是，周武王奉天命攻打商紂王，「王既已克殷，成帝之來，分主諸神，祀紂先王，通維四夷，而天下莫不賓。焉襲湯之緒，此即武王之所以誅紂也」（〈非攻下〉）。意思是，武王攻克了紂王之後，完成了上天的賜命，便命令諸侯分別主祭諸神，並祭祀紂的先王，政令通於四方，而天下沒有敢不服從的。於是承繼了湯的基業，這就是武王要誅殺紂王的原因。

四、尚同尚賢

先秦諸子最關心的是政治，最想貢獻的是治國方略。墨子儘管出身「草根」，也不能免俗。他關心國家政治，尤其是給國家造成災難的禍患，認為「國有七患」。第一是邊境不守，「城郭溝池不可守，而治宮室，一患也」。第二是鄰國不和，「邊國至境，四鄰莫救，二患也」。意思是，敵國攻到了邊境，四周的鄰國卻沒有來救援，這是第二種禍害。第三是濫用民力，「先盡民力無用之功，賞賜無能之人，民力盡於無用，財寶虛於待客，三患也」。第四是君主專斷，「仕者持祿，遊者愛佼，君修法討臣，臣懾而不敢拂，四患也」。意思是，做官的人只求保住俸祿，遊談的人只圖結交朋友，君主制定法令來討伐臣下，臣下因為害怕而不敢對君王有絲毫違背，這是第四種禍害。第五是臣子不忠，「君自以為聖智而不問

事，自以為安強而無守備，四鄰謀之不知戒，五患也」。第六是賞罰不明，「所信者不忠，所忠者不信，六患也」。第七是國庫空虛，「畜種菽粟不足以食之，大臣不足以事之，賞賜不能喜，誅罰不能威，七患也」。墨子強調，國家有七種禍患，必然滅亡，「以七患居國，必無社稷；以七患守城，敵至國傾。七患之所當，國必有殃」（〈七患〉）。那麼，怎樣應對國家禍患呢？消除國家禍患，墨子提出了尚同和尚賢的方略。

尚同和尚賢是墨子政治思想的主要內容，目的是「興天下之利，除天下之害」（〈尚同中〉）。尚賢強調選拔任用賢能之人來治理國家，尚同主張統一思想、統一意志。學界對於尚賢的思想沒有分歧，而對於尚同有着不同看法，認為尚同不僅無助於天下之治，而且容易導致專制獨裁。對於尚同與尚賢的關係，更存在不同看法，有的認為尚賢是根本，尚同是延伸，主張將尚同納入尚賢之中，以淡化尚同的集權色彩；有的認為尚同是墨子政治思想的根本，尚賢不過是尚同的補充和限制而已；有的認為將尚同與尚賢分別對待，兩者都是針對社會現實的不同方面所發的議論，沒有本末之分，也沒有主次關係。事實上，尚同與尚賢既有聯繫又有差異，從內容而言，兩者差異十分明顯，屬於不同範疇。尚同所討論的是國家的組織形式，屬於政治制度範疇，解決的是政治路線問題；尚賢所討論的是選人用人，讓德才兼備者擔任國家重要職務，屬於人事管理範疇，解決的是組織保障問題。從這個意義上說，尚同比尚賢更具基本的地位，尚同是尚賢的基礎，尚賢是尚同的延伸拓展；尚同探討如何統治和管理國家，尚賢探討由誰進行統治和管理。兩者的聯繫在於制度與人不可分割。對於政治而言，尚同與尚賢缺一不可。人是制度的制定者和執行者，一旦制度確定之後，反過來又能約束人的行為，塑造人的品格。誠如一位偉人所言：「制度好可以使壞人無法任意橫行，制度不好可以使好人無法充分做好事，甚至

會走向反面。」[1]尚同與尚賢有機統一於墨子兼相愛、交相利的社會理想。

　　尚同探討了國家起源問題。在墨子看來，國家的起源是因為上古時代，人各是其所是，非其所非，爭執不已，不能統一思想認識，「古者民始生，未有刑政之時，蓋其語人異義。是以一人則一義，二人則二義，十人則十義，其人茲眾，其所謂義者亦茲眾。是以人是其義，以非人之義，故交相非也」。由於意見紛紛，導致家庭內部不能和睦相處，「是以內者父子兄弟作怨惡，離散不能相和合」。整個社會更是紛爭不斷，陷於動亂，「天下之百姓，皆以水火毒藥相虧害，至有餘力不能以相勞，腐朽餘財不以相分，隱匿良道不以相教，天下之亂，若禽獸然」。意思是，天下的百姓，都用水火毒藥互相損害，以至於有多餘的力量而不能互相幫助，寧願讓多餘的財物腐爛也不拿來分給別人，隱藏良好的道理而不傳授給別人，天下的混亂，就像禽獸一樣。墨子認為，上古時代混亂的原因就在於沒有國家和政權，「夫明呼天下之所以亂者，生於無政長」。於是，就要選擇賢者來組成國家，首先是選定天子，「是故選天下之賢可者，立以為天子」。選了天子之後，不足以治理國家，又選擇輔佐天子的官員，組成朝廷，「天子立，以其力為未足，又選擇天下之賢可者，置立之以為三公」。建立朝廷之後，還不足以治理國家。因為地方太大，情況不同，朝廷難以治理，又把地方劃分為若干個諸侯國，「天子三公既以立，以天下為博大，遠國異土之民，是非利害之辯，不可一二而明知，故劃分萬國，立諸侯國君」。建立諸侯國之後，國君又選賢任能，確立各級行政管理人員，「諸侯國君既已立，以其力為未足，又選擇其國之賢可者，置

1　鄧小平：〈黨和國家領導制度的改革〉，《鄧小平文選》（第二卷），人民出版社 1994 年版，第 333 頁。

立之以為正長」(〈尚同上〉)。

比較墨子與西方社會契約論者對於國家起源的認識,是一件有意義的事情。兩者的相同之處在於,都認為在國家起源之前,存在着一個自然狀態的社會。自然社會原先是平和安靜的,後來卻發生紛爭和動亂,原因如英國思想家霍布斯所言,「人與人是狼的關係」。相同之處還在於,認為國家的目的是為了保護人民的利益,「公共權力可以保護他們不受外人侵略以及彼此傷害,從而使他們獲得安全,可以靠自己的勞力和大地的生產品養育自己,並且過着滿意的生活」[1]。然而,兩者的差別更大,墨子沒有具體探討國家是如何起源的,最後歸結為上天選擇了天子,建立了國家,「是故天下之欲同天下之義也,是故選擇賢者立為天子」(〈尚同下〉)。而社會契約論者認為,為了社會的安全、幸福和繁榮,人們互相協議,簽訂契約,自願放棄一部分自然權利,交由專門的人按照社會一致同意或授權的代表一致同意的規則來行使,「這就是立法和行政權力的原始權利和這兩者之所以產生的緣由,政府和社會本身的起源也在於此」[2]。以上的比較是簡略的,似乎可以說明,正是由於差別,導致了中西方國家權力的不同走向,中國傳統社會走向了專制和集權,西方社會則在中世紀之後走向了民主與法治。這個問題至今仍值得人們思索和研究。

尚同強調社會秩序和國家的同一。在墨子看來,國家建立之後,必須尚同,即統一思想和意志。只有統一思想和意志,才能平治天下,「察天下之所以治者,何也?天子唯能壹同天下之義,是以天下治也」。為了統一思想和意志,需要建立相應的制度,「正長

1　北京大學哲學系外國哲學史教研室編譯:《十六 —— 十八世紀西歐各國哲學》,商務印書館1962年版,第97—98頁。

2　〔英〕洛克著,瞿菊農、葉啟芳譯:《政府論》(下篇),商務印書館1964年版,第78頁。

既已具，天子發政於天下之百姓」。這個制度就是向上報告制度，「聞善而不善，皆以告其上。上之所是必皆是之，所非必皆非之。上有過則規諫之，下有善則傍薦之。上同而不下比者，此上之所賞而下之所譽也」。否則，就是「此上之所罰而百姓所毀也」。尚同的路徑是逐級上同，先從鄉治開始，把思想和意志同一於鄉長，「鄉長之所是，必皆是之；鄉長之所非，必皆非之。去若不善言，學鄉長之善言；去若不善行，學鄉長之善行」。接着是諸侯國，同一於國君，「國君之所是，必皆是之；國君之所非，必皆非之。去若不善言，學國君之善言；去若不善行，學國君之善行」。最後是天下國家，同一於天子，「天子之所是，皆是之；天子之所非，皆非之。去若不善言，學天子之善言；去若不善行，學天子之善行」。墨子之所以要同一於里長、鄉長和國君，是因為他們是仁者，「里長者，里之仁人也」；「鄉長者，鄉之仁人也」；「國君者，國之仁人也」。墨子指出，為了尚同，必須制定刑法，「古者聖王為五刑，請以治其民。譬若絲縷之有紀，罔罟之有綱，所連收天下之百姓不尚同其上者也」。如果不能尚同，上天也會給予懲罰，「今若天飄風苦雨，溱溱而至者，此天之所以罰百姓之不上同於天者也」（〈尚同上〉）。意思是，現在如果天上的暴風驟雨，連綿不斷地到來，這就是上天用來懲罰百姓不服從上天的辦法。

　　尚同於天還是天子，是一個大問題。就內容而言，墨子多次提到尚同於天子，而全面分析其思想，無論內容還是根源都可認為不是尚同於天子，而是尚同於天。尚同於天子，則可能發展為專制獨裁政治。在墨子看來，天是有意志的，「天欲其生而惡其死，欲其富而惡其貧，欲其治而惡其亂，此我所以知天欲義而惡不義也」。天最大的意志是義，「天下有義則生，無義則死；有義則富，無義則貧；有義則治，無義則亂」（〈天志上〉）。而建立國家就是為了統一天下之義，防止人各其所義是義。所謂天下之義，實質是兼相

愛、交相利，墨子依憑於天，將自己的政治主張昇華為一種神聖的理想。尚同最終同於墨子的政治理想。就來源而言，墨子認為，義不可能出於一般人和一般地方，而是出於上天。不僅義源自上天，而且主導和推行義的天子也產生於天意，天子是由天選定的賢良聖知辯慧之人，讓他成為天子，平治天下，「然則禹湯文武其得賞何以也？子墨子言曰：其事上尊天，中事鬼神，下愛人。故天意曰：『此之我所愛，兼而愛之；我所利，兼而利之。愛人者此為博焉，利人者此為厚焉。』故使貴為天子，富有天下，業萬世子孫，傳稱其善，方施天下，至今稱之，謂之聖王」（〈天志上〉）。因此，墨子的尚同於天子，實質是尚同於天，與專制獨裁還是有區別的。

尚同解決了怎樣行政的問題，然後是由誰來行政的問題，這就是尚賢。尚賢從屬於尚同的政治理想，尚同觀照着尚賢的原則和方法。在墨子看來，尚賢是要選賢任能，治國必須起用賢人，「故古聖王以審以尚賢使能為政，而取法於天」（〈尚賢中〉）。賢人具有真本事和良好品質，是國家的寶貝，「賢良之士厚乎德行，辯乎言談，博乎道術者乎！此固國家之珍，而社稷之佐也」。意思是，賢良之士德行深厚，言談辭令精闢，通曉治理國家的方法，是國家的珍寶、社稷的輔佐。墨子認為，現在的統治者都想治理好國家，卻不能治理好國家，原因在於沒有選賢任能，「今者王公大人為政於國家者，皆欲國家之富，人民之眾，刑政之治。然而不得富而得貧，不得眾而得寡，不得治而得亂，則是本失其所欲，得其所惡。是其故何也？子墨子言曰：是在王公大人為政於國家者，不能以尚賢事能為政也」。所以最重要的事情就是選賢任能，只有選賢任能，才能治理好天下國家，「故得士則謀不困，體不勞，名立而功成，美章而惡不生，則由得士也」。意思是，所以擁有賢能的人就能有計謀而不致困難，身體不致勞頓，聲名立而功業成，美好彰顯而醜惡不生，都是由於得到賢能之士的輔佐。墨子指出，無論國家

安定與否，任何時候都要選賢任能，「得意賢士不可不舉，不得意賢士不可不舉」。墨子強調，選賢任能是歷史經驗的總結和政務的根本，「尚欲祖述堯舜禹湯之道，將不可以不尚賢。夫尚賢者，政之本也」（〈尚賢上〉）。

尚賢必須唯才是舉。「雖天亦不辯貧富、貴賤、遠邇、親疏，賢者舉而尚之，不肖者抑而廢之」。墨子舉例加以說明，舜務農做工，是一般老百姓，堯卻選拔他來治理天下，「古者舜耕歷山，陶河瀕，漁雷澤，堯得之服澤之陽，舉以為天子，與接天下之政，治天下之民」。伊尹是奴隸，曾做過廚子，商湯任命他為宰相，管理國家政務，「伊摯，有莘氏女之私臣，親為庖人，湯得之，舉以為己相，與接天下之政，治天下之民」。傅說是個建築工人，商武丁讓他為相國，管理國家大事，「傅說被褐帶索，庸築乎傅巖，武丁得之，舉以為三公，與接天下之政，治天下之民」。意思是，傅說穿着粗布的衣服，繫着繩子，在傅巖下築牆，武丁得到了他，推舉他作宰相，讓他掌管天下的政治，管理天下的百姓。統治者唯才是舉，目的是要造福百姓，「王公大人明乎以尚賢使能為政，是以民無飢而不得食，寒而不得衣，勞而不得息，亂而不得治者」（〈尚賢中〉）。同時，選賢任能必須賦予賢人以爵位、俸祿和權力，「故古者聖王之為政，列德而尚賢，雖在農與工肆之人，有能則舉之，高予之爵，重予之祿，任之以事，斷予之令」。具體是「以德就列，以官服事，以勞殿賞，量功而分祿」。意思是，按照品德高低而依次序出任官職，依據職責範圍來行事，按照功勞決定賞賜，衡量功績分發俸祿。否則，「爵位不高，則民弗敬；蓄祿不厚，則民不信；政令不斷，則民不畏」。墨子認為，高官厚爵不僅是選賢任能的重要內容，而且也是促進人才不斷湧現的有效舉措，「亦必且富之、貴之、敬之、譽之，然後國之良士亦將可得而眾也」（〈尚賢上〉）。

除了尚同和尚賢，墨子政治思想還有一項重要內容，就是節

用。墨子認為，節用為節約用度，是「聖王之道」；其本質是實用，「去無用之費」。節用可以使財富成倍地增加，「聖人為政一國，一國可倍也；大之為政天下，天下可倍也。其倍之，非外取地也，因其國家去其無用之費，足以倍之」。節用可以給老百姓帶來利益，「聖王為政，其發令興事，使民用財也。無不加用而為者，是故用財不費，民德不勞，其興利多矣」（〈節用上〉）。意思是，聖明的君王治理政務，他發佈命令做事，役使百姓、使用財物，不做不能增加利益的事情，所以財物用度不浪費，百姓不覺得勞苦，他所產生的利益就多了。

　　墨子以古代聖王為例，提出了具體的節用措施。在器皿方面，「凡足以奉給民用，則止。諸加費不加於民利者，聖王弗為」。在飲食方面，「古者聖王制為飲食之法，曰：『足以充虛繼氣，強股肱，耳目聰明，則止。』不極五味之調、芬香之和，不致遠國珍怪異物」。意思是，古代聖明的君王制定飲食的法則，說能夠充實腸胃，增補血氣，強健四肢，讓耳朵眼睛聰明，就停止了。不追求五味調和，氣味芳香，不追求遙遠國家的珍奇異品。在衣服方面，冬天可以暖身，夏天能夠涼快，「古者聖王制為衣服之法，曰：『冬服紺緅之衣，輕且暖；夏服絺綌之衣，輕且清，則止。』」在舟車方面，只求安全便利，不要無用的裝飾，「車為服重致遠，乘之則安，引之則利，安以不傷人，利以速至，此車之利也。古者聖王為大川廣谷之不可濟，於是利為舟楫，足以將之則止。雖上者三公諸侯至舟楫不易，津人不飾，此舟之利也」。在喪葬方面，「古者聖王制為節葬之法，曰：『衣三領，足以朽肉；棺三寸，足以朽骸。堀穴深不通於泉，流不發泄，則止。』死者既葬，生者毋久喪用哀」。在宮室方面，「其旁可以圉風寒，上可以圉雪霜雨露，其中蠲潔，可以祭祀，宮牆足以為男女之別，則止」（〈節用中〉）。如果說節用是墨子對待生存的原則，那麼節葬就是他對待死亡的態度，用以反對儒

家的厚葬久喪，「以厚葬久喪者為政，國家必貧，人民必寡，刑政
必亂」（〈節葬下〉）。節用和節葬是墨子政治思想的重要組成部分，
充分展示了墨學來自民間的立場和「草根」社會的本能體驗。

五、辯明是非

在先秦思想家中，墨子的獨樹一幟之處在於對邏輯學的貢獻和
對科學技術的重視。邏輯學在中國古代稱為辯學或名學。《墨子》一
書的〈經〉上下、〈經說〉上下和〈大取〉〈小取〉六篇，後人稱之
為《墨經》或《墨辯》，它們系統總結了辯論的技巧，又記載了大
量科學技術知識。此外，《墨子》一書還詳細介紹了許多禦敵攻城器
械的製造方法和使用細節。

先秦時期，諸子百家分別提出自己的思想主張，相互之間進行
着激烈的辯論，但大多對辯論保持着曖昧的態度。孔子主張「君子
矜而不爭，羣而不黨」（《論語‧衛靈公》）。老子認為喜歡辯論的
人不夠善良，「善者不辯，辯者不善」（《老子‧第八十一章》）。莊
子齊萬物，一是非，認為辯論沒有意義，「聖人議而不辯。故分也
者，有不分也；辯也者，有不辯也。曰：何也？聖人懷之，眾人辯
之以相示也。故曰：辯也者，有不見也。夫大道不稱，大辯不言」
（《莊子‧齊物論》）。孟子以好辯著稱於世，卻不喜歡別人讚其好
辯，「公都子曰：『外人皆稱夫子好辯，敢問何也？』孟子曰：『予
豈好辯哉？予不得已也。』」（《孟子‧滕文公下》）而墨子卻肯定
辯論，讚賞辯論，明確主張辯論，認為賢良之士必須具有辯論的才
能，「辯乎言談」（〈尚賢上〉）。一方面，辯論是表達天意，崇尚真
理，「觀其言談，順天之意，謂之善言談；反天之意，謂之不善言
談」（〈天志中〉）；讚揚別人的優點，「譽，明美也」（〈經上〉），
進而鼓勵人們向善為善，仁人以其取捨是非之理相告，「無故從有

故也，弗知從有知也；無辭必服，見善必遷」（〈非儒下〉）。意思是，仁人把他們取捨是非的道理告訴對方，沒有道理的服從有道理的，無知的服從有知的，理屈詞窮就一定服從，見到善的言行就跟隨邊行。另一方面，辯論是批判揭露錯誤，以正視聽，「誹，明惡也」（〈經上〉）。先秦時期，許多人認為「多誹者不可」，墨家則反駁說，要以真理為依據，不要以多誹少誹為標準。無理必誹也，雖多也對；有理就不可誹，雖少也錯，「以理之可誹，雖多誹，其誹是也；其理不可非，雖少誹，非也」（〈經說下〉）。

墨家之辯是我國邏輯學的肇始，內容十分豐富。首先是指明辯論的目的。〈小取〉開宗明義指出：「夫辯者，將以明是非之分，審治亂之紀；明同異之處，察名實之理；處利害，決嫌疑。」在墨子看來，辯論不是單純的口舌之爭，而是有著三個層次的目的，第一層次是明是非和審治亂。明是非屬於認識論範疇，意指弄清楚何為是何為非，「辯也者，或謂之是，或謂之非，當者勝也」（〈經說下〉）。審治亂屬於政治範疇，意指辯明是非，關係國家的治亂存亡，不是為了磨練嘴皮子，「今天下之君子之為文學出言談也，非將勤勞其惟舌，而利其唇吻也，中實將欲其國家邑里萬民刑政者也」（〈非命下〉）。第二層次是明同異和察名實，屬於邏輯範疇。明同異是要分辨不同概念之間的差異，保持思維的確定性。譬如同與異，「異，二、不體、不合、不類。同，異而俱於之一也。同、異交得，放有無」（〈經上〉）。意思是，異就是有不同的二者，非一體，不苟合，不類似。同就是將相異的事物合而為一。領悟了同和異，也就知曉了有和無。察名實，是先秦思想共同關心的邏輯問題，孔子提出正名學說，主張由名定實，主要從政治角度論述正名的重要性，「名不正則言不順，言不順則事不成，事不成則禮樂不興，禮樂不興則刑罰不中，刑罰不中則民無所措手足」（《論語‧子路》）。墨子則反其道而行之，提出正名的途徑是以名舉實，即根據

感覺經驗的真實憑據，或實際效用的功能憑據，來審核當時人們使用的一些名詞概念，更多地從邏輯和認識論的角度加以論證，「焉摹略萬物之然，論求羣言之比。以名舉實，以辭抒意，以說出故」（〈小取〉）。第三層次是處利害和決嫌疑，強調辯論的出發點和歸宿是解決實際問題。處利害是要興利除弊，「利，所得而喜也」；「害，所得而惡也」（〈經上〉）。決嫌疑則是要解決疑難問題。辯論的三個層次是一個整體，不可分割，根本目的還是明是去非，以利於國家治理和天下安定。

墨家之辯指明了邏輯規律，包括同一律、矛盾律和充足理由律。所謂同一律，意指在同一思維過程中，每一思想的自身具有同一性。墨子運用同一律分析葉公子高問政於孔子的事例，「葉公子高問政於仲尼曰：『善為政者若之何？』仲尼對曰：『善為政者，遠者近之，而舊者新之。』」在墨子看來，葉公子高問的是為政之道，即怎樣來治國理政。孔子答非所問，不拿對方所不知的告知，卻以對方所知道的告知，違背了辯論的中心議題要始終保持同一的要求，「葉公子高豈不知善為政者之遠者近也，而舊者新是哉？問所以為之若之何也，不以人之所不智告人，以所智告之」。結論是「葉公子高未得其問也，仲尼亦未得其所以對也」（〈耕柱〉）。矛盾律是同一思維過程中，互相否定的思想不能同時為真。當時，儒者認為君子只有說古代的話，穿古人的衣服，才能算仁人，「儒者曰：『君子必古言服，然後仁。』」墨子運用矛盾律批駁這一命題內含着自相矛盾，「所謂古之言服者，皆嘗新矣。而古人言之，服之，則非君子也。然則必服非君子之服，言非君子之言，而後仁乎？」（〈非儒下〉）意思是，所謂古代的言論和衣服，都曾經是新的。而古代人那麼說那麼穿，就不是君子了。既然這樣，那一定要穿不是君子穿的衣服，說不是君子說的話，然後才是仁人了嗎？充足理由律是指任何一個真實思想，必然存在着與之相對應的思想。「子墨

子問於儒者曰：『何故為樂？』曰：『樂以為樂也。』」儒家提出了「為樂」學說，墨子問其立說之根據，儒者答以「樂以為樂」。墨子認為儒者是空談，並沒有給「為樂」提供充足的依據，「子墨子曰：『子未我應也。』」（〈公孟〉）

　　墨子之辯指明了邏輯分析方法，包括演繹推理、歸納推理和類比推理。演繹推理既有假言推理又有二難推理。假言推理舉例，「昔者，武王之攻殷誅紂也，使諸侯分其祭，曰：『使親者受內祀，疏者受外祀。』故武王必以鬼神為有，是故攻殷伐紂，使諸侯分其祭；若鬼神無有，則武王何祭分哉？」（〈明鬼下〉）在這段話中，墨子運用了兩個推論，一個是充分條件假言推理的肯定前件式，即如若祭祀，則必以鬼神為有；武王攻殷誅紂，使諸侯分其祭。故武王必以鬼神為有。另一個是充分條件假言推理的否定後件式，即如若祭祀，則必以鬼神為有；若鬼神無有，則武王何祭分哉？二難推理舉例，「子墨子有疾，跌鼻進而問曰：『先生以鬼神為明，能為禍福，為善者賞之，為不善者罰之。今先生聖人也，何故有疾？意者，先生之言有不善乎？鬼神不明知乎？』」（〈公孟〉）在這段話中，跌鼻用二難推理向墨子發難，即如果先生之言善，則不應得病；如果鬼神有靈，則先生亦不應得病，現在先生得病了，所以，或者先生之言不善，或者鬼神不靈。墨子則以「人之所得於病者多方」加以辯解。歸納推理有求同法、求異法和共變法。譬如求同法，意指被研究現象出現的若干場合中，如果僅有唯一的一個情況是各個場合共同共有的，那麼，這個唯一的共同情況就是被研究對象的原因或結果。在〈兼愛〉中，墨子指出父子、兄弟、君臣以及人與人、國與國之間的亂象雖然不同，卻有一個共同點，就是「不相愛」，進而推論天下之亂「皆起不相愛」。類比推理的特點是根據兩個或兩類對象在一系列屬性相同或相似，而且已知其中的一個對象還具有其他特定屬性，由此推出另一個

對象也具有同樣的其他特定屬性的結論。「曰：然則眾賢之術將奈何哉？子墨子言曰：譬若欲眾其國之善射御之士者，必將富之、貴之、敬之、譽之，然後國之善射御之士，將可得而眾也。況又有賢良之士，厚乎德行，辯乎言談，博乎道術者乎，此固國家之珍，而社稷之佐也。亦必且富之、貴之、敬之、譽之，然後國之良士亦將可得而眾也。」（〈尚賢上〉）在這段話中，墨子明顯運用了類比推理，即國之善射御之士：富之、貴之、敬之、譽之，將可得而眾也；國之良士如果富之、貴之、敬之、譽之，那麼，國之良士亦將可得而眾也。

論及邏輯推理，不能不涉及「三表法」。在墨子看來，要進行辯論和邏輯推理，須先立「三表」的標準，「必立儀。言而毋儀，譬猶運鈞之上而立朝夕者也，是非利害之辯，不可得而明知也。故言必有三表」。意思是，辯論必定要先確立法則。言論沒有標準，就像在轉動的陶輪上安放測定時間早晚的儀器，是不可能弄明白是非利害之區別的。所以言論一定要有三條標準。墨子認為，言論的三條標準是「有本之者，有原之者，有用之者。於何本之？上本之於古者聖王之事。於何原之？下原察百姓耳目之實。於何用之？廢以為刑政，觀其中國家百姓人民之利。此所謂言有三表也」。墨子的三表法，既有政治內容，又有邏輯意義，而且是政治內容大於邏輯意義。所謂本之，是根據前人的經驗，主要是「觀於聖王之事：古者桀之所亂，湯受而治之；紂之所亂，武王受而治之」。原之是根據老百姓耳聞目見的經驗，墨子以商湯和周文王為例，說明他們造福百姓，受到百姓歡迎，「是以天鬼富之，諸侯與之，百姓親之，賢士歸之，未歿其世，而王天下，政諸侯」。用之是要看政治的實際效果，「是故古之聖王發憲出令，設以為賞罰以勸賢，是以入則孝慈於親戚，出則弟長於鄉里，坐處有度，出入有節，男女有辨。是故使治官府，則不盜竊，守城則不崩叛，

君有難則死，出亡則送。此上之所賞，而百姓之所譽也」（〈非命上〉）。然而，如果提煉昇華三表法，其基本結構是本、原和用，其中本是大前提，原是小前提，用是結論，從而組成了普遍又抽象的邏輯程式。相比於古希臘亞里士多德形式邏輯三段論[1]，墨子三表法的邏輯意義毫不遜色，它們是同一層次、同一類型的邏輯結構和程式，不屬於各個專門領域的邏輯。德國邏輯學家蕭爾茲說：「亞里士多德並沒有局限在簡單地列舉他認為是可靠的推理規劃，而是頭一次對邏輯作出了某種公理化。」[2] 公理化就是使邏輯的形式與內容相分離，而不管思維的各種特殊對象。墨子「本、原、用」的三表法沒有包括思維的特殊對象，具備了形式邏輯公理化程式的條件。這是墨子對中國邏輯學發展的重要貢獻，先秦思想家中沒有任何人可以替代。

墨子異於先秦諸子，不僅在於邏輯學的貢獻，而且在科學技術方面取得了碩果。墨子是一位能工巧匠，又有邏輯學知識，進而在生產實踐和工藝製造過程中積累總結出豐富的科學技術知識，這是任何一位先秦諸子都無法望其項背的。在幾何學方面，墨子出身木匠，把繩墨之學抽象化或數理化，確立了平、同、中、厚四個要點，作為施用規矩的法則。〈經上〉說「平，同高也」，是指製作几案，如要案面平展，就須兩端支柱同高；「同，長以正相盡也」，如要它們同高，就須截取長短歸於正；「中，同長也」，如要几案方正，須找出中心，使四角、四邊同長；「厚，有所大也」，如要几案有厚度，既要考慮案面平展，又要求準備的材料足夠大。在力學方面，墨子提出力是改變物體運動的原因，「力，刑之所以

---

1 如果所有的 B 是 A，並且所有的 B 是 C，那麼所有的 C 是 A。

2 〔德〕亨利希·蕭爾茲著，張家龍、吳可譯：《簡明邏輯史》，商務印書館 1977 年版，第 10 頁。

奮也」(〈經上〉)。刑為形,指有形體可見的物體;奮是指物體由
靜止狀態變為運動狀態,或由勻速直線運動轉為變速直線運動或曲
線運動狀態。這和牛頓第一定律的認識水平非常接近,即「任何物
體都保持靜止或勻速直線狀態,直到外力作用迫使它改變這種狀態
為止」。在光學方面,墨子涉獵了光學中的陰影、小孔成像以及球
面鏡成像等問題,「臨鑒而立,景到。多而若少,說在寡區」(〈經
下〉)。這是各種球面反射鏡的總論,揭示了凹面與凸面反射鏡的共
同特點及其各自特點。臨鑒而立,意指人正立在一個球面反射鏡面
前。景到即影倒,是指凹面反射鏡構成的物體倒立像。多而若少,
意指凸面反射鏡中物體大而所成的像則縮小。無論物體放在凸面反
射鏡前面的什麼位置,都會在鏡中成正立而縮小的像;而凹面鏡前
的物體,則有時在鏡中成放大的像,有時成縮小的像。說在寡區,
是後期墨家所認為的凹面、凸面反射鏡成像特點的原因。此外,
〈經下〉「天而必正,說在得」,意指槓桿原理;「負而不撓,說在
勝」,意指負重不撓曲的力學之重心問題;「契與枝板,說在薄」,
意指機械學原理;「倚者不可正,說在剃」,講的是構設樓梯或攻城
雲梯的機械斜面原理。[1]

　　遺憾的是,由於歷史合力的作用,中國文化發展的主流鎖定在
人倫關係的路徑,而沒有進入人與自然關係的軌道,墨家的邏輯學
和科學技術知識被視為「雕蟲小技」「奇技淫巧」,為君子所不齒,
這既是墨家在秦漢之際衰絕的重要原因,更是中華民族科學技術發
展逐漸滯後的主要原因。歷史不能假設,卻能給予人們以警示。

　　讀罷《墨子》,揮之不去的疑問仍然是墨學中絕的問題。先
秦時期,墨學可謂「顯也甚」,與儒家並稱於世。墨子被弟子稱為

1　參見譚成甫著:《墨辯發微》,武漢大學出版社 2006 年版,第 206—270 頁。

「聖人」，孔墨之徒彌眾，「弟子彌豐，充滿天下」（《呂氏春秋·當染》）。然而，墨學又是「絕也急」，秦漢之際，墨學衰絕，從顯學轉為絕學，不過是百年間的事情。如果說「墨離為三」，內部分裂導致了滅絕，那麼，儒學的分裂更嚴重，孔子之後「儒分為八」，儒家沒有衰絕，反而發展為主導社會的意識形態。如果說「罷黜百家，獨尊儒術」，官方的打壓造成了墨學衰絕，那麼，道家思想也受到了官方打壓，卻沒有湮滅，始終在傳統文化的發展中居於重要地位，佔有一席之地。而且，道家還和儒家形成了互補，為雙方的思想構成了一道無形的防線和緩衝地帶，當雙方內部出現不和諧、產生懷疑論者時，對方的存在為懷疑論者提供了消耗自己學識和精力的場所，儒者可以變為道家，道者可以變為儒家。墨家滅絕的真正原因或許在人才。國以才立，政以才治，業以才興。沒有人才，什麼事也做不成，更做不好。這一道理同樣適用於思想學術的興起和文化流派的傳承。儒家在孔子之後有孟子、荀子，道家在老子之後有莊子，孟子、荀子和莊子出類拔萃，即使沒有孔子和老子，他們自己也能自立門派，成一家之言。他們既繼承孔子、老子，又超越孔子、老子，進而建構了儒家和道家文化傳統，促成了儒家和道家思想在歷史長河中波瀾起伏、綿延不絕。墨家雖有許多弟子、再傳弟子和三傳弟子，卻沒有一人是眾望所歸，可以託命推動墨學的發展。墨學的衰絕就是必然的，而不是什麼奇怪的事情。因而墨學衰絕最大的啟示就是人才難得；無論思想家、學問家，還是政治家、企業家，都要重視人才的培養、選拔和使用，確保事業後繼有人、薪火相傳。

主要參考書目

1 · 〔漢〕司馬遷撰：《史記》，中華書局 1999 年版。

2 · 章太炎講演，曹聚仁整理：《國學概論》，中華書局 2016 年版。

3 · 錢穆著：《國學概論》，商務印書館 1997 年版。

4 · 胡適著：《中國哲學史大綱》，中華書局 2015 年版。

5 · 張岱年著：《中國哲學大綱》，中國社會科學出版社 1982 年版。

6 · 馮友蘭著：《中國哲學簡史》，新世界出版社 2004 年版。

7 · 任繼愈主編：《中國哲學史》，人民出版社 1979 年版。

8 · 袁行霈、嚴文明、張傳璽、樓宇烈主編：《中華文明史》，北京
大學出版社 2006 年版。

9 · 馮達文著：《中國古典哲學略述》，廣東人民出版社 2009 年版。

10 · 徐遠和、李蘇平、周貴華、孫晶主編：《東方哲學史（上古
卷）》，人民出版社 2010 年版。

11 · 楊伯峻譯注：《論語譯注》，中華書局 2009 年版。

12 · 楊朝明主編：《論語詮解》，山東友誼出版社 2013 年版。

13 · 楊伯峻譯注：《孟子譯注》，中華書局 2008 年版。

14 · 萬麗華、藍旭譯注：《孟子》，中華書局 2006 年版。

15 · 安小蘭譯注：《荀子》，中華書局 2016 年版。

16 · 王博著：《中國儒學史》（先秦卷），北京大學出版社 2011 年版。

17 · 〔魏〕王弼注，樓宇烈校釋：《老子道德經注》，中華書局 2011
年版。

18 · 陳鼓應注譯：《老子今注今譯》，商務印書館 2003 年版。

19 · 楊義著：《老子還原》，中華書局 2011 年版。

20 · 曹礎基著：《莊子淺注》，中華書局 2007 年版。

21．靖林著：《〈莊子〉釋義》，新華出版社 2016 年版。

22．楊義著：《莊子還原》，中華書局 2011 年版。

23．高華平、王齊洲、張三夕譯注：《韓非子》，中華書局 2015 年版。

24．楊義著：《韓非子還原》，中華書局 2011 年版。

25．方勇譯注：《墨子》，中華書局 2015 年版。

26．楊義著：《墨子還原》，中華書局 2011 年版。

27．夏海著：《論語與人生》，北京大學出版社 2007 年版。

28．夏海著：《老子與哲學》，生活·讀書·新知三聯書店 2016 年版。

29．夏海著：《孟子與政治》，中華書局 2019 年版。

30．夏海著：《品讀國學經典》，生活·讀書·新知三聯書店 2014 年版。

31．夏海著：《國學要義》，中華書局 2018 年版。

32．〔德〕夏瑞春編，陳愛政等譯：《德國思想家論中國》，江蘇人民出版社 1995 年版。

33．〔古希臘〕亞里士多德著，吳壽彭譯：《形而上學》，商務印書館 1959 年版。

34．〔德〕黑格爾著，賀麟、王太慶譯：《哲學史講演錄（第一卷）》，商務印書館 1959 年版。

35．〔德〕黑格爾著，王道時譯：《歷史哲學》，生活·讀書·新知三聯書店 1956 年版。

36．〔德〕卡爾·雅斯貝斯著，魏楚雄、俞新天譯：《歷史的起源與目標》，華夏出版社 1989 年版。

37．〔德〕卡爾·雅斯貝斯著，李雪濤等譯：《大哲學家》，社會科學文獻出版社 2010 年版。

38．〔德〕卡爾·雅斯貝斯著，王德峰譯：《時代的精神狀況》，上海譯文出版社 1997 年版。

39．〔德〕馬丁·海德格爾著，陳嘉映、王慶節合譯：《存在與時間》，生活·讀書·新知三聯書店 2006 年版。

國學溯源

夏海　著

責任編輯　周文博
裝幀設計　鄭喆儀
排　　版　黎　浪
印　　務　劉漢舉

出版　　中華書局（香港）有限公司
　　　　香港北角英皇道 499 號北角工業大廈一樓 B
　　　　電話：（852）2137 2338　傳真：（852）2713 8202
　　　　電子郵件：info@chunghwabook.com.hk
　　　　網址：http://www.chunghwabook.com.hk

發行　　香港聯合書刊物流有限公司
　　　　香港新界荃灣德士古道 220-248 號
　　　　荃灣工業中心 16 樓
　　　　電話：（852）2150 2100　傳真：（852）2407 3062
　　　　電子郵件：info@suplogistics.com.hk

版次　　2023 年 6 月初版
　　　　© 2023 中華書局（香港）有限公司

規格　　16 開（230mm×150mm）

ISBN　　978-988-8809-32-5

本書中文繁體字版由中華書局（北京）授權出版